明日に架ける歴史学

メゾ社会史のための対話

川越 修・矢野 久
Osamu Kawagoe & Hisashi Yano

ナカニシヤ出版

はじめに

本書を書いた私たちは、サイモンとガーファンクルの歌声がやさしい旋律に乗って流れていた一九七〇年代の前半に、歴史研究の道を歩み始めました。その頃の私たちと同じように、「濁流」に飲み込まれ、先行きへの不安と刹那の幸福感の間を揺れ動いているかにみえる現在の若者たちに向けて、過去と現在と未来の間を「架橋」し、私たちが研究してきた近現代のドイツ社会の歴史についての叙述を通じて「明日」の社会への希望を語るにはどうしたらいいのかを二人で探りあうことから本書は生まれました。これが『明日に架ける歴史学』というタイトルの含意です。

本書を書く直接のきっかけとなったのは、二〇一三年度と二〇一四年度の春学期（前期）に、明治大学政治経済学部において私たちが共同で担当した「応用総合講座Ⅲ」の講義でした。初年度は「現代からの問い・現代への問い――政治社会史への挑戦」、次年度は「現代からの問い・過去からの問い――マクロ社会史とミクロ社会史の対話」と題された講義のシラバスで、私たちはその思いを次のように綴りました。

本
歴史とは現代に生きるわれわれが過去との間に交わす「生きた対話」（E・H・カー）である。本講座は、ドイツ社会史を専門領域とするコーディネーター（水戸部由枝）と二人の講座担当者（川越修・矢野久）が、一九世紀から二〇世紀にかけてのドイツ社会の歩みをヨーロッパ近現代史のなかに埋め込む作業に挑むことによって、現代日本に生きる受講者に近現代のヨーロッパおよびドイツに生きた人々と対話する糸口を提供することにある。二人のバトルを交えたこの挑戦に参加することによって、現代から歴史にアプローチし、歴史から現代を捉え返す知のツールを獲得してほしい。

この文章にある「バトル」という言葉が暗示しているように、私たちはドイツ近現代史の研究者のなかでは、日本における大塚史学の流れをくむ社会構造史とも、また歴史学研究会の追求する人民闘争史ないし民衆史とも異なる社会史を志向しているという意味では互いに親近感を持ちながらも、各々の視点や史料へのスタンスの微妙な違いから、互いの相違点にこだわり、その相違点をきちんと検証しあう機会を持たないまま各々の研究を進めてきました。その意味で、明治大学の水戸部さんがコーディネーターとなってくれた今回の講義は、私たちにとって「バトル」というよりは絶好の対話の機会となりました。一五回の講義は、本書の第Ⅱ部に再現されているように、両者のこれまでの研究をまとめた各六回の講義を核に進められましたが、私たちは自分の担当する講義以外も互いに全ての講義に参加し、講義の後には出席してくれた学生諸君とともに（というよりは往々にして彼らを脇においたまま二人で）質疑をおこない、対話を積み重ねることができました。

その結果確認できたのは、私たちの志向する社会史が一定の相違点以上に多くの共通点を有しており、何よりも私たちが自分たちのこれまでの社会史研究の限界を突破したいという思いを共有しているということでした。二年間の講義を通じて、対話の焦点は個々の事実の解釈を超えて、政治権力論としての政治史を欠いた社会史研究の限界と、マクロな社会史（経済構造や社会構造の歴史）とミクロな社会史（人々の日常生活の歴史）をどう結びつけるかという、社会史の方法や視点をめぐる論点に絞られることになりました。辛抱強く講義に付き合ってくれた明治大学の学生諸君は、わけのわからぬまま二人の空中戦に付き合わされ面食らったことも多かったと思います。本書は、彼・彼女たちに私たちの対話の成果を明らかにする補講を提供したいという思いから生まれました。

さらに本書には、間もなく終わろうとしている私たちの本務校における講義（矢野は本書が出版される二〇一六年の三月、川越は二〇一八年の三月に講義を終えます）にこれまで付き合ってくれた同志社大学や慶應義塾大学、その他の大学の多くの学生諸君に私たちの研究と講義の現時点での到達点を報告したいという思い、私たちの研究を（批判的であれ）さまざまな形で支えてくださった研究上の先達や研究仲間への感謝の思い、そしていま歴史研究に関心を持っている学部学生や大学院生の皆さんにドイツ史という枠を越えて語りかけたいという思いが、込められています。

本書において私たちは、史料をもとに社会の歴史を掘り起こす作業とそれを通じて明日の社会への希望を模索する作業を「架橋する」という課題に、「メゾ社会史」の可能性を追求することによってアプローチしようとしました。「メゾ」というのは、辞書的にいうと「中間」を意味する接頭辞なのですが、私たちは「メゾ社会史」を、「大文字の歴史」（固有名詞として残る人物や出来事中心の歴史）

にたいする「小文字の歴史」（無名の人々や繰り返される日常の歴史）という意味での社会史としてではなく、この両者が、あるいは言葉を変えればマクロ社会史とミクロ社会史が交錯する中間領域の歴史であると考えています。権力が人々の日常生活に向けて行使される現場で何が起きていたか、人々が自らの生活を維持するために取り結ぶさまざまな社会関係がその時々の経済や政治にたいしてどのような意味を有していたかを軸に近現代の社会の歴史を解釈する試みが、私たちにとっての「メゾ社会史」です。それに向けた私たちの対話と試行錯誤を文章化することによって、これまでの私たち自身の歴史研究の問題点をえぐり出し、これからの私たち自身の研究課題を模索しつつ、現代社会に生きる読者の皆さんと私たちの間を「架橋」することが本書の願いです。

こうした課題に対応すべく、本書は三部構成をとっています。まず第Ⅰ部「社会史への道」においては、これまでの私たちの研究生活を振り返り、それぞれの研究対象・史料・研究方法の共通点と相違点を明らかにしようと務めました。本書では、私たちの世代と若い読者世代の間を「架橋」するために、ちょうど間の世代にあたる水戸部由枝さん（明治大学）と石井香江さん（同志社大学）に私たちの原稿を読んだうえで三日間にわたるまとめの議論（空襲で壊滅状態になりつつも、古き大都市の街並みが世界からの支援と市民も参加する形で再建されたドレスデンで、二〇一五年八月末におこなわれました）に参加してもらい、そこでの議論をふまえたお二人のコメントとそれにたいする私たちの応答を各部の最後に収録していますが、第Ⅰ部では各々の社会史理解の相違点（というよりはむしろ特徴）がクローズアップされています。

続く第Ⅱ部は、一九・二〇世紀のドイツ社会の「歴史経路」を私たちのこれまでの研究をベースに（煩雑さを避けるため、個々の叙述に際して詳細な典拠の提示は省略しました）、四つの時期に分けて叙述しています。一九世紀半ばの「初期工業化の時代」、現代社会への起点となる大きな経済社会変動が起きた一九世紀末から二〇世紀初頭にかけての「世紀転換期」、それに続く二〇世紀前半の「世界大戦とナチズムの時代」、そして最後に一九五〇・六〇年代の高度経済成長とそれに続く二〇世紀型社会の転換が模索された時期の四つです。それぞれの時期のドイツ社会の特徴と問題点を、「メゾ社会史」という視点から、歴史の現場としての「中間組織」・「中間領域」に着目して明らかにするとともに、四名の対話を通じて「メゾ社会史」の可能性が検討されています。

最後に第Ⅲ部では、本書における「メゾ社会史のための対話」をめぐる私たちの中間総括とそれへのコメントおよび応答を通じて、現代を生きつつ「明日に架ける」方途を模索する歴史学の課題と、そこから浮かび上がる「希望」が語られています。

こうした構成を持つ本書が、私たちと読者の皆さんの間を「架橋」できたかどうかは、皆さんの評価を待つしかないのですが、この場を借りて、あまり例のないと思われる本書の企画を受け入れ、私たちに若い世代との対話の道を開いてくださったナカニシヤ出版と、編集を担当してくださった酒井敏行さんに、心から感謝したいと思います。

川越修

明日に架ける歴史学——メゾ社会史のための対話

＊

目次

目　次

はじめに　i

第Ⅰ部　社会史への道
第１章　社会と国家（川越修）……3
第２章　権力と民衆（矢野久）……21
第Ⅰ部をめぐる対話……37
社会史理解の共通点と相違点

第Ⅱ部　現代社会への歴史経路
第１章　初期工業化の時代……63
一九世紀半ばのドイツ社会
1　伝統社会と工業化社会の接合（川越修）　63
2　民衆の生活世界と警察権力（矢野久）　79
第２章　現代社会の起点……97
世紀転換期の社会変動

1　都市・人口・家族（川越修）　97
2　遅れた社会と現代化（矢野久）　114
第3章　二〇世紀前半のドイツ社会とナチズム……131
1　強制労働と住民支配の脆弱性（矢野久）　131
2　社会＝国家の制度化とナチズム（川越修）　146
第4章　高度経済成長の時代……165
二〇世紀後半のドイツ社会
1　社会の安定化と異文化社会へ（矢野久）　165
2　社会＝国家の二つの道（川越修）　180
第Ⅱ部をめぐる対話……197
中間組織の社会史
第Ⅲ部　歴史・現在・未来——メゾ社会史の目指すもの
第1章　権力と民衆（矢野久）……223

第2章　社会＝国家を超えて（川越修）……239
第Ⅲ部をめぐる対話……253
いまなぜメゾ社会史か
引用・参照文献一覧　275
おわりに　281

第Ⅰ部　社会史への道

第1章　社会と国家

川越修

何を研究してきたか

私はこれまで三冊の単著［川越 1988; 1995; 2004］を公刊してきましたが、それらを貫く一本の糸があったとすれば、それは一九世紀から二〇世紀にかけてのドイツ社会史を人々が日々暮らしを営む社会と国家の間の関係の歴史的変化として跡づけることだったといえます。以下では、私たちがドイツ近現代社会史のエポックとなると考える時代の社会史的な意味を解読しつつ現代社会への歴史経路をたどる試み（第Ⅱ部）に先だって、私のこれまでの研究を概観しておきたいと思います。

私の研究を貫くキーワードとなったのは社会＝国家という概念です。社会＝国家というのは見慣れない概念表記だと思いますが、もともとは第二次世界大戦後のドイツ連邦共和国（西ドイツ）の社会体制の骨格をなした社会国家（Sozialstaat）という理念を援用したものです。ただ私は研究の過程で、この概念を通常用いられる福祉国家のドイツ的な特質を示す概念としてではなく、二〇世紀の工業化社会の共通性と多様性を比較（これが私の社会史研究の第二のキーワードとなります）するための道具として用いるようになりました。比較対象としては、ヨーロッパ諸国と日本、および第二次世界大戦後のドイツ連邦共和国（西ドイツ）とドイツ民主共和国（東ドイツ）、さらにはアメリカ合衆国やソ連までが視野に入ります。そのためには福祉国家というヨーロッパ色の強い概念では狭すぎると考えたのです。

ではなぜ社会＝国家なのでしょうか。社会と国家の間の等号は何を意味しているのでしょうか。それを考えるには、まず社会とは何かから考えてみる必要があります。人間は社会的動物だといわれますが、それは人間が生命体として一人では生きていくのが難しい存在であることを示しています。自らの生命を維持し、日々の生活を営み続けるために、人間は社会を必要としています。社会とは、そんな人間にとって、現代流の言い方を借りれば、生命・生活上のリスクから身を守るセーフティネットにほかならないといえるでしょう。社会＝国家という概念は、全体としての社会の有する多様な機能の一部をあえて切り取ることによって、近現代における社会の歴史的変化の共通性と特定時点の個別社会の固有性を比較検証するために設定された作業仮説的な概念です。

こうしたセーフティネットは、歴史的にみるとつねに同じ形態をとってきたわけではありません。イギリス産業革命を嚆矢として工業化の波がグローバルに波及してゆく時代に先立つ社会（少し荒っぽいですが伝統社会と呼ぶことにしましょう）では、血縁・地縁・職縁で結びついた人間同士の濃密な関係を前提とした種々の互助的な共同社会が、その役割を果たしていました。工業化にともなう都市化のもたらした経済社会変動は、そうした伝統社会のセーフティネットを機能不全に陥れ、工業化の初期段階（第Ⅱ部第1章で論じる初期工業化の時代です）の人々はセーフティネットを喪失したきわめてリスキーな状態に置かれることになりました。首都などの大都市周辺にできた都市スラムに雑居する人々のイメージと結びついた大衆的貧困（Pauperismus）という言葉は、まさにこの状況を言い表しています。ただこの時代は同時に、自由主義的な立場に立った自助思想や新しい共同的社会を志向する社会主義思想などが生まれた時代でもありました。『王都の近代』というタイトルを掲げた私の最初の著書は、一八四〇年代のベルリンを対象として、当時の揺れ動く都市社会の全体像を捉えようとしたものです。

詳細はのちの章であらためて論じますが、この本を私は、「一八四八年革命をはさんだ時期のベルリンから、ドイツにおける近代社会形成への跫音をこそ聞きとらねばならない」という文章で締めくくりました。これは当時支配的で、現在でも一定の影響力を持っている歴史解釈、つまりドイツにおける一八四八年革命を「挫折した」ブルジョア革命（ということはその前提として「成功した」ブルジョア革命があるわけで、イギリスの清教徒革命や名誉革命、フランス革命、そしてアメリカ独立革命がその成功モデルとされます）として捉え、そこにナチズムに至るドイツ社会の歪みの源泉を見出すという歴史解釈への批判が込められています。「近代社会形成への跫音」とは、一八四八年革命を契機にイギリス、フランス、アメリカなど他の工業諸国と同様に「「社会＝国家」に向けてのやむことのない自己転換の道」を踏み出した、ドイツ社会の軋む音にほかなりません［川越 1988: 236］。なおこれまでの著書のなかで私は〈社会国家〉という表記を使っていましたが、以下、引用に際しても〈社会＝国家〉に置き換えることにします。

時計の針を一挙に進めますが、一九世紀末になると、工業化の波はヨーロッパから極東の日本にまで到達し、工業部門が繊維産業から製鉄・機械産業、さらには化学・電機産業へと拡大するとともに企業規模が拡大し、高度工業化の時代を迎えます（この時代は第Ⅱ部において世紀転換期と呼ばれることになります）。この時代、ヨーロッパの工業国では、大規模な都市再開発や上下水道整備を推し進めた都市に居住する人口の比率が農村人口を上回るようになりました。そしてその都市ではようやく労働者の生活水準が上昇するとともに、家族形成の可能性が広がり、労働者層の間でも次第に近代家族化が進行していきます。二世代からなる核家族、職住分離、男女の固定的な性別役割（男性単独稼得者モデルとも主婦婚モデルともいわれます）などの特徴を規範化したこの近代家族は、やっと豊かになってきた生活を保持するうえで、男性稼得者の病気や怪我、高齢化や失業といったリスクにきわめて弱い存在でした。世紀転換期のこうした社会変動によって、いまやナショナリズムに支えられた国民国家として植民地獲得競争に乗り出した国家が国民の生活・生命リスクにたいするセーフティネットの役割を担うようになる、社会＝国家化の動きが促されることになりました。つまりこの時代に国家と社会が領域的にも一致することになったのです。これが等号に込められた意味です。

私の二冊目の著書［川越 1995］のタイトルは『性に病む社会』というものでしたが、その課題は、当時結核やアルコール中毒と並ぶ「三大国民病」の一つとされた性病をめぐる問題を手がかりに、世紀転換期のドイツ都市における社会＝国家化の動きを探り、一九世紀から二〇世紀への世紀転換期を現代社会の起点として捉えることにありました。社会史という視点からみると、一八世紀後半の産業革命やフランス革命よりも、この時代の変化のほうが大きな意味を持つこと、言葉を換えればこうした大文字で表される出来事が日常的世界の様相（ミクロな小文字の世界）を一変させるまでには一〇〇年近い年月を要したことを明らかにしたいというのが、この本の狙いでした。

世紀転換期は、一八世紀後半から第一次世界大戦に至る、工業化を基軸として展開された、イギリスの社会史家ホブズボームのいう〈長い一九世紀〉と、ドイツで宰相ビスマルクのもと社会保険が立法化された一八八〇年代から現代まで続く、社会＝国家の時代としての〈長い二〇世紀〉の交錯する、現代社会への転換の画期でした。そして、家族と性をめぐる伝統的な規範と新しい規範のぶつかり合いが一九世紀社会を現代に向けて動かす主要な問題の一つとなったというのが、この本を書いた私の見立てでした。

その最終章（「ナチス社会と性病問題」）で私は次のように書きました。「ドイツにおける一九世紀以来の性病問題の行方を追って本書の叙述が逢着したナチス社会は、たんに一九世紀以来の特殊ドイツ的近代化の所産として捉えられるだけではなく、世紀転換期から二〇世紀末の現在にいたる近代社会システムの連続的な作動過程、すなわち工業的世界における社会＝国家化という長期的かつ普遍的な流れのなかに位置づけられる必要があるといえよう」［川越 1995: 251］。

こうした見通しに立って、世紀転換期からナチスの時代に至るドイツ社会史をたどることが、『社会国家の生成』と題する私の三冊目の著書［川越 2004］の課題となりました。この本において私が取り組んだのは、社会衛生学・人口学・優生学といった世紀転換期の新たな社会知が経済社会変動とともに誕生（ないしは再生）する過程と、その知がベースになって進行した社会＝国家の制度化の過程を分析し、こうした過程の延長線上にナチス社会を位置づけるという課題でした（このドイツ近現代史の最大の問題の一つであるナチズムをどう捉えるかについて詳しくは、第Ⅱ部第3章で論じます）。こうした課題設定の背景にも、ドイツ近現代史のナチズムに至る道を、ドイツにおける近代化の特殊な歪み（つまり経済的な近代化＝工業化の進展と政治的な近代化＝民主主義化の遅滞というアンバランス）から説明しようとする「ドイツ特有の道」論（先に述べた一八四八年革命の「挫折」がその道の起点になるとされます）にたいする批判が伏在しています。

と同時に、ナチズムをめぐる問題を自分とは関係ない世界の問題として遠くから観察するのではなく、もし私がその時代のドイツに生きていたらどんな生き方を選択していただろうかという疑問を抱きつつヴァイマルからナチ期に至るドイツ社会を追体験したいという思い（私はこうした歴史の見方も広い意味では比較という範疇に入ると考えています）が、この本を書く大きな動機となりました。その思いを私はこの本のなかで、執筆当時日本でも話題になっていた、ドイツ人法史学者シュリンクによって書かれた『朗読者』という小説で主人公が語った言葉に託して、書き残しています。「法史学者としての僕が取り組んだ過去の問題は、現代の問題と比べても決して遜色のない、アクチュアリティのあるものだった。過去を対象とする場合はその中にある人生の問題をただ観察するだけで、現代の場合のようにその問題に参加するわけではない、と部外者ならば考えるかもしれないが、実際はそうではなかった。歴史を学ぶということは、過去と現在のあいだに橋を架け、両岸に目を配り、双方の問題に関わることなのだ。ぼくの研究分野の一つは第三帝国の時代の法律だった」［川越 2004: 21］。

こうした思いを抱えて書いた本を、私は次の一文で結びました。「工業化の帰結としての都市社会化と人口転換の帰結としての近代家族化を共通の要因として生成した社会＝国家は、ナチズムという極限状態をとった制度の失敗を惹起した近代の両義性（自由と強制、統合と排除、中央集権と地域主権、社会化と個人化など）および専門家集団による制度操作というファクターを内包したまま〈長い二〇世紀〉を貫いて作動してきた。こうした社会＝国家という二〇世紀社会のありようそのものが、現在、大きな転換点を迎えているのである」［川越 2004: 235–6］。

この文章には、今から思うと、「制度の失敗」とか「専門家集団による制度操作」といった私自身にとっても十分こなれていなかった表現が使われていることを含め、いろいろ説明を要する問題があるのですが、それらは第Ⅱ部であらためて取り上げるとして、ここではこの本の出版以降、〈長い二〇世紀〉に踏み入り、第二次大戦後のドイツ社会へと関心を移した私の研究をフォローしておくことにしましょう。

戦後のドイツ（第Ⅱ部第４章の対象となる時代です）は周知のとおり、ドイツ連邦共和国（西ドイツ）とドイツ民主共和国（東ドイツ）という二つの国家に分断されました。この時代のドイツ社会に関心を持った背景には、一九七四年から七七年までの最初の留学の折りに西ベルリンに住んだ経験がありますが、研究という意味できっかけを与えてくれたのは、ミュンヘン大学のホケルツ教授らが提唱した「ドイツにおける社会国家性（Sozialstaatlichkeit）の三つの道」という問題提起でした。「ヴァイマル・ドイツは緊張に満ちた混淆状況のうちで、さまざまな選択肢とあるべき社会についてのアイディアを準備しており、その後それらが「第三帝国」、連邦共和国、そして民主共和国によって、各々独自に選択され、独自の軌道へと導かれていったのである」［Hockerts, Hrsg. 1998: 7］とする「基本的な考え方」が、私の目をナチス後の「二つのドイツ社会」の比較へと向けさせてくれたのです。

さまざまな専門を有する研究仲間たちとワークショップを積み重ねて共同論文集［川越ほか編 2008a; 川越ほか編 2008b; 川越ほか編 2008c; 辻ほか編 2016; 川越ほか編 2016］をつくりながら私が取り組んだのは、早い時点から関心のあった家族とジェンダーをめぐる問題［川越ほか 1990; 姫岡ほか編 2009］、とりわけ二〇世紀後半の西ドイツにおける家族変動と家族政策の展開を東ドイツと比較するという研究課題でした（こうした問題関心の延長線上で二人の研究仲間と翻訳したのが［ヘルツォーク 2012］です）。

これらの論集に収録された私の論文はいずれも試論的な色彩の強いものですが、ウルリヒ・ベックの再帰的近代化論や、近年注目を集めているソーシャル・キャピタル論さらには中間組織に着目した社会史研究（本書ではこの視点をメゾ社会史として提示することが最終的な課題となります）、そして現代社会における社会的包摂と排除をめぐる議論などに触発されて書かれたものです。そして私の研究は現在、社会主義社会東ドイツにおける「周縁的存在」としての高齢者や何らかのハンディキャップを抱えたマイノリティたち、つまり労働が権利であるとともに義務であった社会において働くことができなかった人々（そのなかには何らかの理由で働けなかった女性たちや働くことを禁じられた人々が含まれます）が生きた軌跡を掘り起こす作業に行き着いています。

これらの点については第Ⅲ部であらためて詳述することとして、本論に入る前に、どうしても触れておきたい問題が二つありますので、ここではまずそれについて書いておくことにします。一つは歴史研究にとって第一義的な重要性を持っている史料にたいする私のスタンスをめぐる問題であり、今一つはここまでお話しさせていただいてきた私の研究が採ってきた歴史叙述の方法めぐる問題です。

どんな史料を用いてきたか

前にも書いたとおり、一九七四年の秋から三年間在籍した西ベルリン自由大学の歴史学部で、私は歴史研究への道を歩き出しました。それ以前は歴史というよりは社会思想史に関心を持ち、一八三〇年代から四〇年代にかけてのヘーゲル左派と呼ばれている一群の若い思想家たち（そのなかにはフォイエルバッハやマルクスが含まれています）の書いたものを読んでいましたが、次第に彼らの思想よりも彼らが生きた時代そのものに関心が向くようになり、歴史研究を志してドイツ留学に踏み切りました。その背中を押してくれたのは、私が師事していた一橋大学の良知力先生であり、良知先生の先生にあたる大塚金之助先生（私は大塚先生が蔵書を東ベルリンのフンボルト大学に寄贈するための目録づくりのお手伝いをする機会があり、先生から強くドイツ行きを勧められました）でした。

日本では大学院生だったといっても、歴史研究は初学者同様だった私は、語学の問題もあって最初の学期は一〇歳近く年下のドイツ人学生たちに混じって歴史入門の授業（ドイツの大学の授業は基本的にゼミ形式のものでした）を受け、一緒に発表したりレポートを書いたりしました。何やら史料とは関係のなさそうな話になっていますが、二学期目に上級の演習への参加を許されたときから、ドイツでの史料との格闘が始まりました。参加した演習のテーマはドイツにおける一八四八年革命だったのですが、担当の教授と相談した結果、私は一八四七年の四月にベルリンはじめドイツ各地で起こった「ジャガイモ革命」（主食品の価格高騰が引き金となった暴動）について調べ、レポートを書くことになりました。

当時まだほとんど研究らしい研究のなかったこの事件（現在では［山根 2003］があります）の背景を探るために、私は当時のベルリンの日刊紙ほぼ一年分に目を通すという計画を立てました。「うず高く積みあげられた古い日刊紙の束のなかから、一八四〇年代の半ばのベルリンにおける食料品、とくにジャガイモやライ麦〔ドイツ風の重い黒パンの材料です〕といった主食品の市場価格に関するデータや記事を抜き出し、整理すること。これがドイツに渡って半年後の私に与えられた最初の演習課題であった。西ベルリンの自由大学にほど近いダーレムにある公文書館で、ほぼ一ヶ月がかりでおこなったこの作業は、その単調さにもかかわらず、一八四七年四月にベルリンで起きた食糧暴動に関する資料の収集という当初のねらいを超え、私の目を実にさまざまな問題に向けて開いてくれた」［川越 1988: 1］のです。

この最初の経験が、その後の私の歴史研究における史料との付き合い方に決定的な影響を及ぼすことになりました。その後このテーマをさらに追求するなかで、一八四八年革命期のベルリンにおける労働者と市民をめぐる問題を研究テーマとすることになった私は、ダーレムの公文書館や当時ベルリンの壁の向こうにあったポツダム国立公文書館などでさまざまな史料を漁り、貴重な史料とも出会いました（その成果をまとめた論文“Die Berliner Arbeiterschaft vor der Revolution 1848/49”は、帰国後一橋大学に修士論文として提出されました）が、日本に帰ってからの仕事は主に印刷された史料に依拠して進めることになりました。関心を持ったテーマにかかわる当時の複数の新聞や雑誌にともかく最初から最後まで目を通すというのが、私にとっての史料と接する基本姿勢となったのです。

『性に病む社会』においては、性病撲滅協会の二種の機関誌、女性たちを中心に発行されていた『廃娼論者』、これとは逆に「不道徳と戦う」男性たちの手になる『民衆の監視人』といった雑誌各々三〇年分に目を通し、性病をめぐる医学言説や性病の撲滅を図りながらも相対立する運動の軌跡を跡づける作業が、研究の基礎となりました。また『社会国家の生成』においては、グロートヤーン（Alfred Grotjahn: 社会衛生学者）、ブルクデルファー（Friedrich Burgdörfer: 人口学者）、ギュット（Arthur Gütt: 医師、ナチ期の内務省民族保健局長）といった人口政策をめぐり立場を異にする人々の書き残した書物や論文を集め、相互に付き合わせて、その時代の社会＝国家の制度化をめぐる知と運動の相互位置関係の見取り図をつくるというのが私のこのテーマをめぐる研究の基本戦略でした。多様な印刷史料に依拠して社会の「星座表（Konstellation）」（これが私の社会史の第三のキーワードです）を提示することが、私にとっての社会史研究の課題となったのです。

どんな方法を採ってきたか

この「星座表」を描くために資料を整理し解釈する方法についても、私はその都度、多様な領域の研究から影響を受け、さまざまなやり方を試みてきました。

『ベルリン　王都の近代』のときに影響を受けたのは、まず何よりも留学先のベルリン自由大学の社会経済史系の研究者による初期工業化期のベルリン／ブランデンブルクに関する研究プロジェクトの成果〔Büsch, Hrsg. 1971〕や、彼らが開講していた演習と（日本流にいうと）大学院生を中心にしたコロキウムにおける議論でした。それらはたんにベルリンの産業構造に焦点をあてたものではなく、手工業者〔Bergmann 1973〕や企業家〔Kaelble 1972〕の役割、さらには「下層民たち」の存在にも目配りをした工業化の社会史ともいえる広がりを持っていました〔Fischer, Hrsg. 1968〕。当時のベルリンの市民層よりは民衆層に関心を持っていた私は、最後の論文集に収められていた東ベルリンの経済史家バール（Lothar Baar）の論文を通じ、東西ベルリンの歴史家たちの間に研究交流があることを知り、さらにそこからライプツィヒにおける「プロレタリアートの階級形成」をめぐるすぐれた研究（のちに〔Zwahr 1978〕として出版）と出会うことになりました。階級概念に拒否反応を示していた当時の西ドイツの歴史研究の成果を吸収しつつ、いかにして工業化の初期段階の労働者の社会的なありようを描き出すか。西ベルリンにおける初期工業化史研究とツヴァーの研究との対話から生み出されたのが、

第Ⅱ部第1章で取り上げる「職人労働者」という概念でした。

他方、私が留学していた時期はちょうどヴェーラー（Hans-Ulrich Wehler）の『ドイツ帝国 一八七一―一九一八』［1973; 日本語訳は 1983］が出版されるとともに、彼を中心とした新しい歴史雑誌『歴史と社会』［*Geschichte und Gesellschaft* 1975 〜］が創刊され、ドイツの歴史学会に大きな変化が起き始めた時期と重なっていました。私自身は日本でいうとかつての講座派の議論や大塚史学の議論と通じるところがある、というか日本の歴史家たちがそう受け止めたこの新潮流にはあまり大きな関心を抱きませんでしたが、ドイツ近現代社会の歴史研究をめぐる熱気が、私の最初の本の起爆剤となったことは確かです。「総じて本書は、一八四八年革命期のベルリンに焦点をあて、民衆社会史研究（社会階層性、日常生活、生活維持のための葛藤、抵抗などについての分析）から出発して、近代社会の形成メカニズムの解明へと進むことにより、〈具体的存在〉の論理（この表現は一九六九年に邦訳の出たチェコの哲学者コシークの『具体性の弁証法』からとっています）を読み解く方法としての社会史研究の可能性を探る一つの実験という性格をもつこととなろう」［川越 1988: 6］という文章が、その後の私の社会史研究の方法のベースを示しています。つまり社会史をミクロ社会史とマクロ社会史に分けるとすると、私はミクロな領域の社会史から出発してそれをいかにマクロな社会分析とつなげるかを方法上の重要課題としてきたのです。

次の『性に病む社会』に向けた研究に取り組む頃になると、私の関心は、都市化の問題とジェンダーをめぐる問題へとシフトしていきました。引き続きベルリンに焦点をあてつつ一九世紀後半の都市化の歴史を研究するにあたって最初の手がかりとなったのは、前著でも扱ったコレラ流行とそれを一つの契機として一九世紀後半のベルリンでも進行した都市再開発と上下水道整備をめぐる問題でした［見市ほか 1990、を参照］。こうした意味での都市化の局面を私は〈外的都市化〉として概念化しましたが、そのヒントとなったのが、「『大都会の夜』［シュレーア 2003］という魅力的なタイトルのもと、民俗学と社会史研究の接点に立って、ベルリンを中心に一八四〇年代から一九三〇年代にいたるパリやロンドンの『夜』をめぐるさまざまな問題を比較検討」［川越 1995: 16 以下］した研究でした。

すなわちそこでシュレアがコーフ（Gottfried Korff）の論文から示唆を得たとして提起した〈内的都市化〉（innere Urbanisierung）という概念を手がかりに、私は都市化の過程を「伝統的な都市共同体のシステム（たとえば救貧制度）が機能不全に陥る局面」（「旧都市の解体」）、「上下水道や都市交通網の整備などに代表される外的都市化の局面」、そして「『外的』に整備された近代都市での生活に適合的な規範が広範な都市住民層に浸透する内的都市化の局面」という三局面に分けて分析するとともに、シュレアにならって第三の局面を売買春と性病をめぐる問題を手がかりに検討しようと考えたのです。それ以前から進めていたドイツ史の研究仲間との女性史に関する文献資料の収集・検討作業（それをもとに書かれたのが［川越ほか 1990］です）や同じ頃翻訳が出版されたスコットの著作［スコット 1992］によって後押しされて書かれたのが、『性に病む社会』でした。

しかし方法論に即していうと、この本にはやり残した課題がありました。その点についてこの本の最後に私は次のように書きました。「本書に残された最大の問題は、分析ないし叙述の方法についての詰めが不十分な点にある。本書では、ある問題をめぐって「何が事実であったか」ではなく、その問題を「ひとはどのように論じたか」、そして個々の言説がいかなる位置関係にあって、その相互関係のなかからどのように支配的な言説が形づくられ、さらにその言説がいかに制度化されていったかに、叙述の力点がおかれている。しかし『歴史学の言語論的転回』をめぐる議論とも関わる方法上の問題について、本書ではそうした議論を横目でにらみながら書いたという以上にいうべきものをもっていない。……方法論の問題については、今後、いま本書を書き上げてようやくその入り口にたどり着いたとの観のある、ナチス社会研究に本腰を入れて取り組む過程で、詰めてゆきたいと考えている」［川越 1995: 255–256］。

三冊目の単著『社会国家の生成』において私は、ある時代の社会の変化を映し出していると考えられる何らかの社会的問題（例えば性病問題や人口問題）をめぐる多様な言説の相互位置関係の見取り図を提示することを通じてマクロな社会変化をあぶり出すという課題と取り組むことになりました。そこでのナチス社会の分析に際し、私は次のような「作業仮説的な見取り図」を設定しました。私のこれまでの研究をふまえてまとめられたものですので、いささか長くなりますが、そのまま引用させていただきます。「①一八世紀後半を起点とする社会の近代化の動きと伝統社会の多様なセーフティネット（家、地縁・職能集団、教会といった互助的な組織）の折り合いによって編み上げられていた一九世紀の社会制度（例えば伝統的なセーフティネットの機能不全を補完する役割を担ったさまざまな慈善団体や自助の試み、さらには職人の相互扶助組合を基盤にした労働組合など）が、都市化や出生減少といった変動要因によって機能不全に陥る。②それによって生じた新たな問題の解決をめぐって、さまざまな言説が動員され、③その言説相互のせめぎ合いと一九世紀社会のたどった歴史的な経路、さらには社会変動要因そのものが絡み合い、接合することによって、新たな個別制度が形成されるが、④それらの制度は孤立したものではなく、同じような過程を経て形成される他の諸制度と、さまざまなレベルの専門家集団によって相互に結びあわされ、それによって、国家が社会のセーフティネット機能を果たす、相互補完的な制度群としての社会＝国家が生成する。⑤こうして生まれた制度としての社会＝国家は、二〇世紀社会の展開過程で派生するさまざまな問題と個別制度との調整を図りつつ機能し続けるが、⑥制度自体の肥大化により個別制度の相互補完性を担保している共通の枠組みがうまく機能しなくなることによって、制度転換に向けた新たな過程が始まる。本書の叙述はこうした作業仮説的な見取り図をもとに組み立てられたものである」［川越 2004: 13–14］。ここで重要な役割を与えられている「専門家集団」というタームは、「モダニティの制度分析」を提唱したイギリスの社会学者ギデンズ（Anthony Giddens）の「専門家システム」をめぐる議論から示唆を受けたものでした。またこの引用で頻出している制度への関心が、本書でミクロ社会史・マクロ社会史からメゾ社会史へという視点の転換を模索する契機となっていきます。

メゾ社会史とは何かについては第Ⅱ・Ⅲ部であらためて論じることとして、ここではこうした見取り図を手がかりにナチス社会研究と取り組もうとした私にとって研究上の導きの糸となった社会史家ポイカート（Detlev Peukert）の仕事にふれておきたいと思います。「ナチズムを一方的にドイツ社会史に連綿とつづく強烈な反近代感情の噴出と見なしたり、逆に手品師まがいの詭弁を弄してその周知の悪魔性を免罪したうえで、唐突にもそれを革命的な近代化のパラダイムに仕立てあげたりしたのでは、ナチス体制の日常的現実は、その外見的な正常性の面でも例外的な犯罪性の面でも、正しく理解され得ない」［ポイカート 1994: 140］というポイカートに導かれて、前に記した「新たな社会知」の担い手たちの言説を読み解き、その知に基づく諸制度の形成過程を跡づけ、その制度を動かすことになった「普通の専門家」の役割を検証する作業の結果を、私は次の三点にまとめました。「①社会＝国家制度は、ナチ政権下においても、ナチ・イデオロギーとの言説上の融和を図ることにより、制度調整による一定の変更を受けつつも機能し続けた。②その結果、社会＝国家制度の担い手である専門家集団の日常的業務の遂行と、急進化局面におけるナチ・イデオロギーおよびその積極的な担い手の暴走による「生きるに値しない生命」の大量抹殺との間には、無数の回路が開かれることになり、この回路の存在がナチ政権下における社会＝国家という制度の失敗の重要な原因となった。③この意味で、ナチ体制の積極的な担い手のみならず、多くのいわば「普通の」専門家たちも、どのような回路のどこに位置していたかによって一様ではなかったにせよ、ナチスによる犯罪への加担責任から免れることはできない」［川越 2004: 21–222］。これが、もしこの時代を私が生きていたらという問いに対する、私の答えであり、すでに方法論上の影響などについてもふれた本書以後の私の研究も、私が、そして私たちが「誤りを繰り返さない」ための道を探る試行錯誤であったといえます。

前置きが大分長くなってしまいましたが、ここからは現代社会への大きな転換の画期となった世紀転換期をはさみ、〈長い一九世紀〉から〈長い二〇世紀〉を経て現代に至る、ドイツ近現代社会史の旅に同行していただきたいと思います。

第2章　権力と民衆

矢野久

何を研究してきたか

その時々の〈現在〉があり、メディアはこれが重要だと指摘し、研究者もそれぞれが自分の思う〈現在〉について何らかの思いを抱いて自分の研究をやっているのだと思います。歴史研究に携わっている人たちも同様で、とくに現代史家はより強烈に〈現在〉を意識化しているでしょう。現代史家のほうがより適切に〈現在〉の問題をより根源的かつより説得力を持って扱っていたと自負していたのでしょうが、疑問の残るところではあります。およそ歴史研究をおこなうに際して、〈現在〉が重要なのか、過去への〈接近の仕方〉が現在的であり重要なのか、あるいは過去は〈現在〉とは関係のない独自の存在、〈他者〉なのでしょうか。外国史の場合にはとくに〈他者〉性がより強くなるでしょう。私は自分自身が歴史研究者としてどのように〈現在〉に対峙してきたのか、何を研究することが重要であると考え、どのように過去に接近しようとしてきたのか、私自身の過去を振り返りながら、考えてみたいと思います。

個人史的観点から眺めますと、一九六九年に慶應義塾大学経済学部に入学し経済学に失望して、無駄に時間を過ごしていた大学二年生のときに出会った松村高夫先生にまで遡ります。大塚金之助（一八九二―一九七七年）の影響を大きく受けた彼はその当時はまだ二八歳の慶應義塾大学経済学部の助手でした。東京商科大学（現一橋大学）教授の大塚は一九三三年に治安維持法で大学を追われ戦後復帰しましたが、その間慶應義塾図書館（館長は経済学史の高橋誠一郎）が彼に図書館を開放しています。外国史をやるのであればその国へ行けという大塚の主張を、私は松村先生を介して聞き知っていました。

当時の日本の学問状況はといえば、かなり錯綜していたと思います。歴史学では、マルクス主義陣営では「戦後歴史学」の中核として、「世界史の基本法則」を真面目に信じていた「歴史学研究会」が重要でした。経済史の領域では「大塚史学」が大きな存在でした。それだけではなく、民衆史もあれば、成長史学、数量経済史的研究も重要な位置を占め始めていた時期でもあります。欧米の歴史学の潮流の多くが日本に輸入されていました。その当時の現代思想の領域も含めて、日本ではマルクスとヴェーバー問題、主体性論、市民社会論などが論争されていました。

私は専門課程では、中期マルクスとヴェーバーの重なる問題を扱おうとしましたが、思想史研究の意味に疑問を持ち始めて歴史のほうに向かいました。ドイツに関心があったため、ナチスを研究しようと思って大学院修士課程に進学しました。私は数量史的研究にたいしてもまた「歴史学研究会」や「大塚史学」にたいしても同じように懐疑的でした。一九七〇年代はじめの日本においては、日本の過去の経済的社会的政治的精神的な構造に問題の根源を見出し、それを学問的に批判し、その際の基準として西欧近代を措定し比較研究する、これが流行していた学問だったと思います。それに納得できなかった私はしかし積極的に自らの立場を構築できていませんでした。

修士課程では、方法としては定まらないまま、つまりは展望のないままで日々を過ごすなかで、イギリスに留学中の松村先生から時々長文の手紙がきたことが、歴史学の方法を学ぶうえで重要でした。イギリス社会史（労働史）で博士論文に取り組んでいた松村先生は、イギリスでの歴史研究の動向、社会史の方法に関する議論を教えてくれたのです。当時は日本には「社会史」は紹介されておらず、ドイツ社会史があるとすれば、どんなことをどんな方法論でやっているのか知りたくなり、それを探し始めました。修士論文ではナチスに関するテーマに、歴史研究の方法として社会史に関わるようになったのです。ちょうどその頃ドイツでは、ナチスと資本主義との関係が論争の一つでした。第三帝国における「経済の優位」か「政治の優位」かをめぐって議論されていました。今から振り返ると非常に単純な発想の問いかけでしたが、当時はそれをまともに議論していました。事実はどうだったのかということで議論され、一次史料でもって証明していくということでは共通していましたが、よって立つ理論的発想は、独占資本主義の経済的利害を重視するのか、ヒトラーあるいはナチ党という政治的勢力のほうが重要であり、政治の相対的自律性を強調するのか、で両者は対立していたのです。

私は方法としての社会史を勉強し、ドイツの社会史方法論を学ぶ努力をしました。一九七〇年代初頭から半ばにかけての西ドイツ歴史学界の状況は、情報が入るたびに、驚きでもありました。七五年には『歴史と社会――歴史的社会科学雑誌（*Geschichte und Gesellschaft-Historische Sozialwissenschaft*）』が創刊されています。本誌はドイツの歴史学にとって一つの転換を意味していました。

大学院進学から一九七八年に西ドイツ・ボーフム大学に留学するまでの数年間に、ドイツの社会史が議論していたイシューが私に大きな影響を与えました。所詮は輸入史学的なところから私自身も自分の研究を開始したということでもあります。

研究対象として選んだのが、ドイツで本格的研究が開始されつつあったナチスです。ナチ体制における「政治の優位」か「経済の優位」かという論争を核にしつつも、政治の優位・経済の優位論争を脱却して個別研究へ移行しようとテーマを絞ろうとしましたが、そう簡単にはテーマは見つかりませんでした。ようやくナチ労働政策をやり始めたら、イギリスのドイツ史家で先の論争で「政治の優位」を主張していたメイスン（Timothy Mason）が労作（[Mason 1975]）を公刊したのです。本書を手にしたのは一九七六年です。本書を読んでショックを受けました。もはや私がやることがなくなったと思ったからです。でもほかにやるテーマが見つかったわけではありませんから、私はなんとかこのメイスンの研究から自分の研究方向を見つけるべく、彼の本に沈潜しました。メイスンが史料を時折、「……」と省略していたことに気がつきました。この疑問が将来大きな意味を持ってきます。社会史の方法というよりも、歴史研究における史料という意味においてです。これについてはあとで述べます。

一九七八年秋から、ドイツはボーフム大学、社会史研究の一つの牙城の大学へ留学しました。歴史学部には、社会史研究で重要な貢献をした歴史家、ハンス・モムゼン（Hans Mommsen）やペッツィーナ（Dietmar Petzina）、あるいはケルマン（Wolfgang Köllmann）がいた大学です。ボーフム大学へ行く前に、ドイツ語研修中にイギリスへ遊びに行ったのですが、大学時代に同じゼミ生だった友人の草光俊雄君がイギリスのヒストリ・ワークショップ運動のサミュエル（Rafael Samuel）の家に寄宿して研究していましたので、彼を訪ねました。草光君に先述したメイスンを紹介してもらい、オクスフォードに住むメイスンを訪ねたのです。彼がドキュメントで示した「……」について訊いて、明らかになったことですが、彼は各産業の概観部分だけを史料として公刊したのであり、個別の事情が記載された部分は省略していたのです。私は企業史と労働史が結節するところで、自分の研究の長期的展望を持っていましたので、この点について彼の意見を聞きました。この企業史と労働史の結節という発想は、のちに述べますが、ドイツの社会史がきわめてマクロ的な発想から歴史研究をおこなっていること、その一方で松村先生からの情報では、イギリスの社会史研究はきわめてミクロ的な発想から実践していること、この両国の社会史研究の差異が重要な問題を提起していると思ったことから出ています。ドイツの社会史研究の現状を目の当たりにして、もっとミクロの世界に沈潜した研究をやる必要性を感じたからです。私は可能性ありの感触を得ることができました。

もう一つ私にとって重要な人との出会いは、エッセン大学の史学科ニートハマー（Lutz Niethammer）教授の助手ブリュゲマイヤー（Franz Brüggemeyer）です。ちょうどドイツ社会史にたいする批判的な歴史研究が誕生しつつあるときです。のちに彼は「日常史」の中心的歴史家になっていきます。これについても後述します。

こういう前提があって、ペッツィーナ教授の下での研究が始まりました。最初にいわれたのは、すぐに文書館へ行くということです。ナチ時代の労働者の社会史というテーマですが、労働過程＝職場に焦点を絞ってやろうと思っていましたので、いくつかの企業文書館に手紙を書きました。同時に連邦レベル、州レベル、産業レベル、労働組合レベル、さらに市レベルの文書館にどのくらいの史料があるのかを探し始めもしました。結局、史料的な点から鉄鋼業に焦点を絞り、労働者の状態を研究の対象としました。一九三〇年代だけではなく、第二次世界大戦期も対象としたかったのですが、企業レベルでは史料的に第二次世界大戦期については当分は無理だとわかったので、残念ながら三九年までに限定することにしました。

メイスンのテーゼは、一九三六年にナチスは労働力不足状態に陥り、これが根拠になって、ナチ体制にたいする労働者の消極的抵抗が生じたというものです。私はこのメイスン・テーゼに対決しようと思いましたから、本当に労働力不足だったのか、労働過程で本当にこれが確認できるのか、その証拠を探しました。

一九三〇年代におけるナチ期の労働者の社会史ということになりますが、ナチ体制における労働者の社会的統合・支配のあり方を具体的な労働の現場を考察することによって明らかにするものです[Yano 1986]。具体的にはクルップとＧＨＨの鉄鋼企業の製鉄業部門の労働時間、賃金、健康状態、企業内福祉政策を検討することで、労働者の企業内の態度をナチ体制の社会的統合・支配の問題に関連づけました。叙述は国家レベルの生産政策と企業内部での生産戦略から説き起こしています。

次のテーマは私にとっての二つ目の研究ですが、これは日本に帰国し、ドイツの過去への眼差しが日本で注目されたことと関連します。一九八五年が私にとっては転機だったのです。この年は、ニュールンベルク法制定後五〇周年、敗戦後四〇周年の年にあたり、これを機に当時のヴァイツゼッカー大統領が演説し、その内容が日本で高い評価を受けました。『朝日新聞』や岩波書店の『世界』などが、「過去に目を閉ざすな」というメッセージを紹介し、日本の革新的知識人は日本の政治家はドイツを見習えと論陣を張りました。当時は教科書問題や靖国問題などが議論されていたときです。日本の政治家が自国の過去にたいして批判的な眼差しを持たず、こうした保守的な動向に関して日本の革新的知識人が批判的であることにはもちろん同感でした。しかし私は、日本の革新的知識人がドイツの過去への眼差しを過大評価することには違和感を持っていました。というのは、ドイツにおける自国の過去への批判的眼差しが何を意味していたのかということと関連しています。ドイツはユダヤ人への民族虐殺（「ホロコースト」）にたいしては絶対悪として批判してきました。しかしドイツはホロコーストと同様に戦争犯罪にたいしても批判してきたのでしょうか。日本の革新的知識人は、保守的勢力や保守的政治家が日本の過去を賛美し、日本の戦争犯罪にまともに向き合わないことを批判して、ヴァイツゼッカー大統領の「過去へ目を閉ざすな」というメッセージを高く評価し、ドイツを見習えという論陣を張っていました。しかしいかなる意味で見習うべきなのでしょうか？

簡単にいえば、ホロコーストにたいして批判的眼差しを向けてきたドイツを、従軍慰安婦や強制連行・強制労働を問題にするべきとされた日本は見習うべきなのか、ということです。過去への批判性ではなく、いかなる過去への批判性なのかが問題だということ、私はそれを問題にしたかったのです。

そうした思いから私は、特殊ドイツ的現象とされる「ホロコースト」ではなく、日本やドイツに共通する問題性に目を向けるべきだと考え、「強制労働」の研究に向かったのです。ドイツ現代史研究者は、ホロコーストこそ根源的問題であり、まさにホロコーストを扱うべきだという認識を持っていたように思います。日本人にはホロコーストの本格的な研究はそう簡単にはできないだろう、と私は思っていましたし、そもそも比較を重視してきた日本の研究者がなぜホロコーストを研究するのか、理解できない部分がありました。日本の近い過去への批判的眼差しを考慮すれば、ドイツ現代史を研究領域にする者はホロコーストではなくむしろドイツの従軍慰安婦や強制連行・強制労働こそ比較研究の対象にするべきだと思ったのです。

こうして私はナチス・ドイツにおける外国人強制労働を研究の対象にしたのです［矢野 2004］。問題はどのような観点から捉えるのかでした。

これまでのナチズム研究は〈近代化〉論から捉えてきたといえるでしょう。西欧諸国における歴史的な発展を基準とし、それを「正常な」近代化の道と捉え、一方、民主主義化が正常に機能せず、ナチスに至った道を「特有の」近代化の道として把握するという考え方です。ドイツにおいてこの考え方は一九六〇年代末以後、「歴史的社会科学」＝「社会構造史」として定着していました。日本でも、ファシズムへと至る日本近現代史の特殊性を示すために、この近代化論が重視されたのもそれなりの理由はあるでしょう。

　私は近代化論で把握することがそもそも問題だと思います。その理由は第一に、ある国が「正常な」近代化の道を歩み、ある国はそれと異なる「正常ではない」近代化の道という発想自体が問題であり、それぞれの国の歴史的発展は特殊であることから出発すべきだと思うからです。第二に、「正常な」近代化の道を歩んだ国における「正常ではない」道への突入の可能性が無視されるからです。第三に、近代化論は、客観的な政治構造、経済・社会構造の歴史的変化にその国の歴史的展開の原動力を見出しており、それによって、そこに生きる人々の力はこの構造の歴史的変化に反応するものとしか捉えられておらず、宿命論的であるからです。このことは何を意味しているのでしょうか。近代化論では、ある型の経済・社会・政治構造の歴史的変化は「正常ではない」近代化の道を歩む必然性にあることになり、それに抵抗する可能性を排除してしまうことになるということです。

　この近代化論に代わって別の観点から私は戦時期における外国人強制労働の問題を捉えてみたかったのです。私は一九三〇年代におけるドイツ人労働者の社会史をナチ体制への労働者の〈統合〉という観点から考察しました。ドイツ人労働者がナチ体制に統合されていかないメカニズムの解明を主張したのはイギリスのドイツ史家メイスンです。私は社会経済的領域、とくに労働過程におけるドイツ人労働者の実態分析をおこなうことによって、彼の議論を批判しました。私企業の世界にナチスが深く浸透しえなかったことによって、かえって、体制批判のエネルギーが私企業の世界のなかで発散・

解消されてしまったという見解です。この〈統合〉という観点に〈支配〉の観点を加えて、戦時期の問題を捉えようと思ったのです。一方で、上からのナチスの国家権力行使を重視し、他方で、それにたいする人々の反応、つまり、歴史における人間の歴史形成力も重視することに心掛けました。

この考えと戦時期外国人強制労働者を扱う観点はどのように関係するのでしょうか。

ドイツ人労働者にたいしては、抑圧が存在しながらもさまざまな社会的・経済的・政治的な政策体系によって彼らを体制に統合する〈正〉の統合戦略があったのにたいし、外国人労働者にたいしては抑圧を核とした〈負〉の統合戦略でした。外国人労働者のナチ体制にたいする批判を抑圧によって封じ込めようというのが、ナチ体制がとった戦略です。ただしこの〈負〉の統合戦略は、あらかじめ決められた計画によるものではなく、戦争以前からの過程、戦時期における歴史的過程、戦況の変化など、歴史的変化のなかで形成されたものです。つまり、ヒトラーやナチスの指導的人物たちの意図や構想によって、計画的に形成されたものではなく、歴史的状況との関連で意図や構想が形成され、政策化され、実行されたということです。

ナチスが〈正〉と〈負〉の統合戦略の政策体系を策定する過程で、人々の態度や行動が重要な役割を果たしていたということ、そしてこの人々のなかに、外国人労働者も含まれていたということも強調しておきたいと思います。人々の態度や行動はナチ〈支配〉のあり方に関係しており、支配の強固さではなくむしろ支配の脆弱性こそが、ナチスを特徴づけているのではないかということです。

外国人強制労働は労働〈力〉政策のみならず、労働〈者〉政策でもあります。人間を扱っているからです。強制労働ということは人間の自発的意志を剥奪することを意味しますが、物として徹底的に扱えたのでしょうか？　戦況の変化とそれとともに戦争経済の再編成との関連によって外国人強制労働も変化することになります。どのように変化したのでしょうか。外国人労働者の労働力利用は強制によって可能となったのであり、そのためには外国人労働者への人間〈支配〉と関連することになるのです。

帰国後一〇年が経過した一九九五年、ドイツ留学の機会ができました。戦後ドイツのトルコ人など外国人労働者問題の歴史研究をテーマに選びましたが、ドイツの史料公開三〇年原則により六五年までの史料が扱えるテーマです。日本では高く評価されていたヴァイツゼッカー大統領は私の最初の留学時代にベルリン市長であり、ドイツへ同化するか、嫌なら母国へ帰れという発想で外国人に対応していました。「ホロコースト」には想いを馳せるが、強制労働には目を閉ざし、現実の外国人（労働者）問題に対して保守的排他的態度の典型をみた気がしました。

習慣、言語、文化、宗教などが異なる外国人は自ら自民族中心的な態度を持ち、独自の生活圏を保持しドイツへ統合する気などないといえるのでしょうか。この考えだと母国へ帰れという発想に容易に至ります。それにたいして民族の違いを認めるべきだという考えに立つと、「共生」という発想に帰着します。たぶんドイツの世論はこのように分裂していたのでしょう。両方の発想の共通性として、なぜ外国人は独自の生活文化圏を形成するようになったのか、歴史的視点が欠如しているのではないかと感じていました。つまり、歴史的にどのようにそうなったのかを考えずに「平行社会」を前提とした議論がなされていたのではないかということです。

こうして私は外国人労働者流入の歴史を研究テーマに選びました［矢野 2010b］。このテーマは当時はドイツの歴史学界ではまだ本格的に扱われていませんでしたし、ましてや歴史学の現代的課題ではありませんでした。しかし私にはとっては重要な問題でした。

その後は、さらに国家権力と人々との関係を警察制度において考察することに関心を寄せました。二一世紀に至る過程で先進諸国において人種主義を媒介とした生権力と規律化権力は遍在する傾向にあるといえると思いますが、こうした「予防警察的」措置は社会関係の「警察化」＝「警察の現代化」と特徴づけることができるとすれば、この「警察の現代化」は現代に特殊な新しい現象なのか、これが私の問題関心です［矢野 2012］。

市民層と労働者・社会下層それぞれの生活世界との関係において、国家権力を考察の対象にしようと考えたのです。ドイツ（プロイセン）では〈善き統治＝ポリツァイ（Gute Policey）〉、つまり、公共の福祉の保護と「危険の防止」・「秩序の維持」を包含する概念でした。プロイセンでは、いつ、警察がもっぱら危機防止と刑事訴追を実践する近代的機構になったのでしょうか？　警察は「王立国家警察」、「地方自治体都市警察」、「国家郡部警察」の三層構造からなっていましたが、この三層構造の統一化＝国家化がいかに困難であったのか、その歴史的過程を解明し、このプロイセン警察の特徴をもたらした原因を究明したいと思ったのです。市民層と労働者・社会下層それぞれの生活世界との関係において、この多様な任務を担う警察の機構とその実態、具体的には治安警察、刑事警察、政治警察を明らかにすることによって、警察機構の「社会的規律化」を検討すること、これを私の次の研究テーマとしたのです。

どんな史料を用いてきたか

最初の研究で用いた史料はクルップとGHHの二つの私企業の文書館、市（オーバーハウゼン、デュースブルク）の文書館、ノルトライン・ヴェストファーレン州立文書館、ライン・ヴェストファーレン経済文書館、連邦文書館の史料です。連邦文書館は連邦省庁の文書、経済文書館は私企業の文書、州立文書館は州省庁の文書を集めています。

私企業の文書館は他の文書館と若干異なります。コピーは駄目でしたから、パソコンがない時代ですから史料はすべて手書きでノートしました。重要だと思ったものをひたすら書き写す作業です。正直にいってかなり長い間、展望などありませんでした。製鉄業の各工程の日誌や月誌、事業所内のやりとり、事業所ともっと上の役員との間の史料、人事部の史料などなど。ひたすら各工程の統計を眺めていました。あるとき、妙なことに気がついたのです。日誌に手書きで、「何月何日、三交代制の一つの班、別の工程へ。物資不足により、作業中断。」というのを見つけました。行き先の工程では、発注に間に合わせるために、一つの班を補充という情報があるのです。これはいったい何を意味しているのか？　労働力以外に、生産するための原材料が十分に確保されているとは限らないということ、とすれば物資不足ではないのか？　私はこれまでの研究を乗り越える証拠を見つけたのです。

次のナチス・ドイツの強制労働の研究に際して用いた史料は、ＳＳ（親衛隊）保安情報部の秘密報告書、国際軍事法廷の裁判資料、アメリカ占領軍裁判資料などです。

戦後の外国人労働者に関して利用した文書館は、連邦文書館、外務省政治文書館、ノルトライン・ヴェストファーレン州立文書館、鉱業文書館、市文書館（エッセン、ドルトムント、ゲルゼンキルヒェン、デュースブルク）、ヴェストファーレン経済文書館、ドイツ労働総同盟文書館そして企業文書館（マンネスマン、テュッセン・クルップ）です。

近年流行の「ポストモダン」は、歴史家の頭のなかにあるストーリー（プロット）が歴史をつくると主張していますが、プロットに対応する証拠を探すのではありません。一定の構想を持ちながらも、史料から何がいえるのかを考えながら史料と向かいあいます。史料を読みながら、何が問題となっているのかを吟味していくうちに、だんだんと個別テーマと構想が浮かび上がってきます。いいたいことは史料との対話を通して形成されるのです。歴史研究は構想と史料の往復運動です。

史料は非常に多様です。連邦省庁でいえば、戦後外国人労働者政策に関して私が調べたのは住宅省、労働省、内務省、連邦職安庁などです。各担当官がファイルしていますが、史料には部署の番号と作成者のイニシャル、日付も記載しています。こうした記載のないものもありますが、どこにファイルされているかで、だいたいの日付はわかります。他の担当官や他の部署、他の省庁との間でやりとりがあると、書類には送付の日付と受け取りの日付が記載されます。添付資料があるとコピーが送られますが、これも同時にファイルされます。会議が開催されるとその議事録が作成されます。議論の結果だけではなく、個別の発言が詳細に記録されている場合もあります。省庁間の担当者会議の場合には詳細な議論が記録されることもあります。大臣や政務次官の発言などは担当の官僚が事前に詳細に検討し、文書も作成しています。新聞で公表されたりしたものは事前の文書作成の一部にしかすぎず、省庁の本音はこうした一次史料で見出せることが多いのです。

どんな方法を採ってきたか

ドイツの歴史的社会科学としての社会史（これについては［矢野 2013; 矢野 2015］で考察しています）は、政治史・外交史・軍事史が中心の伝統的な歴史学（歴史主義）にたいして、「社会全体」の歴史 Gesellschaftsgeschichte（社会構造史）を目指すものですが、第一の特徴は、経済、政治、社会、文化の総体的関係を扱う歴史学であることです。第二は、問題関心から歴史を研究するということです。ドイツの場合はこの問題関心はきわめてドイツ的性格を持っています。ナチスに至るドイツの歴史を批判的に考察するという立場ですが、他の西欧諸国とは異なって、経済的には近代化するも政治的・社会的には近代化しないドイツ史の特殊性＝「ドイツ特有の道」論を展開していました。第三は、歴史研究の中心をなしてきた一次史料をもとにしつつ、しかし同時に理論的な枠組みをも重視し、歴史を分析するということです。第四の特徴は、ドイツの社会史が対象を近現代の工業化とその後の二〇世紀における展開の考察に重きを置いているということです。

一九七〇年代後半以降の西ドイツ歴史学の状況は、「社会構造史」と「日常史」の対立と特徴づけられます。前者の「社会構造史」は歴史をマクロ的構造的に理解するもので、政治的社会的にみれば、経済成長路線と核エネルギーをもとにした社会民主党連立政権と連動しています。一方、「日常史」は構造ではなく、人間の歴史形成力を強調するもので、かつての伝統的な歴史学が偉大な人物を強調するのにたいして、普通の人々の歴史形成力に信頼を置く考え方です。それは自分たちが、社民政権の経済成長路線を批判し、反核運動・自然保護運動に身を置いて社会の変革を目指していたことと関連しているといえるでしょう。史料に関して特記すべき問題として、この日常史がオーラル・エヴィデンスをドキュメントとならんで重視しているということです。

一九三〇年代の鉄鋼業労働者の社会史においては、私は、マクロの構造的な「社会構造史」とミクロの「日常史」がそれぞれ持つ問題点を克服するために、両者の交わる世界、具体的には「職場」に注目してそこから出発する社会史研究を目指しました。これまでの歴史研究の領域でいえば、「企業史」と「労働史」の接点ということになります。方法論的にはミクロ史とマクロ史をどのように結合させるのかということですが、現時点での到達点が、川越氏が提起し本書で主張することになった「メゾ社会史」です。

当時は経営史（企業史）研究ではナチ時代の本格的研究はありませんでしたし、企業内部の労働世界を扱った歴史（労働史）研究も、ハイデルベルグ大学を中心にした歴史研究において、一九世紀後半の時期に関してようやく本格的研究が刊行され始めていたにすぎませんでした。方法論的には企業史と労働史の接点のミクロの世界に注目して、ナチ時代における労働者の社会史へ向かったのです。

【第Ⅰ部をめぐる対話】

社会史理解の共通点と相違点

コメント1

水戸部由枝

私が博士論文に頭を悩ませていた二〇〇四年に『社会国家の生成』〔川越 2004〕が出版され、その直後に書評、矢野久「20世紀社会とナチズム――川越修『社会国家の生成』に寄せて」〔矢野 2004b〕が発表されました。当時、日本のドイツ近現代史研究者の間では、ドイツの近代化とナチズムとの関連性をめぐる論争が激しく展開されており、その渦中にあった川越氏の社会＝国家研究と、その研究の問題点を厳しく追及した矢野氏の書評は、多くの研究者から注目されることになりました。もっとも、のちに矢野氏に真意を確かめたところ、川越氏の研究を多々評価していることを前提に批判されたそうですが、その本意がご本人に伝わっていたかどうかはわかりません。いずれにせよこの論争が、その論点を十分に把握しきれなかった私に、ドイツ史を研究することの厳しさと責任を悟らせてくれたのは確かです。

当時のお二人の間の争点は、以下のようにまとめられると思います。川越氏の研究は、ナチスを一九世紀以降の「特殊な」ドイツ的近代化の所産としてではなく、世紀転換期の工業化の時代から現在にかけての近代社会システム、いわば長期的かつ普遍的な社会＝国家化といった連続的な流れのなかに位置づけること、またD・ポイカートの近代化論「近代化とはヤヌスの顔（両面神）を持つもので、人々に熱狂的な合理化熱を吹き込んだのも近代化なら、危機状況の出現をきっかけに、それを選別テロルへと急転させたのも近代化である」ことの検証を目的とするもので、日本ではじめて本格的な社会＝国家研究を発表した点で大変画期的でした［川越 2004: 19; ポイカート 1993: 262; ポイカート 1994: 160］。その際、研究対象は、①社会衛生学や人口学といった世紀転換期に生み出された新たな知、②社会制度（社会＝国家）の仕組みとその担い手としての専門家集団、③専門家集団の言説の変化とそれにともなう制度調整、またこれによりナチ政権下で社会国家制度そのものが機能しなくなるプロセスの三点です［川越 2004: 3-4, 225］。ちなみに当時、本書のキーワードである専門家集団は、科学的な専門知識人、官僚制の担い手、社会科学や公的統計の担い手と説明されています（［川越 2004: 14–15］、内容については第Ⅰ部第1章と第Ⅱ部第3章を参照）。

この川越氏の研究にたいして矢野氏は、前近代との対比での近代ではなく、現代に向かって変化する近代の捉え方に言及している点を評価しつつも、これまで「社会統合化」や「社会的規律化」プロセスを重視してきた立場から、主に次のように批評しました。①言説の社会史とリアルな歴史を結合することに成功しているだろうか（一次史料に基づく実証分析による実態解明が重要である）、②ドイツ内外での地域的差異や社会階層を軽視してはいないか、③権力のトップに近い専門家集団だけでなく、実践の場に近い下位の専門家集団の権力機構における位置づけを明確化することが必要である、④健康政策や人々の性行動・結婚・出産・家族形成の問題を政治制度や政治との関連で社会史的に考究することが重要である、⑤制度としての社会国家の生成を問題にするためには、社会国家概念ではなく、福祉警察的な国家権力概念を内包する福祉国家概念こそがより適切である。

その後、この論争を境に川越氏と矢野氏は距離をとり始め、その一方で、お互いの研究内容に強い関心を抱き続ける様子を察知した私は、好奇心と期待から、いつの日かお二人が本音で議論を戦わせる場を設定したいと考えるようになりました。こうして実現したのが講義「現代からの問い・現代への問い」です。毎回担当者には三～四頁のレジュメを提出していただき、二人の教員が見守る（監視する）なか、学生からの質問に応えつつ講義するという、かなりハードなスタイルで授業は進められました。はじめは、研究上の相違点ばかり注視するぎこちない雰囲気でしたが、開講から約二ヶ月後、矢野先生から発せられた「あれ、自分の考えていることとそう違いはないぞ！」のひと言をきっかけに、議論は共通性を見出す方向へと一気に転回し、社会史研究のあり方をお二人が共に模索し始めたことを記憶しています。

とはいえ、本書の内容を含めお二人のこれまでの社会史研究を詳細に比較してみますと、いまだ社会史理解・研究方法（視点・史料）・概念といった点で違いがあるのも確かです。また、かつての社会＝国家研究をめぐる論争で明らかになったお二人の研究スタンスの違いは完全に折りあいがついたのでしょうか。以下、第Ⅰ部「社会史への道」のコメントとしまして、お二人のこれまでの研究生活と研究関心にみる共通点・相違点を明らかにしながら、いくつか質問させていただきます。

　第一に、ドイツ社会史研究への一歩を踏み出すまでの段階で、お二人には多くの共通点があるようです。そこで、以下の点についてお聞かせください。（1）思想史研究ではなく歴史研究だからこそ、何をどのように明らかにできると考えた（る）のでしょうか。思想史研究の限界と歴史研究の可能性について教えてください。（2）大塚金之助氏、良知力氏、松村高夫氏といった先生方のどのような研究姿勢に感銘を受けたのでしょうか。そのことはその後、数量史的研究、歴史学研究会、大塚史学と違う方向を模索することとどう関連しますか。また、そういった先生方の功績のどういった点をどのような形で発展させたいとお考えでしょうか。（3）海外留学する学生がほとんどいなかった時代に数年間ドイツ留学することは、経済的にも精神的にもかなり覚悟のいる決断であったと推察します。そこで当時、どのような目標のもと留学を決意し、また、どのような成果をおさめ、どういった新しい問題意識をもって帰国を決意されたのか教えてください。（4）「ドイツ」そして「社会史」のどのような点に興味をかき立てられたのでしょうか。また、ドイツ留学中、ご自身とドイツ史研究者やドイツ史専攻の学生とを比較した際に、外国人であるがゆえに不利な点・有利な点をどういったところに見出し、どのような葛藤を経て、それらを「強み」にしていったのでしょうか。

　第二に、ドイツ社会史研究におけるお二人の共通点・相違点についてです。（1）ナチズム研究にかかわる際、矢野氏は「いかなる過去への批判性なのかが問題である」ことから、日本やドイツに共通する従軍慰安婦や強制連行・強制労働の問題を研究テーマに選ばれたそうですが、川越氏の場合、なぜ優生思想や人種主義の問題に着目したのでしょうか。また川越氏は、ご自身のこれまでの研究は

「（ナチ体制という）誤りを繰り返さない」ための道を探る試行錯誤であり、そのためにつねに追体験したいという思いを抱いてきたと述べていますが、お二人は「ドイツの過去への眼差し」を日本で紹介することが、どのような形で日独比較史の可能性を広げ、また、日本における歴史記述の問題に影響を与えるとお考えですか。

（2）ハンス・ウルリヒ・ヴェーラーと歴史雑誌『歴史と社会』は、ドイツ社会史研究に具体的にどのような転換をもたらしたのでしょか。またそれにもかかわらず、お二人にとってインパクトが薄かった理由は、「ドイツ特有の道」論（近代化論）批判にすべて還元されますか。矢野氏は、それぞれの国の歴史的発展は特殊であり、何かしらの形で「正常ではない」近代化の道が存在したことを強調していますが、川越氏も同じ見解をお持ちでしょうか。（3）このことと関連して、従来のドイツ社会史研究（方法）とマクロ的な発想の歴史研究にたいして疑問・批判を持ち、また市民層よりも民衆（人々）・労働者（職人労働者）の態度や行動により関心を向けることで、全体として何がより鮮明になるとお考えですか。たとえば矢野氏は、国籍、人種・民族、階層を超えたさまざまな人々が生み出す、多様な力関係の上に社会が成り立つこと、集団ではなく個人がもつ力と可能性を拾い上げたミクロ的な歴史記述を構築することで、ドイツ人労働者がナチ体制に統合されていかないメカニズムよりも、むしろナチによる支配の脆弱性というナチの特徴が明らかになると主張しています。この「普通の人々の歴史形成力に信頼を置く考え方」を、お二人の共通点と理解してよろしいのでしょうか。

（4）「社会史」概念についてです。矢野氏は、ドイツ社会史とは社会構造史を目指すもので、①経済・政治・社会・文化の総合的関係を扱う歴史学、②問題関心から歴史を研究するもので、従来ナチスに至るドイツの歴史を「ドイツ特有の道」論でもって展開すること、③一次史料をもとにしつつ、理論的な枠組みをも重視して歴史を分析すること、④一九世紀の工業化から二〇世紀までの展開に重点を置く、と説明しています。他方川越氏は、一九世紀末の高度工業化時代以降、生命・生活上のリスクから身を守るセーフティネットの役割を果たすようになった社会＝国家の生成と展開の歴史であると述べています。いわば社会＝国家の歴史を社会史と捉えているわけですが、お二人の間では「社会史」概念についての合意は成立しているのでしょうか。以前矢野氏は、社会国家概念ではなく福祉国家概念こそがより適切と主張されていましたが、現在どのような見解をお持ちですか。

（5）最後に、史料とアプローチ方法の違いについて確認させてください。川越氏は、複数の新聞や雑誌といった印刷史料に依拠して社会の「星座表」を提示すること、「何が事実であったか」ではなく、「ひとはどのように論じたか」、個々の言説の位置関係、その相互関係のなかから支配的な言説が形づくられ、さらに制度化されていくプロセスに叙述の力点を置くこと、また、ミクロな領域の社会史をマクロな社会分析とつなげることを重視してきたと述べています。他方、矢野氏は歴史研究について、繰り返し一定の構想を持ちながら史料と向かいあうことと理解し、ミクロ的な研究に専念してきました。また第Ⅲ部第2章では、（実証性をともなう）個別領域あるいは個別問題での比較研究が重要であると述べています。このようにお二人の間では研究方法が異なりますが、現時点で、これまでのお互いの研究成果をどのように評価しており、また「メゾ社会史」研究を通じて、今後どのような新たな視点を持ちながら研究に臨めるとお考えでしょうか。

コメント2

石井香江

ちょうど私がこの世に生を受けた一九七〇年代初頭に、川越・矢野両氏はドイツで学ばれていますが、私が学部時代にお世話になった先生の先生にあたる良知力氏、そのまた先生にあたる大塚金之助氏がその後押しをしていたといいます。経済学者で歌人でもあった大塚氏は、経済理論を社会学化することを目指し、「市民社会」概念を日本でいち早く使った人物でもあります。川越・矢野両氏は大塚氏というルーツを共有し、また大塚（久雄）史学をはじめとする講座派的な研究には一定の距離を保ちながらも、その方法論や研究対象、叙述のスタイルは対照的だという印象を持っています。

川越氏は当初、一八三〇年代から一八四〇年代にかけての（政治的・宗教的に急進的な）ヘーゲル左派の思想家たちの研究に取り組まれていましたが、次第に彼らが生きた時代そのものに関心を向け、歴史研究を志すようになります。大塚・良知両氏に背中を押され、西ベルリンで歴史研究の道を歩み出し、そこで一八四七年四月にドイツ各地で起こった「ジャガイモ革命」について調べ、一八四八年革命期のベルリンにおける労働者と市民をめぐる問題について修士論文にまとめられました。続く『性に病む社会』においては、性病撲滅協会の二種の機関誌を分析し、性病をめぐる医学言説、性病の撲滅を図りながらも相対立する運動の軌跡を跡づけ、さらに『社会国家の生成』においては、社会衛生学者グロートヤーンら人口政策をめぐり立場を異にする人々の書き残した書物や論文を相互に付き合わせ、その時代の社会＝国家の制度化をめぐる「知と運動の関係の見取り図」を作られました。一八四八年革命における労働者と市民の関係への関心を出発点に、後年には近代都市を理解するうえで不可避の人口や家族という広義の「性」という問題に目を向け、さらに、二〇世紀工業社会の共通性と多様性を比較するための社会＝国家という仮説的概念を軸に、ドイツ近現代の通史を描く氏の研究スタイルは、氏の外見と同様に実にスマートな印象を与えます。その背景にはブラックボーンやエヴァンズら英米のドイツ史家の影響があり、さらに、日本史や社会学など他領域の研究者との共同研究にも積極的な氏は、歴史学研究に言説分析の手法を取り入れる挑戦を果敢に続けてこられ、フーコーに影響を受けた若手研究者にも大きな示唆を与えてくれています。

他方で矢野氏も当初中期マルクスとヴェーバーの重なる問題（分業論・労働過程論）に関心を持たれていましたが、思想史研究の意味に疑問を持ち、歴史研究へと向かいます。氏の研究プロセスにも国内外の歴史研究者との豊かな出会いとイギリスの実証主義的な社会史研究の影響が見え隠れしています。まず「外国史をやるのであればその国へ行け」という大塚氏の教えを、イギリス史の松村高夫氏から間接的に学び、ボーフムに留学することになります。氏は松村氏から伝えられるイギリスの社会史研究の動向とも比べつつ、当時議論が盛んだったドイツの社会史方法論を学ぶなかで、「もっとミクロの世界に沈潜した研究」の必要性を感じます。これを後押ししたのが、のちに「日常史」の中心的歴史家になる（イギリス社会史を学んだ）ブリュゲマイアーとの出会いでした。さらに矢野氏は学友・草光俊雄氏の紹介で、イギリスのドイツ史家ティム・メイスンに直接会ったのを契機に、彼の研究の穴を埋めるべく、ナチ時代の労働過程＝職場に焦点を絞られました。労働者の企業内の態度を、ナチ体制の社会的統合・支配の問題に関連づけたのです。その後、矢野氏は一九九〇年代に再びドイツに留学し、ドイツの戦後補償問題をめぐる批判的研究、戦後ドイツの外国人労働者問題の歴史化を開始されました。そして現在は、警察という国家の権力機構と普通の人々との関係について研究を続けられています。何よりも文書館の一次史料を重要視し、国家権力と普通の人々とのリアルな関係を明らかにしようとする職人にも似た研究スタイルには、地を這うような格闘の跡が垣間見えます。

以上、お二人の共通点と相違点を概観しました。ナチスに至る道を特殊なものとして把握することに批判的な姿勢は共有しつつ、方法論は対立するように思われます。矢野氏は「一定の構想を持ちながらも、史料から何がいえるのかを考えながら史料と向かいあいます」と記しています。私自身も先行研究を読んだだけではわからなかったこと、思いもつかなかったことを、一次史料のなかから発見した経験があり、史料の存在の有無で構想が修正されもするし、あらたに生まれもするものだという意見に強く共鳴します。また、氏が活用した省庁の議事録には、「個別の発言が詳細に記録され」ており、「新聞で公表されたりしたものは事前の文書作成の一部にしかすぎず、省庁の本音はこうした一次史料で見出せることが多い」という知見にも納得できます。政策決定の結果ではなくそのプロセスを明らかにしたい場合に、この方法は意味を帯びてくるということでしょう。私自身も政策決定の具体的プロセスを追うことで、定説に修正を迫るような手がかりを見出すことができました。女性市民層が働く機会に乏しかった一九世紀後半、電信・電話オペレーターとして女性をいち早く雇用したのが帝国郵便です。この事実は従来、初代郵便長官ハインリヒ・フォン・シュテファンの開明的な姿勢と結びつけられ、評価されてきたといえます。しかし、その政策決定過程を詳細に追うことにより、女性雇用を推進した背景にある社会・経済・政治的事情を浮き彫りにすることができます。当時、サービスの質を向上させるために、豊かな文化資本を持つものの、必ずしも賃金の高くない労働力が、利用者と接触する特定の職域においては必要とされていたのです。女性雇用が増えたという結果だけからはみえない水面下の複雑なポリティクスは、議事録などをはじめとする一次史料の検討によってこそ明らかになります。しかし、イシューによっては十分な一次史料が残されていないケースもあります。例えば女性従業員の職場の日常（職場の諸問題、組織化、労働者文化、労災など）は多方面にわたり、留保つきとはいえ、二次史料である雑誌や新聞、専門家の言説、可能であれば聞き取り調査を手がかりにせざるをえません。同じ労働者、職員、官吏・公務員であっても、男女で残された一次史料の数や質が異なりうることが、矢野氏の研究テーマである社会的統合・支配の問題においては問題とならないのでしょうか。川越氏が取り組まれてきたように、「性」は人間の生活の中核部分をなしており、矢野氏が注目する普通の人々の生活世界、労働過程＝職場においても無縁でないどころか、むしろ重要でさえあります。例えば私自身の研究でも、市民層に特有の性規範が、職場を性別によって分離する（性別職務分離の固定化と賃金格差の正当化とも連動する）根拠の一つとなっていたことを明らかにしました。労働者、職員、官吏・公務員の処遇と社会的位置づけは、性別にも強く規定されていたのです［石井 2015］。第Ⅱ部で展開される矢野氏の具体的な研究のなかで、広義の「性」（家族、ジェンダー、セクシュアリティ）という観点が存在するのであれば、それが氏の分析にどのような形で取り入れられ、どのような意義を有しているのかについて、注意しながら読み進めたいと思っています。

他方、川越氏は「星座表」という方法を取り入れ、ある問題が実際はどうであったのかではなく、その問題を専門家集団がどう把握し、「その相互関係のなかからどのように支配的な言説が形づくられ」［川越 1995: 255–256］、そこから、どう制度形成につなげたのか、政策決定過程で専門家集団の言説が持つ影響力の大きさを照らし出しています。その意味で、言説分析はある社会集団の言説の持つ影響力ないし政治性をはかるうえで有効性を持つでしょうし、同時に専門家集団が主張する「事実」の存立基盤の危うさをも示しています。また、一次史料に残りにくい「性」という問題をテーマ化することを可能とするでしょう。とかく批判されがちな言説分析を歴史研究に取り入れる利点と欠点について、矢野氏の実証分析との対比を交えつつ、川越氏自身にもう少し立ち入ってお聞きしたいですし、第Ⅱ部で川越氏が具体的に展開される研究のなかに、その手がかりを探してみたいと思います。

応答１

川越修

矢野氏と私の社会史の捉え方、とりわけ史料についてのスタンスの違いについてお二人からコメントをいただきました。私自身としては、矢野さんも私もミクロな社会史から出発してそれを政治状況ないし政治的な権力関係をめぐる問題とどう結びつけるかという問題意識を共有していると思っています。明治大学での講義の副題を初年度は「政治社会史への挑戦」、次年度は「マクロ社会史とミクロ社会史の対話」としたのは、そこに私たちの共通の課題、ないし問題関心があることを示したものです。

しかしミクロ社会史といっても、どんな問題関心に立って、何を研究対象とするか、そしてどんな史料に基づいて何を論証するかという点については、それぞれの歴史研究に進むまでの経験や研究を進めるうえでの環境の違いなどに応じて、自ずと個性が出てきます。私たちは、大塚金之助という共通のルーツを持つ先生たちの影響を受けて歴史研究の道に入り、研究の早い段階でドイツに留学するという経験を持った点では共通していますが、留学時に徐々に明確になってきた私なりの社会史研究のスタイルは、私が西ベルリンで学んだということと深くかかわっています。

私の留学は日本側の奨学金で可能になったこともあり、まず指導教員を捜すために、日本的にいえばさまざまなレベルの学部のゼミに参加することから始まりました。結論からいうと私は特定の指導教員にはつかず、本文中で名前を挙げた何人かを含む諸先生のゼミに参加し、そのアドバイスを受けながら自分の研究テーマを絞り込んでいくことになりました。研究対象として選んだのは一八四八年革命以前（三月前期と呼ばれます）のドイツ、若きマルクスをはじめヘーゲル左派と呼ばれる若者たちが、思考の回路を通じて「ドイツ的状況」と闘っていた時代です。その時代の思想家たちの悪戦苦闘の舞台となった社会にアプローチするために、私は、一九七〇年代当時ベルリンで活発な共同研究を展開していた初期工業化研究グループの先生方のゼミに参加し、一九世紀のベルリンにおける産業構造、手工業者、企業家、労働者といったさまざまな社会層について学びながら、ベルリンにおける一八四七年のジャガイモ革命という事件との取り組みを突破口に、研究対象をベルリンに絞り込んでいきました。まだ壁のあった時代の西ベルリンでベルリンの歴史を研究するには、ドイツ人たちにとってても史料上の制約が大きく（史料が分散し、その多くが東ドイツ側にありアクセスが困難でした）、外国人としてドイツ史を研究するうえでのハンディキャップが軽減されるのではないかと考えたのもベルリンを研究対象とした一つの理由でした。

そしてベルリンにおいて「一八四八・四九年革命以前のベルリン労働者」というタイトルの論文をまとめる過程で、入手可能なさまざまな史料を用いて、特定の時代の特定の空間におけるさまざまな社会層の相互位置関係の見取り図（本文で「星座表」と表現したものです）を描き、それをもとにベルリンの「三月」革命、さらにはドイツの一八四八年革命という政治的な事件を読み解くという研究スタイルが徐々に固まっていきました。私のその後の研究にもこうした留学時の経験が投影されていることはいうまでもありません。同様に矢野氏には矢野氏の経験があり、それをもとにした歴史研究のスタイルができあがっていったはずです。それは各々の個性というべきものであって、違いを過度に強調するのはあまり生産的ではないと私は思っています。それよりも社会史を志向する二人の同世代の歴史家が、研究スタイル（個性）を異にしながらも、今回の対話を通じて、相互に各々の個性を承認したうえで、いくつかの重要な一致点を見出しえたこと、そしてそこから今後の社会史研究の目指すべき方向について共同で問題提起をするに至ったことのほうが、私には重要です。一致点としてとりわけ重要なのは、ドイツ近現代社会史の時期区分をめぐる問題とミクロ社会史とマクロ社会史が交錯する中間領域（メゾ社会）に焦点をあてるという研究の方向性です。

まず時期区分についていうと、研究対象とする時代を私が一八四八年から現代に向けて移動していったのにたいし、矢野氏はナチス期をベースに一九世紀半ばの初期工業化の時代へ、そして逆に第二次世界大戦後の時代へと研究対象時期を広げてきました。私たちが一致したのは、両者の研究関心のクロスする一九世紀から二〇世紀への世紀転換期にドイツ社会が現代につながる大きな変化を経験したという認識においてでした。矢野氏は警察の制度的変化と権力と民衆のぶつかるミクロな現場での力関係の変化から、私は工業化の高度化・生活水準の上昇・都市化・人口転換というマクロな指標を手がかりに家族と国家の関係の変化（近代家族化と社会＝国家化として概念化されています）を検討するなかから、おのおの世紀転換期のドイツ社会が、近代化という意味で決してイギリスやフランス、さらにはアメリカにおける近代化と異なった「特殊」で「歪んだ」道を歩んだのではなく、世紀転換期にドイツ固有の後発的で急激な工業化と早熟的な「現代社会」化が交錯するドイツ社会の大きな転換点があったと考える点で、一致したのです。ここで「現代社会」化という本文では使っていない概念を持ちだしたのは、第Ⅲ部にたいするコメントの論点を先取りすることになりますが、私の社会＝国家概念にたいして矢野氏は福祉国家概念の有効性を主張しており（私が社会＝国家という概念を使うのはドイツ社会の「現代社会」化を、ソ連やアメリカ、さらには日本といった他の二〇世紀国家と比較するためであり、そのためには福祉国家という概念は狭すぎると考えているからです）、こうした概念上の差異にもかかわらずその背後に共通の理解が存在することを示すためです。こうした共通理解を前提に、初期工業化の時期のドイツ社会、世紀転換期、二度の世界大戦とナチズムの時期、短い高度経済成長とその後の社会の長い混乱という時期区分に立って、ドイツ近現代社会史の流れをどう素描するかという課題が浮上してきました。

さらに第二に、その課題と取り組むうえで、矢野氏のミクロな現場への眼差しと私のマクロな社会変動への関心が交錯する歴史的な場としての中間領域と、そこで実際に社会を動かしている制度や組織（中間組織として概念化されています）に注目して、各々のこれまでの研究成果をまとめ直そうという点でも、長い対話の末ではありましたが、私たちは一致することができました。国家と「普通の人々」、国家と近代家族として標準化された国民の間の広大な中間領域、マクロな社会変動とミクロな日常性のクロスする場としての中間領域で何がどう変化したのか。その変化をいわば事件史的に体現しており、従って史料として残りやすい中間組織（国家や行政に近い警察組織や保健所といった組織から日常生活に密着するものまで幅広い組織が社会を動かしていたと考えられます）の動きを軸にドイツの近現代社会史を解釈し直すとどのような歴史像が浮かび上がるのか。第Ⅱ部の叙述がそれにたいする私たちの答えなのですが、それをめぐる議論に移る前に、水戸部さんと石井さんが矢野氏と私との相違点として言及しているいくつかの問題に答えておく必要があるように思います。

一つは、矢野氏の「普通の人々の歴史形成力に信頼を置く」という考え方をめぐるものです。私も「普通の人々」が社会を動かす主要なアクターであるという点については同感です。社会変動を接合という概念で比較分析する際に、変動要因の一つとしてアクターの選択という要因を重視している（二六七頁図6参照）のはそのためでもあります。しかし「普通の人々」とは誰か、彼らが「形成」する社会は常に「信頼」できるのかという点については、矢野氏の表現に何がしかの違和感を覚えるのも事実です。私にとっては、いまこうして歴史について書いている私自身も「普通の人々」の一員であり、その「普通の人々」がナチスのホロコーストのような出来事にたいして一定の加担責任を負っており、歴史を通じてその加担の回路を明らかにし、その「誤り」を私や私たちが繰り返さないためにはどうすべきかを考えることが、私にとっては歴史研究上の重要な課題となっています。

また「一定の構想をもちながらも、史料から何がいえるのかを考えながら史料と向かいあう」という矢野氏の方法についていうと、研究対象の研究史上の問題点を頭に置いて膨大な史料の海に分け入り、そこから当初の問題を解決する可能性のある史料を見つけ出し、それを先入観なしに読むという歴史研究の王道を踏み外すことなく、首尾一貫した研究の道を苦闘しつつも歩み続けた矢野氏を、私は心から尊敬しています。それでも、それだけが歴史研究の道ではなく、例えば性や家族関係、さらには広く人と人とが取り結ぶ社会関係（ソーシャル・キャピタル）を規定している規範のように、対象によっては公文書館や企業文書館に残されているのとは異なった史料やその史料を使ううえでの工夫（私が言説分析に関心を持つのはその限りでのことであり、それが歴史研究の方法としての新たな王道だと唱えているわけではありません）が必要となることがあると考えています。歴史研究には特権化された王道はないというのが私のスタンスです。

ただこうしたスタンスや歴史観の差異は、すでに述べたように歴史家の個性に属するものであり、逆にそうした差異が無い歴史研究など無味乾燥で面白くもないし、歴史家という職業集団の外の世界に寄り添うこともできないのではないかと思っています。その意味では本書は、お互いの歴史家としてのスタンスを認めあいながら闘わせた対話の産物だといえると思います。こうした意味での私たちのドイツ近現代社会史をめぐる対話が、専門や関心を越えて、読者の皆さんにも自らの歴史へのスタンスを見つめ直す機会を提供するものであってほしいと願って私はこの本を書きました。

応答2

矢野久

私たちが今回このような形で共著を上梓することができたことを大変うれしく思っています。研究スタイルがかなり異なるにもかかわらず、また本来の研究テーマが約一世紀も離れていたにもかかわらず、また学んだ大学と大学院が異なるにもかかわらず、二〇年ほど前から一緒に議論したり、共著を著わしたりしてきました。

水戸部さんと石井さんからコメントがあったので、それをふまえつつ補論を書き記します。私の研究の原点になっているのは人との出会いだという思いが強くあります。すでに挙げた松村高夫先生からは、いくつかの研究姿勢を引き継いでいると自分では考えています。歴史研究における方法論や問題意識、と同時に一次史料を徹底的に重視する立場、また権力や権威の形成につながりうるシューレをつくらないという学問への姿勢を彼から学びました。社会史ということで本論では挙げませんでしたが、ドイツ財政社会学の大島通義先生からも多大な影響を受けています。彼からは徹底的な史料重視の姿勢、理論的な緻密さと堅固な枠組みの大切さを学んでいます。大島先生と松村先生の二人に共通しているのはシューレをつくらなかったということでしょう。

こうした出会いのなかですでにドイツ社会史を自分の専門領域にしようと思って歩みを始めましたが、なぜドイツを対照したのかということも人との出会いが重要でした。学部で第二外国語としてドイツ語を選び、このドイツ語を鈴木威先生に学んだことが大きいです。鈴木先生は私が学部時代に所属した遊部久蔵先生（マルクス経済学理論、経済学史）のゼミ生だった先生で、彼によって私はドイツの思想や文化などへの興味関心を喚起されました。また学部のゼミで仲間の草光俊雄君はかつてはドイツの社会科学や歴史に多大な関心を持ち、彼の影響もきわめて大きいものです。彼はその後イギリス社会史へ向かうことになります。

大塚金之助氏や良知力氏に言及したことで、私自身が思想史研究の限界と歴史研究の可能性に関してどのように考えているのかという問いが提出されていますので、簡単にお答えします。焦点は「思想史」と「社会史」の関係ということでしょうが、これはドイツ思想史・社会史研究の大家とされる良知力氏が実践してきた領域です。私はかつて書評論文を書きました。良知氏の研究は思想史研究と社会史研究との架橋にあるとはいえ、思想史レベルでどこまで思想内在的であったのか、社会史研究においてどこまで一次史料内在的であったのか疑問を呈しました。もっと徹底した思想内在的思想史、もっと徹底した一次史料による社会史が必要であり、両者の弁証法はそのうえではじめて可能であり、「思想の社会史」の意義はまさにそこにあると考えています［矢野 2008］。これを実践するのは簡単ではありませんが、神田順司君の研究は思想の社会史に大きな貢献をしています［神田 2015］。

草光君はイギリスへ、神田君はドイツへ留学し、それぞれ現地で博士号を取得しています。この留学については、日本での将来的展望がなかったという個人的な事情もありますが、ドイツ史をやるならドイツへ留学するという現地主義を松村先生から教わり、私はまったくなんの疑いをもつことはありませんでした。不安はもちろんありましたが、他方でとくに目標というようなものがあったようには思いません。

留学中に外国人であることの不利な点は、唯一ドイツ語力だけだったような気がします。これは最後まで解決しませんでしたし、これは克服などできないと思います。専門領域で向こうでそれなりに闘えたのは、ドイツ語力ではなく専門的な内容においてだと思います。一つは一次史料であり、もう一つは構想力ですが、後者の方がはるかに大変なのかもしれません。構想力を培うためには読書するしかないですし、論文を作成する際には自分の考えていることをドイツ語で表現する必要がありますが、机に向かう時間を増やすことである程度は問題を克服できます。つまりはドイツ人より二倍、三倍長く机に向かえばなんとかなるということで、いかに構想力をもって迫れるかでしょう。自分が考えていることをどのように深めればいいのか、読書すればするほど展望がなくなる、そんな精神状態とでも表現すればいいのでしょうか。今から振り返れば一次史料との闘いが突破口だったのではないかと思います。

ドイツの大学は近年アメリカ式のバッチェラー方式に変わり、課程博士的な形での博士学位に変わりましたから、かつてほどバリアーは高くはなくなり、外国人の博士学位取得はそれほど困難ではなくなっているようですが、質の低下が危ぶまれているのではないかと感じます。

話は変わりますが、私は日本人であり、したがって日本の過去のことについて考えることの重要性を意識しています。「ドイツの過去への眼差し」にかかわることですが、その際にドイツを専門にしていることで、単にドイツはこうだったということを伝えることには重きを置いていません。日本のことを考えるためにドイツのことを伝える場合には、その歴史的意義を明らかにすることを重視しています。そうなるとドイツについて批判的に考察すること、つまり相対化することが重要となります。ホロコーストさえ相対化して考察することが重要となります。ドイツの強制労働やドイツの警察史を研究し、日本で発表する場合、その意味は私なりに考えて日本との比較を念頭に置いています。ですので私はホロコーストをタイトルに掲げませんでしたし、ドイツとの共通性が浮き彫りになるような形で自分の研究を位置づけています［矢野 2001; 2004; 2008a; 2010a; 2011b］。

社会史の話に目を転じましょう。一九七五年にドイツで創刊された雑誌『歴史と社会』はドイツの伝統的な歴史学（政治史と理念史）にたいする批判の雑誌として重要です。人文科学ではなく歴史的社会科学としての歴史学（社会構造史）の存在意義です。しかし私が依拠するミクロ史の観点からすれば、この社会構造史は社会の構造と過程に重点を置いた客観主義的なマクロ歴史把握であり、問題だと思っています。人々の生活世界に重点を置いて歴史を考察することの積極的意義は、構造と過程の諸条件の下で生きる人々もまた主体として歴史を形成する一翼を担っているということを明らかにする点にあります。

ナチ支配の脆弱性のテーゼも、これに連動しています。ナチ支配に対して順応した人もいれば、加担した人もいますし、あるいは積極的ではなくともそれなりに抵抗（消極的抵抗）した人もいれば、さまざまです。ナチ支配はこうした人々に支えられつつも、裂け目が存在し、その裂け目には人々が存在していたのです。

私は社会構造史の社会史概念を検討してきましたが［矢野 2013; 2015］、決して私の社会史はこの社会構造史と同じではありません。川越氏の社会史概念はドイツの社会構造史から「特有の道」論を消去したところに存立しているような気がしますが、私たちの社会史概念は私の社会史がミクロ的とすれば、川越氏の社会史は（彼の歴史研究の初期段階でのミクロの視点を別とすれば）マクロ的であり、ミクロ史とマクロ史の対立です。この対立は小さくはないのですが、この原理的対立を克服すべく「メゾ社会史」に展望を見出そうと対話を続けてきました。この違うところから出発して「メゾ」領域に対象を移すことによって、方法論の段階での「メゾ社会史」に進むことができるようになったと思っています。第Ⅰ部では「メゾ社会史」について私は書きませんでした。第Ⅱ部で述べました。本来であれば川越氏の叙述に対応して第Ⅰ部で言及すべきだったでしょうが、私の思考過程によるもので、あえてそのままにしてあります。

一次史料や印刷史料などと「事実」の関係においては、過去の「現実」にいかに迫るのかが問題です。「どのように論じたのか」を明らかにすることと「何が事実であったのか」を明らかにすることとはたしかに課題が異なります。川越氏は前者を扱うということですが、これは歴史研究の重要な課題の一つです。しかし問題は、諸言説の位置関係だけではなく、そこから社会の「星座表」をつくるというときに、「現実」との関係を射程に入れざるをえないところにあります。すなわち、言説は何かについての言説であり、この何かは「現実」であるわけで、この「現実」はどのように把握するのかということ、この「現実」を括弧に入れたままで言説の位置関係はどのように把握できるのか、この点に私は疑問を呈してきました。実際に川越氏は「現実」の叙述をしています。知が社会のなかでどのような役割を果たしたのかを明らかにするには言説からだけではできないのではないかということです。

「比較」はもともとかつての社会構造史家たちが主張したことです。社会構造史家たちは伝統的な歴史主義的歴史学とは異なり、比較を重視してきました。彼らの比較はマクロの観点からの比較です。しかし最近では「比較」はこの社会構造史の比較ではなく、個別領域での比較が重視されています[Kaelble/Schriewer, Hrsg. 2003]。私は構造と過程を全体として扱う社会構造史の比較の立場に立ってはいません。川越氏が実践しておられる「比較」はたぶん私と違わないと考えています。川越氏は、「在来要因」と「革新要因」に主体（アクター）による接合という観点から社会比較史をおこなっています。これは社会構造史の比較とは異なる新しい比較であり、国によってアクターが異なり、アクターによる接合が個別領域において「在来要因」と「革新要因」に及ぼす影響に切り込んだ比較です。

第Ⅱ部　現代社会への歴史経路

第1章　初期工業化の時代
一九世紀半ばのドイツ社会

川越修

1　伝統社会と工業化社会の接合

初期工業化と社会

一八世紀後半のイギリス産業革命とフランス革命は、それ自体で一気に現代社会への道を切り開いたとはいえませんが、イギリスを核にしたグローバルな経済秩序の編成替え、フランスによるヨーロッパの政治秩序の組み替えを通して、ヨーロッパにおいてそれ以前の社会（伝統社会と呼んでおきます）を大きく転換させる契機になったことは間違いありません。多数の領邦（そのうち最大だったのがプロイセンです）が割拠していたドイツ（もっともこの時代、ドイツという国は存在していません）もその例外ではありませんでした。一九世紀初頭、ドイツはフランス革命の申し子ともいえるナポレオンの支配下に置かれ、一八〇七年からフランス軍が駐留したプロイセンでは、こうした外からのインパクトにたいして危機意識を持った革新的な官僚によって、プロイセン改革と呼ばれる伝統社会の骨格（政治・行政・軍事・土地・営業・教育など）の転換が試みられ、近代社会形成に向けての動きは、ウィーン会議（一八一四―一五年）で成立したドイツ連邦が、オーストリアを盟主に三五の君主国家と四つの自由都市からなっていたこともあり、産業革命を展開するイギリスの経済圧力に抗することができず、順調に進みはしませんでした。それでも一八三四年にドイツ関税同盟が成立すると、イギリスで最初の鉄道が敷設された一〇年後の一八三五年にはドイツでもフュルトーニュルンベルク間で最初の鉄道が敷設され、ドイツ工業化のセンターの一つになるベルリンを中心にした鉄道網の整備が一八四〇年代に一気に進むなど、工業化に向けての動きは不可逆的に進行していきます。

ここまではドイツ史の概説のような話ですが、ここからはこの一八四八年革命に至る時期のドイツの経済社会を私はどう捉えるかという論点に進みましょう。キーワードは初期工業化という概念です。この初期工業化という概念は、ドイツのような後発工業化地域（ちなみに工業化の歴史をグローバルにみると、［アレン、R.C. 2012］が強調するように、この多様性をはらみつつ展開された後発工業化のほうが「標準的」であり、逆にイギリスの産業革命は「世界で最初」という意味で例外的な工業化ということになります。その意味で私はイギリス以外の地域については産業革命ではなく工業化という言葉を使います）における伝統社会から工業化社会への移行期であり、新旧二つの社会がぶつかりあいながら当該社会の政治・経済・社会条件に適合的な工業化の道筋を模索していた過渡的な時期と捉えることができます。ドイツにおいては先に概観した一九世紀前半（ナポレオンによる占領から一八四八年革命に至る時期）がおおむねこの初期工業化の時期にあたります。この時期を含め、ドイツにおける工業化の歴史を大ざっぱに時期区分すると、一八五〇年代から一八七〇年代にかけての鉄鋼や機械工業を核にした本格的な工業化の時期、一八八〇年代以降の企業規模の拡大と新部門（化学・電機関連など）の興隆がもたらした高度工業化の時期、第二次世界大戦後の大量生産システムの導入をテコにした高度経済成長期（一九五〇年代から六〇年代）に分けることができると思います。

さて伝統社会から近代社会への過渡期としての初期工業化の時代をどう捉えるかですが、この時代の社会の動きを具体的に追う前に、私はそもそも経済や社会の変動をどのような方法・視点で捉えようとしているのかを説明しておく必要があります。鍵となるのは接合という概念です。接合articulationを英和辞典で引くと「明瞭な発音」といった意味と並んで「関節による接合」という意味が表示されています。私が用いるのはこの後者の用法です。つまり経済や社会の変動は、短期の、しばしば外部からの大きなインパクトによって引き起こされる急激な変動（産業革命論争でいうと断絶説・悲観説の立場が強調する要因）と長期的かつ内発要因に規定された連続的な動き（連続説・楽観説の立場が強調する要因）が歴史的な（特定の時間的・空間的な）場において接合することによって引き起こされると考えるのです。

ではこの二つの要因を接合させる関節にあたるものは何でしょうか？　それを私はその歴史的な場におけるアクター（さまざまなレベルの行動主体、つまりはその時代を生きた人々）の選択的行動だと考えます。この要因を考慮に入れないと経済社会の変動は断絶的要因と連続的要因の機械的な合成ということになり、歴史をつくる人間主体の役割（＝責任）がみえなくなるし、各社会間の多様性も説明がつかなくなります。本書をつらぬく私の方法・視点とは、右に挙げた三つの要因がぶつかりあいながら何らかの折りあいがつくことで経済や社会の変動が起き（＝接合的変化）、当該社会に、同様の変動を経験した他の社会との共通性をベースとしながらも、一定の固有性を付与することになるという比較社会経済分析の視点にほかなりません。いま私は「折りあいがつく」という表現を使いましたが、これは三つの要因がつねに一定の妥協点に収束する、あるいはアクターがそれを目的化して行動を選択するという意味ではありません。断絶的な要因と連続的要因のズレが大きすぎて接合が不可能な場合もあります（このケースをどう考えるかが以下の従属論との対話につながります）し、アクターが現状（連続的要因）を否定する行動を選択することによって、折りあう点が変化することもありえます。

やや理屈っぽい話が続きますが、経済社会の接合的変化という仮説のヒントを、私は一九八〇年代に経済史関連の講義を担当し始めた頃に勉強した、いわゆる南北問題をめぐるフランクの従属理論やメイヤスーの「家族共同体」論から得ました。大ざっぱにいうと、フランクは低開発を経済発展に向けた内発的な条件の欠如から説明する通説を批判し、経済発展と低開発はメダルの裏表の関係にあり、経済発展が低開発を生み出したという主張を展開した［フランク 1980］のですが、メイヤスーはさらに「家族共同体」の変化に着目しました。経済発展した地域では、「未開発」状態から「家族共同体」が解体することを通じて生産と消費が分離し、市場経済が成立することによって経済発展がもたらされたのにたいし、それとセットで生み出された「低開発」状況の下では、「家族共同体」が維持されたまま外部からかかる市場経済の圧力への対応が求められた結果、国際的な労働力移動（低賃金の出稼ぎ労働）の動きが生じ、これらの要因の接合過程から、低開発の固定化と市場経済化に対応した経済社会変動が同時に発生したと主張したのです［メイヤスー 1977］。

私は経済発展した（つまり工業化の進行した）地域の内部でも、家族や労働をめぐる領域で同じような接合の動きがあったのではないか、その動きはとりわけ初期工業化の時期にさまざまな形をとって可視化されているのではないかと考えました。そう考えたのは、一八四五年に初期工業化の時代のドイツで出版されたエンゲルスの『イギリスにおける労働者階級の状態』や、それからほぼ五〇年後の日本における初期工業化の時期の社会を活写した横山源之助の『日本之下層社会』（一八九九年出版）から得たイメージとメイヤスーの議論がどこかで重なりあうと感じたためでした。

では一八四〇年代当時のドイツではどんな社会現象が起きていたのでしょうか。最も目につく変化は、人口の流動化（地域移動と社会階層移動）です。その契機となったのは、先に述べた一八〇七年からのプロイセン改革における、農業改革と営業改革の動きでした。それらの改革は多くの農民を土地に縛り付けられた農奴状態から「解放」し、手工業者をツンフト制度（手工業親方層の「自治的」な営業独占の制度）から「解放」しました。「解放」と括弧を付けたのは、農民や手工業者が完全に彼らを縛っていた轅から解き放たれて「自由」になったわけではなく、彼らはいってみれば「身分」関係と「階級」関係の、つまりは伝統社会と近代の工業化社会の狭間の過渡的な状況に投げ出されたにすぎなかったからにほかなりません。

それでもこうした改革の動きは、結婚の身分的な規制が緩められたこともあって、農村部での人口増加と都市への流出（この地理的な移動の動きは北アメリカに向けた大量の移民の送り出しにもつながります）と都市における社会階層構造の流動化をもたらしました。一八四〇年代に使われた「大衆貧困（Pauperismus）」、「労働諸階級（die arbeitenden Klassen）」と「プロレタリアート（Proletariat）」（これは同時代人でもあったマルクスのいう労働者階級という意味ではなく、賤民に近い意味で使われていました）といった言葉は、この時代の過渡期性を表象していますし、親方－職人－徒弟という手工業的な身分関係から「解放」されたものの、職人や徒弟を抱えることができずきわめて不安定な状況に置かれた小親方や親方の下に住み込まず通い職人となったものの十分な仕事を得ることができない職人（以下では彼らを職人労働者と呼びます）の存在も、初期工業化社会の特徴をよく示しています。以下では、パウペリスムス（大衆貧困）と職人労働者という概念に的を絞って、私の最初の著書［川越 1988］を手がかりに（以下、本節の叙述は他に断りのない限り本書からの引用・参照に基づいています）、初期工業化の時代に分け入ってみることにしましょう。

パウペリスムスと職人労働者

初期工業化社会の過渡期性を刻印するパウペリスムスとは、「ドイツ語では大衆貧困とか貧民層という言葉に翻訳されてきた、新たなきわめて重大かつ危険な現象に対する新表現である」と、一八四〇年代に出版されたドイツの百科事典（現在まで続いている『ブロックハウス（*Brockhaus*）』の第九版です）は記しています。この『ブロックハウス』はもともと、一七九六年から一八一〇年にかけて初版が出された事典の版権が一八〇八年に移ってしてこの名称となったものですが、一八三二年から三七年にかけて出版された第八版の発行部数は一八四二年までに三万一〇〇〇部に達したとされています。私はこの百科事典を、ある歴史的事象が何であったかだけではなく、当時の人々はその事象をどう捉えていたかにも大きな関心を持つ社会史研究にとって重要な史料の一つだと考え、近代ドイツの女性史を史料で再構成しようとした本［川越ほか 1990］では「百科事典のなかの女性像」という項目を書いたこともあるのですが、ここでもまずは『ブロックハウス』第九版第一一巻の記述を手がかりに、当時パウペリスムスの何が「新しい」とみなされていたかを確認することにしましょう。

『ブロックハウス』の答えは、それが「肉体的、精神的または倫理的欠陥、あるいは偶発的な事故によって、例外的ではあるが絶えず個々人を脅かしうる通常の貧困」（伝統社会の枠組みのなかでは救貧制度や慈善活動の対象とされていました）とも「生計基盤が比較的しっかりしているような相対的窮乏」（この問題には伝統的には同職者の組合が対応していました）とも異なる点に「新しさ」があるというものです。では大衆貧困というときの大衆とはどんな人々なのでしょうか？「きわめて骨の折れる労働によっても、せいぜいかつかつの暮らしの糧を手にしうるにすぎず、あるいはそれすらも覚束なく、たいていの場合、生まれてから死ぬまでそうした状態にさらされ、それを変える見込みもなく、それどころか、ますます深く愚鈍で粗野な状態に落ち込み、伝染病、火酒という悪疫、ありとあらゆる粗野な悪習、救貧院、授産所、強制労働場に多くの新参者を供給し続け、それでもあっという間にその埋め合わせをし、さらに増殖を続ける」大量の労働貧民（当時の人々は彼らを、恐れと侮蔑を込めてプロレタリアートと呼びました）というのがこのパウペリスムスの項に描かれた具体的なイメージです。

　ではこうした労働貧民ないしその予備軍は住民のどれくらいの割合を占めていたのでしょうか。プロイセンの「王都」ベルリンを例に一八四六年を中心に種々の人口統計をみてみることにします。一八〇〇年時点で人口一七万人（ちなみに同じ時期のロンドンと江戸の人口はおおよそ一〇〇万、パリは五五万でした）を擁していたベルリンは、当時からドイツ最大の都市でした。そのベルリンでは一八二二年（二〇万六〇〇〇）から一八四六年（三九万七〇〇〇）までに総人口はほぼ二倍に増加しますが、当時周囲約一六キロメートルの市壁のあったベルリンでは、市壁外の人口の伸びが圧倒的に高く（八〇〇〇弱からから四万強へ）、また増加要因は基本的に社会増（増加人口の九〇パーセント強が流入人口）で占められており、人口構成を男女・年齢別で見ると一四歳から四五歳までの男女が五〇パーセント強を占め、一八四六年に至る一〇年間で見るとこの年齢層の男性の占める割合だけが目にみえる形で増加（二五・九パーセントから二八・一パーセントへ）しています。また近年の研究によると一八四六年頃のベルリンの社会階層構造はおおよそ、軍人およびその家族が二万人、五〇〇〇から六〇〇〇人の「上層」（成人男性）、二万から二万五〇〇〇人の「中層」（一四歳以上の男性手工業親方・工場主など）、徒弟や職人を擁しない小親方層（八〇〇〇から九〇〇〇人）、八万から八万五〇〇〇人の「下層」（一部に女性を含む、職人、不熟練労働者、極貧の親方など、当時の言葉では「労働諸階級」と呼ばれていた人々）

のようになっていました。

各地からベルリンに流入し、多くは市壁外に居住した働き盛りではあるが生計の不安定なこれら「下層」民たちは、何らかの理由で生活が困難になった場合でも、社会的流動性の高まりという現実に十分対応してはいなかった一八四二年の「定住法」や「救貧法」の規定によって、ベルリンを「居住地」（警察の居住証明が必要）としているか、扶助を必要とするに至った時点までの最低三年間はベルリンを「通常の滞在地」としていたかを証明できなければ、市の救貧制度による扶助を得ることはできませんでした。そうなると彼らにはベルリンを退去するか、市壁外のスラムに身を潜めるしか道はなかったのです。これが『ブロックハウス』の描く「大衆貧困」現象の実態にほかなりません。以下ではこうした「大衆貧困」と背中合わせの暮らしをしていた「労働諸階級」（当時の統計書によると、①「各種工場労働者」、②「手工業職人・徒弟」、③各種日雇い・建設工事人夫・縫い子・洗濯女たちからなる「手労働者 Handarbeiter」、④召使い・女中・農業労働者・若年労働者からなる「僕婢 Gesinde」の四「階級」から構成）のなかでも高い割合を占めていた手工業者の生活にフォーカスすることで、「三月前期」（一八四八年の三月革命以前の時代はドイツ史ではこう呼ばれることがあります）から三月革命期にかけての初期工業化社会の具体相を探ってみることにしましょう。

細かい数字が続きますが、一八四六年当時、プロイセン総人口の二・三パーセントが居住していたベルリンには、プロイセンにおける「自営」（親方）・「非自営」（職人・徒弟）の手工業者総数の五・四パーセント、「自営」手工業者総数の三・三パーセント、そして「非自営」手工業者の七・九パーセントが居住しており、一八四〇年代のベルリンは手工業都市ないし職人都市という性格を色濃く残していたことがうかがえます。このうち先ほどの「労働諸階級」の②にあたる「手工業職人・徒弟」がこの「労働諸階級」全体に占める割合は、「僕婢」よりやや少ない三〇パーセントで、「各種工場労働者」（このなかにもまだ職人意識の強い者が多数含まれます）の一六パーセント、「織工」・「手労働者」の二〇パーセントを凌いでいます。そしてこの「手工業職人・徒弟」たちは一八四八年革命において重要な役割を演じることによって、この時代を映し出す存在となります。私はそのなかでも「手工業職人」たちの存在に着目し、彼らを「職人労働者」として概念化しました。

職人労働者とは、伝統的な手工業の枠組のなかで、職人としてのステータスを保証していた「遍歴・独身・親方の家への住み込み」といった条件が変化するなかで生まれた伝統的な手工業職人とのちの工場労働者の中間に位置する社会層です。もちろん彼らの存在は一様ではないのですが、解体に向かう伝統社会と勃興しつつある工業化社会の狭間で不安定な生活を余儀なくされていた点では共通しています。彼らの生活を不安定化させていたのは、先に挙げた三つの条件の変化でした。

手工業者となるには、この時代でも通常まず親方の家に徒弟として三年から五年住み込み（その際親方に支払う「養成料」が少ない場合は延長されます）、その期間終了後に職人となるのですが、そもそもこの徒弟期間が「養成」というよりは親方の下での「雑役」に従事する期間となっているばかりか、親方の息子とか官吏の息子といった例外を除き、職人たちの多くは、遍歴しながら親方の家を渡り歩き技術習得を目指すのではなく、親方の仕事場に通い、単純で反復的な仕事の対価として賃金を受け取り、さらには「工場」にも出入りするなど、事実上賃労働者化し、多くの場合結婚もしている「通い職人」の道に進むことになります。この時代には急進的な政治結社とのつながりを疑われ警察による監視下に置かれていた遍歴（それでも当時のパリには一万五〇〇〇から二万人のドイツ人職人がいたとされます）も、彼らにとってもはや将来の同業者としてのつながりを育むという意味は失われ、職人宿も日々の憂さをはらす「賭場」と化してしまったという証言もあります。こうした変化のなかを生きた通い職人としての「職人労働者」は、社会階層的にみると、上には将来的に親方への道を保証されたエリート職人や当時勃興しつつあった機械工場などに熟練工として安定した地位を得ていた職人（たとえばベルリン市壁外のモアビートにあったプロイセン王立海外貿易会社機械製造・鋳鉄工場には一八四六年当時、計三〇三名が働いていましたが、そのうち二四三名が何らかの手工業職種名で雇用されており、彼らのほぼ半数は既婚者であったという記録があります）、そして下には靴職人や織工のように数が多すぎ仕事もきわめて不安定なため大衆貧困状況と背中合わせの暮らしを余儀なくされていた職人（名目だけの小親方層の多くも生計状況からみればこのグループに含まれます）に挟まれた存在だったのです。

一八四八年革命

ではこれら職人労働者が中心的な担い手となった一八四八年革命とはどんな革命だったのでしょうか（この革命の全体像については［川越 1996］をも参照）。彼らの側からこの革命をみてみると、第Ⅰ部でも述べた「ドイツの特殊な道」論にたった「挫折したブルジョア革命」（こうした歴史解釈は、その前提とされている「成功した市民革命」を単なる「神話」にすぎないと喝破したイギリスのドイツ史家からも批判［ブラックボーン／イリー 1983］されています）とは異なった革命像が浮かび上がってきます。一八四八年のベルリンにおける職人労働者の革命には、大きく三つのピークがありました。第一のピークは一八四八年三月のバリケード戦、第二のピークは四月のストライキ運動の時期、そして一八四八年八月末から九月はじめにかけてのベルリン労働者会議における労働者友愛会の結成が第三のピークになりますが、この職人労働者の組織化の動きは革命後も継続されていくことになります。

まずパリにおける二月革命、それに続くウィーンにおける三月革命の報を受けて、世論の沸騰するなか軍の発砲を契機にバリケード戦が展開された三月一八・一九日に、職人労働者たちは積極的にバリケードの側に立ちました。そのことはこの二日間の死者や逮捕者の統計から明らかになります。すなわちいくつかの戦死者統計を整理してみると、死者のうち最も多かったのは「職人」（ある統計によれば氏名のわかる戦死者二七〇人中「職人」は一一五人を占めていました）であり、その属性をみるとベルリン生まれ（六一人）で「既婚」の「通い職人」（三六人）、つまり私のいう職人労働者がその中心にいたことが明らかになります。さらに逮捕者をみても、ある記録に残る五三六人中、「市民」に数えられる者は手工業親方三七人、商人・工場主二七人、その他五七人（うち二一人は学生）の計一二一人であり、「労働諸階級」四〇〇人のうち、職人単独で一五九人にのぼります。

三月の「革命」がひとまず蜂起側の勝利に終わったあと、ベルリンでは早くも職人を中心とした労働者層の力を恐れた「市民」層の革命からの後退が表面化します（この意味では「ブルジョア」革命ないし「市民」革命の「挫折」という理解は必ずしも間違ってはいないのですが、問題はそれをナチズムにつながるドイツ社会の構造的な特殊性＝歪みの原因と捉える図式的解釈にあります）が、各種の労働者たちは四月から五月にかけて、三月の勝利を背景に、賃金や労働条件の改善を求めてストライキ運動を展開します。ある研究によればこの時期のベルリンでは計一六件のストライキが記録されています。そのなかにあってエリート職人である機械工やのちに職種別の全国組織をつくっていく印刷工、さらには事実上工場労働者化していた葉巻たばこ製造工やサラサ捺染工の運動と比べると、職人労働者たちの動きには顕著な特徴がありました。それは、おそらくはフランスにおける職人たちの動きの影響もあって、ストライキ運動の過程で「労働省」設置や「相互扶助組織」の承認といった国家への要求が大きなウエイトを占めた点にあります。

その結果、職人労働者たちは、革命の退潮が決定的になる一八四八年の夏以降、運動の組織化の中心に立つことになります。これまでの叙述同様、詳細は『ベルリン　王都の近代』［川越 1988］に譲りますが、職人労働者たちはこの時期、個別の都市において同職組合の地域的結集を図る方向を目指し、ベルリンでは四月に二八の職種の代表によって結成された労働者中央委員会が活動を展開します。その動きはのちにライプツィヒに本拠を置いた労働者友愛会の結成へとつながっていくのですが、ここで注目しておきたいのは、その過程で職人労働者たちが「社会的な国家」とでもいうべき構想を打ち出している点です。例えば一八四八年六月の時点で出された「ドイツの社会的人民憲章」制定への呼びかけでは、国家にたいし次の諸点が要求されています。①労働の保証、②手工業および工業協同組合の支援、③困窮者やけがによる労働不能者の扶助、④労働時間の監督と制限、⑤強度の累進課税の導入、相続権の制限、消費税撤廃、封建的負荷の廃棄、⑥国民学校の無償化、⑦裁判権の無償行使、⑧各邦ごとの労働省設置の八項目です。これらの要求はこの時代に実現可能性を持っていたとはいえませんし、一八五〇年に労働者友愛会の活動が禁止されたあとも継続された彼らの運動は結局、職人の相互扶助組織としての疾病金庫をベースにした保健協会運動という形をとって一八五三年まで細々と展開されたにすぎないのですが、こうした職人労働者の運動は一九世紀後半から世紀転換期のドイツ社会の行方に大きな意味を持つことになります。

ベルリンにおける一八四八年の革命をめぐるさまざまな動きのなかには、のちのドイツ社会に大きな影響を及ぼす別な動きがみられます。これまで「市民」と括弧つきで記述してきた社会層と、この時代に「プロレタリアート」と呼ばれ恐れられた大衆貧困状況に置かれた労働貧民層の対立抗争です。後者は当時の史料ではしばしば労務者（Arbeitsmänner/Arbeitsleute）と記されていますが、彼らは革命の前年にあたる一八四七年四月のジャガイモ革命（食料品価格の高騰に端を発した暴動）では、この件で有罪判決を受けた八四名の職業構成から明らかなように、手工業者（親方二人、職人一〇人、徒弟九人）や女性（一四人）を上回る二〇人（ほかに織工が九人）を数え、また一八四八年三月のバリケード戦でも職人の約半分の死者（五二人）を出すなど、この時期の街頭における騒擾に必ずといってよいほど顔を出していました。他方、三月のバリケード戦では革命の側で戦った「手工業親方、商人・工場主、その他」などと記載される多様な構成を持つ「市民」層は、軍のベルリン退去をもたらした

「三月革命」直後から革命のさらなる展開を怖れ、秩序の回復を求めるようになります。しかし、この時期のベルリン警視庁には、風紀・軍事・営業・治安を担当する四部局があり、市内は各々一名の警部に率いられた二九名の巡査から構成された二九の警察区に分かれていましたが、総数は行政的な仕事を担当する者も含め一〇〇〇人に満たなかったのです。そこで革命期には市内の治安を維持すべく「市民軍」が結成されました。この市民軍をめぐっては、誰がメンバーとなり、そのうち誰に武器の携帯が認められるかが大問題でしたが、実働部隊としては七八〇〇人程度が市内のパトロールなどに従事していたといわれています。そして市民軍と労務者たちの間では、六月の武器庫襲撃事件、革命の成果として展開された失業対策事業に従事した労務者の騒擾（一〇月事件）など、ことあるごとに対立が繰り広げられました。

ここで注目しておきたいのはこれらの事件の詳細というよりは、革命の退潮にともなって表面化する両者の対立抗争の帰結です。それは具体的には「王都」ベルリンにおける警察機構の再編という形をとりました。すなわち、ベルリンにおける革命の終息を告知した戒厳令がしかれた直後の一一月一六日にベルリン警視総監に召喚されたヒンケルダイ（Carl Ludwig von Hinckeldey）の下で、革命前の広く都市行政全般にかかわっていた警察機構、さらには革命のなかでそれに代わる新しい秩序維持機関として設立された市民軍がともに機能しない状況を立て直すべく、国家に直属する新たな統一的な警察機構が作りあげられたのです。そしてこの新たな警察機構は、治安維持だけでなく上下水道整備などベルリンの都市近代化事業を推進するなど、プロイセンの「王都」ベルリンが一九世紀後半にドイツ帝国の「首都」へと転換していくうえで、大きな役割を果たすことになります。この意味で、次節以降問題となる中間組織概念に照らしていうと、一八四八年革命は、「福祉警察」という言葉に象徴されるように伝統社会においては一定の中間組織的な役割を果たしていた警察が機能不全に陥り、治安維持機能においてそれに代わろうとした市民軍も挫折することによって、革命後は一旦それまでの警察機構が中間権力的な機能を失って再編されるものの、新たに生まれた警察機構も強化された秩序維持機能とならび都市行政の一翼を担う機能を担い続けたといえます。とすると世紀転換期の警察を中間組織と捉える矢野氏はこの革命前後の時期の警察の変化をどのように考えるのでしょうか。また、世紀転換期までに中間組織としての警察に何らかの変化があったと考えるのでしょうか？

こうして一八四八年革命は、一方で職人労働者たちの、伝統的な職人組織をベースにしながらも革命下で新たに結成された労働者友愛会などの未来志向の新たな組織の活動を通じて、いわば下からの「社会的な国家」形成に向けた動きの起点となります。同時に革命は、流動化する初期工業化社会における大衆貧困問題に直面して機能不全に陥っていた伝統都市ベルリン（「王都」）が近代的な都市（「首都」）に転換していく契機となることによって、ドイツ社会に前近代性を刻印した「挫折したブルジョア革命」という解釈とは異なった社会史的意味（それを私は、その歩みが同時に大きな社会的問題を惹起することになるという意味を込めて「近代社会形成への跫音」と表現しました）をもった出来事として理解されることになります。さらに付け加えるならば、一八四八年革命は、硬直的にみえた社会に一時的にせよ自由な空間を現出させることを通じて、さまざまな組織形態（その多くは協会 Verein

という名称を冠しています。そのうち女性たちによって立ち上げられた組織については［川越 1996］を参照）をとった中間組織を歴史の舞台に登場させることによって、社会の近代化に向けた動きを不可逆的なものとする役割を果たしたと考えられます。

第Ⅱ部第２章において私たちは、一九世紀後半における私のいう社会＝国家生成のプロセスと都市化にともなう社会変動のプロセスを検討しながら、世紀転換期のドイツ社会がどのような意味で現代社会の起点となったといえるのかを考えていきますが、そこでは資本家と労働者、国家と民衆などといった二項対立図式から現代社会への歩みを捉えるのではなく、川越は生活空間としての都市社会とそこに暮らす家族やその生活をいろいろな形でサポートする中間的組織の織りなすネットワーク、矢野は労働者組織や彼の考える中間組織としての警察といった、対立する二項を媒介しつつ現代社会の重要な構成要素となっていく中間的な領域や組織にフォーカスします。そして、私たちはこうした視点を、社会や経済の構造を分析するマクロ社会史、日常生活史という意味でのミクロ社会史と区別して、メゾ社会史と名づけたいと思います。

２　民衆の生活世界と警察権力

矢野久

民衆とは誰か？

初期工業化期の民衆の生活世界はドイツに特殊であったわけではありません。「伝統社会と工業化社会の接合」としての初期工業化と工業化のあり方の差異にもかかわらず、民衆の生活世界、経験の意識化と観念においては共通性があります。ここでは、第一に、犯罪と社会的抗議を取り上げ、第二に、ドイツの民衆の生活世界、経験の意識化と正義観念（モラル・エコノミー）を明らかにし、第三に、こうした民衆の生活世界に国家権力の側は警察機構を通してどのように迫っていったのかを考察したいと思います。初期工業化期の主導的な政治・社会・経済権力の担い手（アクター）に対抗する民衆とこれを取り締まり秩序構築に携わる警察機構、その両者のぶつかりとして考えたいと思います。歴史学の立場としては構造的な社会経済の比較史に対するミクロ社会史を目指すものです。民衆のアクターとしての存在、彼らの生活世界（意識と態度を含めて）にとっては、諸国の近代化・工業化の類型（政治・社会・経済権力の水平的関係の構造的類型）とその差異よりはむしろ、近代化・工業化のプロセス自体における民衆の経験と意識、彼らの生活世界に対峙する近代化＝共同地の私有化にたいする反応、政治・社会・経済権力との民衆との間の支配・被支配の垂直的関係のほうが重要だと考えています。歴史学方法論的には、イギリスの社会史家E・P・トムスンの「下からの歴史」、ドイツの「日常史」ということになります。

本章では二つの領域で民衆の生活世界と警察権力との関係に迫ろうと思います。一つは社会的抗議であり、もう一つは犯罪性です。両者の共通性は日常的犯罪のかなりが社会的抗議と同じであるということと国家権力の側からの反応は同じ司法・警察機構を通して実践されたということにあります。

初期工業化期についてはすでに川越氏が述べていますのでそれをふまえています。ここでいう「民衆」とは社会下層民ですが（[矢野ほか編 2001][山根 2003]とそこで利用された文献をもとに述べます）、農村社会では上層には裁判権・警察権を保持する農場領主、大土地所有者がおり、中層には中規模の独立農民、小・零細農、住み込み農、小作農が、下層には土地を保有しない日雇いなどの層がいました。日雇い層などだけで、プロイセンのエルベ以東の農村では、一八四〇年代に人口の六〇パーセントを占めています。都市では手工業親方や商人、運輸関連企業家、都市在住の富裕な農民層や官吏が、その下の中層には手工業職人や一人親方が存在し、下層には五〇パーセント以上を占める都市下層民がいました。この下層民には、手工業親方のもとで労働する雇職人、家内奉公人、日雇いや臨時労働者、マニュファクチャの不熟練労働者、労働不能者、失業者、救貧院・ワークハウス収容者、浮浪者、都市在留者が挙げられます。農村と都市の間には家内工業的地域があります。いち早く工業化を開始していたイギリスから低価格の製品が流入して、織工と紡工は長時間労働、大量労働力投入、小農的副業でかろうじて生存が可能でした。彼らは問屋制度に搾取されています。

一八四六年時点でのプロイセン社会下層（二四歳以上）の内訳をみますと、住民全体の二九パーセントが農村日雇いなど、一六パーセントが農村の奉公人、三パーセントが織工、三パーセント弱が商業・飲食業下層、六パーセントが工場労働者、六パーセント弱が手工業雇職人で、その他とあわせて住民全体の六六パーセントを占めています。

営業（工業）内部の構成をみますと、手工業（五一パーセント）、問屋制的家内工業（四四パーセント）が中心（一八〇〇年）でした。一八七三年時点でも、手工業が四六パーセント、問屋制的家内工業従事者は減少しましたがそれでも二〇パーセントを占め、営業（工業）の世界は圧倒的に手工業であったということです。その手工業は、一九世紀初頭の「営業の自由」化政策で、ツンフト規制が廃止され、手工業経営の両極分解が進行しています。一方で、多くの雇職人を雇用する大規模手工業経営、他方で低収入の一人親方の零細経営への分裂です。手工業内部でも格差があり、農村地域や機械化とイギリスの競争にさらされた繊維業では、手工業者は生存を脅かされていましたが、大都市、建設業、食料品業ではさほどの脅威はありませんでした。

いわゆる工業では、一八七三年時点での工業就業者比率は上昇しましたが、鉱山、マニュファクチュアを含めても三三パーセントにすぎません。工業内部の内訳をみますと、繊維業就業者が中心（半分以上）です。一八七〇年には三八パーセント弱にまで低下したものの、繊維業就業者と衣服・革加工工業就業者とあわせ、工業部門として最大です。第二位の食料品工業は、工業化の過程で金属業・金属加工工業に追い越されることになります。

農村、都市、家内工業的地域の大多数を構成する社会下層は身分制的秩序に従属していました。初期工業化期の最大の社会問題は「パウペリスムス（大衆貧困）」です。農村では上からの農民解放が実行され、結果的にはエルベ以東では、逆に「グーツヘル（大農場領主）」の所有が一〇パーセントも拡大し、その一方で住民の大部分を占める日雇い・ゲジンデは貧困から脱出するために、小農・日雇い、家内労働者、のちには工業労働者に転じます。一方、グーツヘルは一八四九年まで裁判権、七二年まで警察権を保持しており、農村住民の人格的独立性が制限されていました。小土地所有のエルべ以西（とくに西南ドイツ）では農民の多くは破産し、小農貧民は零細で、紡工や織工など家内労働によって生存し、問屋との関係によっては負債を抱え貧困状態に陥っています。共同地分割とその私有化が進行し、農村下層民は経済的基盤を崩され、共同地での牧草・森林利用権を剥奪されたのです。

一方都市においては、織工など衰退職種もあれば、れんが職人や大工、印刷工など成長職種もあり、手工業の状況は多様でした。「雇職人」（川越氏のいう職人労働者）は職人として自覚し、相互扶助組織や遍歴の機会など、共同して問題解決に当たり、初期労働運動の重要な担い手です。工場労働者はこの時代は第一世代であり、都市の手労働者、日雇い、農村工業従事者、女性と子供など多様な人々から構成されています。彼らは労働運動の中心的役割を果たしていません。

身分制的結合関係に組み込まれ、水平的な結合関係のない社会下層＝民衆は、一定の共通認識を持っていました。①市場への依存、不安定さ、貧困の経験、②農場領主・大土地所有者、工場所有者など他者の支配下にあるという経験と認識、③肉体・手労働と非肉体・非手労働の差異の厳存、民衆と市民層・職員層の「階級線」の存在、④家族という欠乏と連帯の経験の場です。

川越氏の章で詳述されているように、この初期工業化の時代は伝統的社会が国家の上からの諸改革によって変化を余儀なくされた時代です。農村では共同保有地が廃止され、私的所有に転化し、都市ではツンフトが解体され市場法則が貫徹し、国家は「社会問題」の解決をこの自由な市場経済、諸力の自由な動きに委ねたのです。国家は財産（私的所有）と財産取得の市民的法観念を唯一有効な法規範として貫徹しようとしました。

民衆の生活世界――犯罪性と社会的抗議

「軽度の犯罪性」あるいは「民衆的な違法行為」［フーコー 1977］、民衆の日常的犯罪性からこの時代を眺めてみましょう（［ブラジウス 1992; 矢野 1989b; 矢野 1995］とそこで利用された文献参照）。一九世紀における犯罪性動向においては、「所有権侵犯」（「森林盗伐」と「窃盗」）と「対人傷害」（「反抗」と「傷害」）からなります。プロイセン（ラインラントを除く）では、一八三六年に森林盗伐は一二万件、窃盗が二万六〇〇〇件で、反抗が五四〇〇件、傷害は二六〇〇件です。四七年には森林盗伐は二三万七〇〇〇件に増え、窃盗も五万一〇〇〇件に増加し、一方、反抗は五六〇〇件、傷害は三〇〇〇件でそれほどの増加を示していません。一八六五年には森林盗伐が三七万三〇〇〇件で増加し、窃盗は四万一〇〇〇件と減少に転じ、反抗も三〇〇〇件に減少し、傷害は逆に八四〇〇件へと増加しています。

犯罪の審理は、裁判所、警察、税務当局の三つからなります。有罪判決者数でみると、一八三三年に全体で六万七〇〇〇人の有罪者、そのうち、裁判所によるものが三万五〇〇〇人、警察によるものが一万八〇〇〇人、税務当局によるものが一万三〇〇〇人です。女性は約二割を占めています。一八四七年に総数は一一万六〇〇〇人に増え、そのうち、裁判所によるものが六万九〇〇〇人で増え、警察によるものが二万九〇〇〇人、税務当局によるものが一万九〇〇〇人と増えています。女性の割合は全体では二三パーセントです、警察による有罪判決数が女性では三一パーセントを占め、上昇している点が目立ちます。

警察と税務当局による審理の特殊性は〈軽度の〉犯罪性を対象としていた点にあります。税務当局による審理の対象には主として税法違反とそれと結びついた「職務にある官吏に対する反抗」です。そこには営林署員・狩猟官吏に対する「反抗」も含まれています。警察による審理は「軽微なよくある窃盗」を対象としています。

この時代に農村で最も重要な抗議形態である森林盗伐に関しては、共有地分割令とともに一八二一年に森林盗伐法が制定されていますが、刑法よりもはるかに重く、盗伐された木の価値の数倍もの罰金が科され、支払い不能の場合には監獄刑あるいは森林労働が科されます。森林盗伐は反抗と関連しており、盗伐が暴力的性格を持つ場合は二ヶ月から二年までの自由刑が科されました。

森林盗伐で重要な点は、林の大部分はかつて共同地であったのが、近代化＝私有化によって私的所有に変化したということです。火という日常的に必要不可欠な源として共同地の森林で木を収集することは権利として認められていましたが、私有化によって所有権侵犯になったというわけです。民衆の側からすれば木の収集は法の侵害ではなく、古い法の原状回復だったのです。農場領主の代理人たる営林署員が森林地を取り締まるわけですが、彼らは農村民衆の攻撃の的となったのです。営林署員にたいする暴力的反抗は日常的な違反行為でした。一八三七年以降、営林署員は武器携帯を許可されました。民衆はこれにも抵抗しています。この森林盗伐には国家と農場領主の「法の侵害」にたいする抗議行動が確認できます。森林盗伐は困窮による犯罪であり、民衆の社会的態度を表現しています。

次に窃盗と傷害をみてみましょう。窃盗と農産物価格との間の密接な関係に現れているように、窃盗も民衆の困窮と密接に関係しています。趨勢線でみると、一八三六年から五〇年にかけては窃盗も傷害も増加傾向にありますが、五二年から六五年までは窃盗の趨勢線が急降下したのにたいし、傷害は急上昇しています。一九世紀中頃からの工業化による生活状況の改善は窃盗率の低下に現れています。一方、「傷害」の増加は何を意味したのでしょうか？　暴力のきっかけは、ふるわれた暴力、つまり近代的生産過程と労働過程に内在する抑圧構造にあるのです。

すでに三月前期に都市化が始まり、また「手工業親方の仕事場」に代わって「工場主の作業場」が出現し、人格的結びつきがなくなる規模への変化が起こります。こうした財産の不均等配分が民衆の日常的現実として進行します。窃盗の内容をみてみましょう。ジャガイモ、メキャベツ、ニンジン、エンドウ、クローバなどの作物窃盗が主です。窃盗は貧困という民衆の日常的現実だったのです。私有化と工業化の過程で「不正に」暴利をむさぼることで富を蓄積する者がおり、その結果、財産の不平等化が進行する、そういうものとして現実を認識して、自分たちの日常的現実を対象化する。困窮化を強いられた者の「窃盗権」のようなものがうかがえます。窃盗は市民層的な所有観念とは異なる社会秩序を求める闘いとでもいえるでしょう。

森林盗伐・窃盗と傷害・反抗との関連は「社会的抗議」の問題を浮き彫りにします。ヘルツィヒの『パンなき民と「血の法廷」』［ヘルツィヒ 1993］をもとに考察しましょう。国家が自由な市場法則に任せることによって、民衆の社会的抗議は一八三〇年代に増加し、四〇年代に最高潮（「飢餓の四〇年代」といわれています）に達しています。国家による上からの諸改革にたいして民衆は、穀物貯蔵庫の封鎖、飢餓抗議、森林盗伐、封建的税負担増にたいする闘い、機械破壊や工場にたいする抗議などさまざまな形、広く「社会的抗議（ヘルツィヒ）」と呼べる反応をしています。こうした反応の多くは法律違反＝犯罪とみなされ実際に処罰されています。窃盗など犯罪にはさまざまな形態がありますが、犯罪化されなくとも、日常文化と伝承規範にたいする公権力の介入を拒否する行動などもありました。犯罪や社会的抗議といった非日常的行動が警察や裁判記録として残っていますが、それを紐解くことによって、文字として残さなかった民衆のメンタリティ、モラル、行動基準が明らかになります。そこから初期工業化の時代における民衆の日常的生活世界がみえてきます。

民衆の社会的抗議にはいくつかの種類があります。最も典型的なものは「生存のための抗議」で、都市参事会、市場や店の商人、穀物貯蔵庫の管理人、食糧品の輸出業者にたいして起こされた、生活必需品を確保するための暴力的行動です。穀物倉庫に入り込み、食糧品輸出を阻止して〈公正な〉価格で供給させました。食糧品のみならずビールの価格騰貴に対する暴動もあります。飢餓行動ともいえるでしょう。飢餓行動の最後の波は一八四七年の物価騰貴の年に起こっています。食糧品が枯渇し物価騰貴しているのに、その一方で商人は穀物を隠し持ち輸出したので、抗議行動が発生しています。港湾都市やその近郊、プロト工業地域で多く起こっています。

反抗は、民衆と直接職務上接触するすべての官吏に向けられていますが、具体的には公の命令伝達人、執行人、警察官、税関吏ならびに収税吏、田畑・森林監督官、司法官庁に雇用された官吏です。彼らは自分たちの相手と同じ民衆階層出身でした。彼らもしばしば貧困状況にあり、そうであるがゆえに官吏としての地位を楯に厳しい従属を民衆に要求したのです。

民衆の生活世界を考えるうえで重要なことは、貧困な民衆が刑事訴訟上の可能性を利用したことです。訴えられた被告には女性や子供も少なくありません。訴訟手続きに自ら現れ、法廷では確信を持って「田畑の番人の告発」を「否認」しています。子供の窃盗の動機は両親の困窮と要求です。貧困でしたが決して「堕落」してはいなかったのです。民衆は抵抗の精神を発揮しています。民衆は自覚を持って上層階級出身の判事に対峙したのです。

抵抗の精神の発揮が犯罪の源に確認できるとすれば、犯罪は民衆の「勇気」の結果でもあります。食物の欠乏、公的ならびに私的搾取によって締めつけられたこの民衆の生活世界は、個人的自己防衛を社会的な戦略に転換したのです。この勇気は市民層的な価値観に立脚したものではありません。

このことは民衆の労働観、娯楽観とも関係しています。その日暮らしを保証し、祭り、砂糖、茶、コーヒー、アルコールなどの贅沢品の消費を可能にしてくれればよいという労働観を持っていました。ほかの諸階層がすでにずっと以前から保有していた特権のうち、このような労働観を持った民衆があえて選びとったものは「娯楽」でした。苛酷な社会的貧困の時代に一時的にビールと火酒酒場で「幸福」を味わったのです。民衆は、火酒を飲むことによって日常生活の心配事から解放されるために酒場を訪れる。一方では現実を忘れるために火酒をあおり、他方では飲酒の結果、勇気を持って執行人を殴りつけるという二重性がここには確認できます。

生存のための抗議において民衆はどのようなモラルと法意識を持っていたのでしょうか。暴利をむさぼる商人にたいして、家屋を壊し、切り裂いた家具類をぶちまけ、ワインの積まれた地下室を破壊しました。「私欲」からではなく、餓死の恐怖にかられるほど、食糧品の価格を高くつりあげた商人に対する制裁からです。略奪ではなく、個々の「暴利をむさぼる」商人を制裁する目的を持っていたのです。「善き統治」としての公権力は、食糧品や木や原料が「公正な」価格で供給されるよう配慮すべきという考えが民衆にはありました。公権力がこの機能を果たさないと民衆は、暴利を許す市参事会にも制裁を向けました。公権力は民衆の生存維持のために全力を尽くす義務を負い、公権力がそれをしなければ、民衆が代わって行動をとったのです。

注目すべきは、領邦君主には万歳が唱えられていたということです。君主は下層民にとっては相変わらず、対立と衝突を超えた位置にあり、民衆の希望だったのです。君主主義こそが民衆による抗議の根本的特徴です。つまり民衆のモラルと法理解は「モラル・エコノミー」という観念に基づいていたのです。民衆は直接民主主義への要求、人民裁判の行使、君主制の廃止のような政治的展望を持っていませんでした。国王万歳を声高に叫んだのであって、国王を廃止しようとは考えていませんでした。

国家（警察）権力と民衆の観念

犯罪にたいする権力側の機構としてまず挙げられるのが裁判所です。当時のプロイセンにおいては国家の裁判権とならんで領主裁判所が存在します。領主裁判所は一八四四年にはプロイセン全体の一パーセントにすぎませんでしたが、農場領主制の支配地域のエルベ以東では六〇パーセントも占めています。封建的農場領主は領主裁判権とならんで警察権を持っていました。前者は革命で廃止されるものの警察権は保持されています。

裁判所とならんで重要な役割を果たしたのがこの警察です。ドイツ（プロイセン）では警察概念は〈善き統治＝ポリツァイ〉を意味しました。つまり公共の福祉の保護と「危険の防止」・「秩序の維持」を包含する概念でした。一九世紀を通じて、公共の安寧・秩序にとっての危険の防止、個人と公衆の保護だけを目的とする近代的な警察概念に転化していきます。ポリツァイ事項は領邦君主の統治事項ですが、警察の任務は国家ではなく地方自治体とその警察が引き受けています。「ドイツ近代プロイセン警察からナチ警察へ」［矢野 2012］とそこで利用した文献に基づいて考察しましょう。

この警察制度は、ナポレオン戦争敗北後、プロイセンが権力の中央集権化を目指した一連の改革（特に一八〇九年の都市条例）で成立しています。ベルリンその他諸都市において王立国家警察行政が創出され警察は国家高権となり、ベルリンでは警視庁が創設されました。これら以外の諸都市では地方自治体都市警察として、市参事会と市長が国家の委託で警察長の機能を果たしています。都市以外では、県長官が国家の代理人、あるいは郡レベルで郡長が国家官吏として警察執行権を持ち、執行手段として国家郡部警察を持ちました。郡長は一〇人から四〇人の国家郡部警察官を保持し、全体で九〇〇〇人の国家郡部警察官がいます。しかしエルベ以東では封建的農場領主が警察権限を守ることができました。

こうしてプロイセン警察は制度的には、ベルリンと少数の大都市の王立国家警察、地方自治体都市警察、国家郡部警察からなり、警察機構は中央集権化されず、この構造は第二帝政終焉まで続くことになります。プロイセンでは、安寧と秩序の維持のための軍隊の存在により、警察機構は強固ではなく、また警察密度も相対的に低いという特徴を持ちます。しかものちの章で焦点の一つとなるルール地方では、軍隊と労働者層の間に連帯が形成されることを危惧して、軍隊は駐屯されませんでした。その一方で、安寧と秩序の維持とならんで、包括的な公的福祉というポリツァイ概念に対応して多くの生活諸領域が衛生・救貧・営業・市場・治安警察によって統制されました。

一八四八年革命以降のプロイセン警察はベルリン制服治安警察（王立国家警察）の創設により、警視総監が警察執行権を再編することで新たな局面に入ります。文民統制の強力な警察執行権が誕生したのです。このベルリン制服治安警察はプロイセン諸都市の国家警察執行権を持つ機構となります。一八五〇年三月のプロイセン警察行政法により、個々の都市の警察行政をベルリン中央が直接統制可能となりましたが、制度的可能性を示すにすぎず、実態は異なります。

ルール地方では政治的・社会的衝突が続き、不穏な状態にあったため、警察の機構改善が必要と認識されるようになります。国家の警察本部長の投入と軍隊の駐屯という措置です。一八五〇年代に一時的にプロイセンは直接的な国家警察執行権を保持しましたが、省庁官僚制と地方自治体の間で対立が生じ、六〇年代には警察は再び地方自治体のものとなりました。ルール地方では警察力の強化には至らず、七〇年代半ばまで警察密度は停滞ないし低下しています。人口一〇万人当たり四〇人の警察官数を超えることはなかったのです。

王立国家（制服治安）警察行政を持つ諸都市では、警察は市参事会に対して国家の支配権を代表し、独立した国家機関でした。警察が「福祉警察」の領域をも引き受けていましたが、建築・道路・健康・学校警察の領域は市参事会に任せられ、治安と秩序は排他的執行権として制服治安警察執行スタッフによって実践されます。

国家郡部警察に関しては、エルベ以東では一八五〇年代に農場領主の警察権が復活し、一方ルール地方では郡長が復活し彼らに警察行政が委託されています。国家郡部警察数は増加しましたが、密度はルール地方で人口一〇万人当り一二・八から九・六に低下しています。それゆえ六〇年代末、市民層や企業家は、国家郡部警察の部隊配分は不十分だという認識を持ち、警察改良と国家郡部警察強化を要求しています。

このように一九世紀半ばにプロイセン警察の変革はなされず、王立治安警察は首都と一部の大都市に限定され、ルール地方では三月前期と同じ状況が支配していたのです。

警察の武力行使など警察の日常的実践の中心的規則は国家郡部警察令であり、明確な規定があったわけではなく、したがって軍部が重要な存在意義を持っていました。それゆえ、君主権と制限的立法権に依拠するプロイセンでは、市民的私的利害と執行権との関係を規定する行政法が重要となります。執行権では国家が優越した中心的位置を占め、営業の自由、結社・集会の自由のような実定法は警察の治安機構内部でのみ有効であったにすぎません。警察は行政の強制的側面として規定され、執行権上の治安領域が立法権から区別され、警察は学校警察や衛生警察などあらゆる省庁で存在することとなったのです。

このようにプロイセンでは、警察は一九世紀半ばに包括的な機能を持ち、国家機構のなかで中心的な位置を占めたのです。プロイセン警察は旧来のポリツァイの性格を持ち、福祉国家的でかつ治安政策的な課題を持ちつつ、警察は軍隊とならんで国家の正当な暴力独占の核を形成し、しかも国家的市民的秩序を維持する課題を軍隊から引き受けるに至ったのです。

こうした特徴を持つプロイセンの警察機構を、前節で述べた犯罪や社会的抗議で扱った民衆の生活世界との関係で眺めてみましょう。

まずは警察網ですが、大都市と郡部の間に多くの地方都市と郊外ゲマインデ地区があり、ここでは深刻な警察行政の欠陥があります。警部と刑事部長という二人の警察官と、この二人の下で支える郡部警官の計三人しかいません。多くの犯罪のうち、ごく一部のみが発覚し審理されるにすぎません。警察人員不足によって犯罪者数は増大しますし、また警察官は「報復に対する恐怖」を持っていたのです。

犯罪や社会的抗議の増加は、警察官をはじめとする官僚的番人に原因があるだけではありません。自分たちの貧困な生活状況、それをもたらした不正な富の蓄積と不平等な配分に関する認識を根拠に、民衆はそれを放置する権力に対して攻撃的な反応を示したのです。

それにたいする権力の側の対応はさまざまです。実際に、犯罪や社会的抗議を起こした民衆にたいする処罰はさまざまですが、飢餓蜂起あるいは暴動には城塞禁固、笞刑、体刑、無期懲役刑、有期懲役刑など厳罰が処せられました。民衆には寛容な態度をとらず、彼らのモラルと法認識にも理解を示さなかったのです。

初期工業化期と工業化期は身分制的秩序の解体、政治的・文化的な社会再編の時期です。伝統的な社交形態や祝日が制限され、住居や衛生秩序、警察時間など生活面での一連の規制がなされ、労働の場では新しい秩序が導入されました。この「上からの近代化」にたいして民衆は「社会的抗議」という形で抵抗しました。農村では農場領主や土地所有者、農民にたいして農村下層民が、問屋にたいして農村工業に従事する下層民が抵抗したのです。共同地の利用権を剥奪され、困窮にあえいだ民衆は作物の窃盗、森林盗伐など所有権侵犯を犯したり、あるいは食糧暴動を起こしました。しかし無秩序な略奪ではありません。暴利をむさぼる食物輸出業者や商人などの不正にたいして当局に代わって制裁を実行したのです。そこには彼らなりの正義観念が存在しました。それは国家秩序、政治体制の否定ではなく、慣習的な正当性の観念です。都市では、国家介入にたいする都市有産市民層の反対運動に雇職人や日雇いが動員されました。雇職人が低下する地位の保全を求めて、ボイコットや暴動を起こしましたが、近代化こそが伝統的な生存の権利を剥奪した張本人であるという認識があったのです。

そこに根強く存在したのは、都市の日雇い、農村の家内労働者の持っていた前工業的な民衆文化です。市民層の持つ労働観や節約観念ではなく、民衆文化の持つ「使い果たしの経済」によって特徴づけられます。民衆の行動は飢餓と困窮に対する闘いであり、消費と享楽への権利を保守する闘いだったのです。伝統的なもの、保守的なものに固執しており、市民層と官僚による「外」と「上」からの規律化要求を拒否するものでありました。ここに確認できるのは「モラル・エコノミー」です。

市民層は従来の伝統的な身分制的世界にたいして、権力への参与を求め、政治的・経済的近代化を要求するために、自らは街頭に立たずに下層民の抗議を利用しました。民衆には遠大な政治的目標はなく、ローカルな利害から陰険な規則や関税規定に抗議したのです。都市の民衆は一八四八年革命において革命的行動に参加し、過激な要求を支持しましたが、民主主義的な熟練労働者とも衝突しています。政治的方向ではなく生存確保が重要だったのです。一方農村では農民層は封建的賦課の廃止を要求したのにたいし、農村下層民は生存確保とささやかな暮らしの保証を要求したのです。

法、秩序、勤勉などを内面化する試みは民衆の抵抗によって失敗したことを意味します。日常的現実が民衆をして「軽度の犯罪」に駆り立てたのです。抗議のきっかけもこの日常的現実にあります。日常性に規定されて、抗議行動も小さな空間に限定されていました。さまざまな抗議集団を連帯化させるイデオロギーが欠如していたからです。にもかかわらず、あるいはそれゆえに、民衆は連帯で結ばれ、勇気と大胆不敵さを身につけたのです。

四八年革命後は、民衆の抗議は政治的闘争手段としての意義を失います。一八六〇年から七〇年の間に水平的な連帯へと進むのです。手工業者と労働者は新しい抵抗技術、組織特有の労働拒否という戦略をとり、慣習的な制裁行動を放棄するようになります。社会的抗議は変化し、労働に関係しない社会的抗議が減少し、賃金・労働条件改善を求めるボイコットやストライキなどの抗議が増加します。社会的抗議の担い手も変化し、さまざまな民衆の民衆的社会的抗議から、階級的な性格を持つものに変化します。

　初期の労働運動は民衆とそのモラル・エコノミーの持つ正義感を反動的だとみなし、計画的な闘争とストを闘いの手段にしています。民衆は労働運動に与したかぎりは市民的な新しい道徳観念に近づいていきました。民衆の社会的抗議は労働運動によって政治的・経済的闘争へと誘導されたのです。この民衆の生活世界の底辺にあったモラル・エコノミーの観念は一九世紀末にかけてどのようになったのでしょうか。あとの章で検討したいと思います。

第2章　現代社会の起点

世紀転換期の社会変動

川越修

1　都市・人口・家族

一八四八年革命を経験したドイツ社会は、一九世紀後半になると、鉄鋼や機械工業を主導部門に本格的な工業化の道を突き進むことになります。そして、その道が化学工業や電機工業という新たな工業部門の登場や企業規模の拡大によって大きく拡幅していく一八八〇年代以降、ドイツ社会は現代社会形成に向けた大きな転換期を迎えます。八〇年代の社会変化を、ここではまずいくつかの統計指標で確認しておきましょう。数字はいずれも一八五〇年前後と一九〇〇年前後の時期を比較したもので、『ワークショップ社会経済史』〔川越ほか 2010〕および『ドイツ社会史』〔矢野ほか 2001〕からとりました。

まず都市人口比率についてみると、一九世紀半ば（一八五二年）のプロイセンでは総人口のうち、人口二〇〇〇人以下の市町村に住んでいた人の割合が七三パーセントだったのにたいし、一九世紀最後の年のドイツ帝国ではその割合は四五・六パーセントに低下しており、逆にみると、この間にドイツの都市人口比率が、都市をどう定義するかにもよりますが、おおむね五〇パーセントラインに達していたことを確認できます。次に人口の動きのうち、出生率と死亡率の動きについては、死亡率が人口一〇〇〇人当たり二五・六から二二・一へ低下する一方で、人口一〇〇〇人当たりの出生率は、一八五〇年の三七・二から一八七〇年にかけて上昇したあとゆっくりと低下を始め、一九〇〇年には三五・六となっています。ドイツでは出生率と死亡率の急速な低下は、出生児一〇〇〇人当たりの乳児死亡率が一九〇〇年から一九一〇年にかけて二二九から一六二へと推移していることからも明らかなように、二〇世紀に入ってからの現象なのですが、これらの数字からは一九世紀第四・四半期のドイツでも人口転換の動き（多産多死から少産少死への転換）が始まっていたことが看取できます。最後に人々の暮らしについてみると、一九〇〇年を一〇〇とした貨幣賃金（名目上の賃金）は一八五〇年にはまだ四一にすぎず、一九一〇に向けて一二五へと大きく伸びており、生計費指数（一八五〇年には五二、一九一〇年に一一九）とあわせ、世紀転換期にようやく生活水準の上昇を人々が感じとれる状況になっていたと考えられます（以下ではふれることはできませんが、一八八〇年代は工業大国になったドイツがアフリカへの植民を開始した時期でもあったことは、忘れてはならない論点の一つです）。

これらの数字はいずれも世紀転換期のドイツ社会が、工業化の帰結として、農村型社会から都市型社会へと転換したことを示唆しています。そこで本節では、ドイツにおける都市社会化の動きと人口転換の動きの連関をベルリンの事例に即して概観したうえで、伝統的な都市が近代都市になってゆく過程を都市における病気との闘いの歴史から読み解く作業をおこない、最後に世紀転換期の都市で標準的な家族として定着していった近代家族の存在が社会の仕組みをどう変えていったかをみていきたいと思います。本節の記述は、他に断りのないかぎり、主として私の二冊目の著作［川越 1995］に依拠しています。

都市化と人口転換

いま都市型社会とか都市社会化といった言葉を使いましたが、これらの言葉は、都市への人口集積を意味する都市化という概念とは違い、伝統都市が近代都市に転換し、社会が都市を中心に組み立てられていく過程を示す概念です。その過程は、第Ⅱ部第1章第1節で明らかにしたように、初期工業化の時代の都市で農村部からの人口流入によって伝統的な都市の枠組み（市壁によって外部と境界づけられ、限られた住民による共同社会的な制度が機能していた状態）が機能不全に陥り、大衆貧困が社会問題化されるステップから始まります。この時期を伝統都市の動揺期と呼ぶとすると、一八四八年革命後のベルリンにみられたように、一九世紀後半には、伝統都市の枠組みを解体しハード面で新たな都市インフラを整備する過程（外的都市化と呼びましょう）と、外的に整備された都市に暮らす住民が新たな都市的な生活規範を内面化する過程（内的都市化と呼ぶことにします）が重層的に進行していきます。

このうち、目にみえるという意味で私たちにも理解しやすい変化は、外的都市化です。ここではその過程をベルリンの事例に即して年次を追って概観してみましょう。まず初期工業化の時期には、工業化の始動を象徴するインフラとして一八三八年にベルリン－ポツダム間の鉄道が開通し、周囲約一六キロに及んだベルリンの市壁の外側に駅が建設されるとともに、市内では翌年から馬車バスが走り始め、さらに一八四七年には市営のガス会社によってガス灯が設置されるなど、新しい時代の幕開けが告知されます。

一九世紀後半になると、すでに述べたように、革命後に再編されたベルリン警視庁の下で新たな建築条令（道路幅一五メートルの場合の建物の高さの上限を二二メートルに設定するなど建物の高さを示す建築線の決定権限が警視庁に付与されました）が定められ、イギリス人事業家との間で結ばれた契約に従って一八五六年からは上水道の給水が始まりました。そして外的都市化のクライマックスとなったのは、市壁外の地域（北西部の機械工場地区と南西部の住宅地区）が新たに市域に組み入れられた一八六一年に続いて、一八六五年に実施された市壁の撤去でした。これによって一八七一年に人口八三万人を擁するドイツ帝国の首都となったベルリンの交通網の整備が一挙に進みます。一八六七年から一八七七年にかけて建設された主要鉄道駅間を結ぶ環状鉄道に続いて一八八二年には市内を横断する中央線が開通し、続いて一八九一年からは郊外鉄道、一八九六年からは市内の高架鉄道の建設が始まりました。さらに一八九八年にはそれまで市内交通の主力であった軌道馬車（約一〇〇路線）の電化が始まり、その工事が完成した一九〇二年はベルリンの地下鉄（一部は現在も残っている高架線です）が

図1

写真1

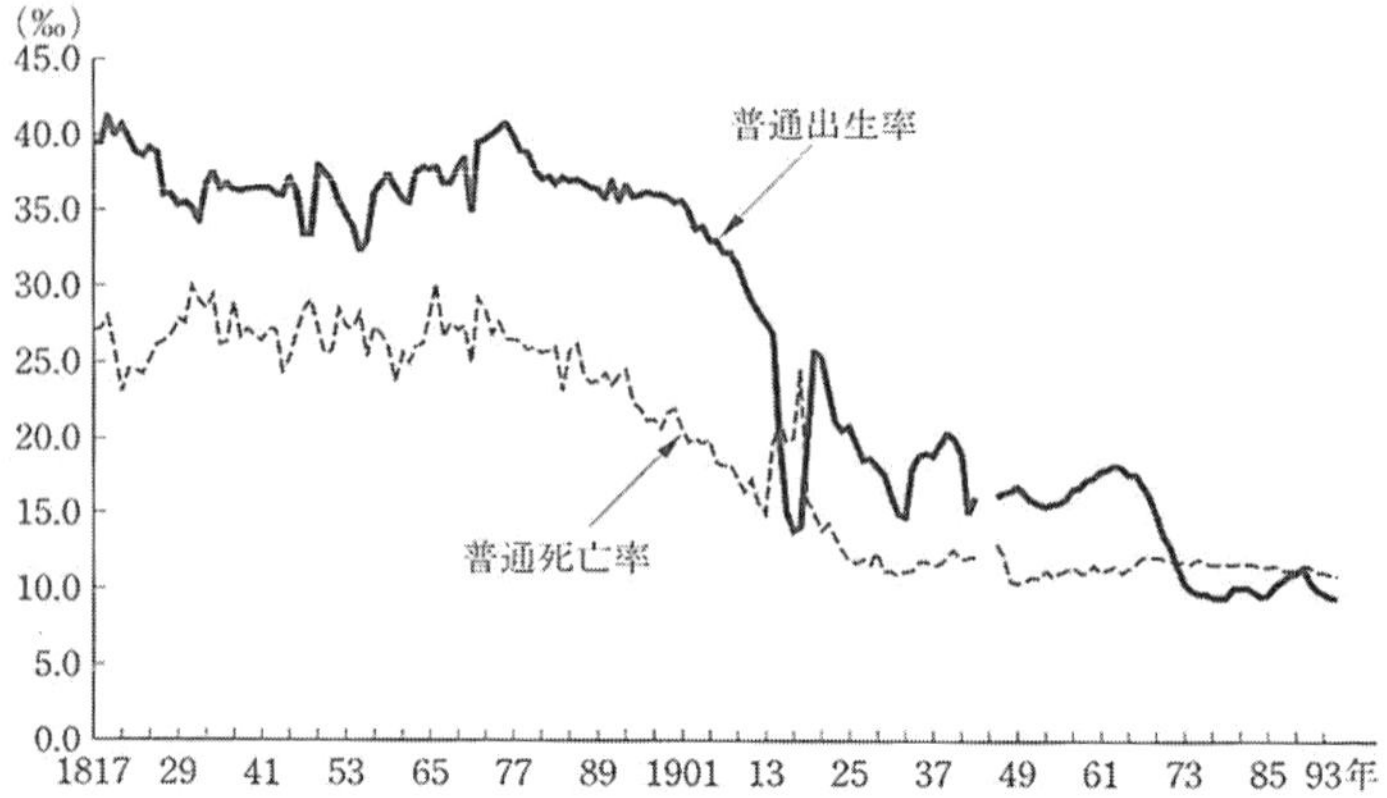

図2

（出所）Hubert［1998］, S.356.

開業します。同じポツダム広場の様子を示した図1（ベルリンで最初の鉄道駅ができる前の一八二三・二四年頃のポツダム広場）と写真1（市内交通の結節点となった一九〇〇年頃のポツダム広場）は、この間のベルリンにおける外的都市化の進行を象徴しています（図版出所［*Der Potsdamer Platz* 1991: 19, 66］）。

一方、こうした交通網の整備とならんでこの時期のベルリンではもう一つの大事業が進行していました。それは、上水道の整備に続いて、市営化されたベルリン水道会社の下で進められた下水道整備です。一八七三年に着工され市内部分だけでも完成に一三年を要したこの大事業はしかし、単にベルリンの外的都市化の柱というにとどまらず、内的都市化の過程とも深くかかわる事業でした。この内的都市化については病気との闘いとの関連で次項においてあらためて検討することとして、ここではベルリンにおけるこうした都市化をめぐる一連の動きがドイツにおける人口転換の動きと連動していることを確認しておくことにしましょう。

人口転換というのは、伝統社会における高出生率・高死亡率という人口状況が高出生率・低死亡率の状況を経て低出生率・低死亡率という近代社会の人口状況に転換する過程を指す概念ですが、一八一七年から一九九五年にかけてのドイツ全体の普通死亡率と普通出生率（人口一〇〇〇人当たり）は、図２［矢野ほか 2001: 157］のように推移しています。

図2をみると、死亡率は一八六五年頃をピークに、若干の紆余曲折はあるものの一九二〇年代に向け持続的に低下を続けたのにたいし、出生率は一八七〇年代の後半にピークを迎えたあと、世紀転換期と一九六〇年代の急低下の時期をはさんで、一九二〇年台に一旦底を打っていることがわかります。つまりドイツの人口転換はおおむね一八七〇年代から一九二〇年代にかけて起こったといえるのですが、この傾向は普通死亡率が一八七〇年代以降持続的に低下を続けた一方で普通出生率のピークを一八七六年代後半に迎えたベルリンについてもほぼあてはまります。こうした人口転換の結果、ドイツにおける夫婦の平均出産数は一九〇〇年にはまだ四・一だったのが、一九二〇年には二・三の水準にまで低下します。世紀転換期をはさんだ人口転換の結果、ドイツでは少なくとも統計上は夫婦と子供二人という家族が標準的な家族となる方向が定まったのです。次項では、こうした人口転換と都市社会化の過程（伝統都市の動揺・外的都市化・内的都市化）の関連を都市における病気との闘いの歴史を手がかりに解読していくことにしましょう。

病気と都市社会化

都市社会化の過程でまず大きな社会問題となった病気はコレラでした。もともとインドにおいて流行を繰り返す風土病であったコレラが世界的に伝播する流行病となったのは一九世紀になってからであり、ヨーロッパでは一八二九年の第二次の世界的流行に始まり、一九世紀末まで数次にわたって流行が繰り返されました（この問題については、［見市ほか 1990］の各論文と巻末の年表を参照）。ベルリンにおけるコレラの流行（最初の死者が出た一八三一年には哲学者のヘーゲルも死亡しており、その後も感染者八一八六人、死者五四五七人が記録されている一八六六年をピークに何度も流行を繰り返しています）は、都市社会化の過程でいうと、伝統都市の動揺期に伝統都市の機能不全を白日の下にさらす病気として登場し、病原菌が発見されていない時期の感染原因をめぐる議論から水や大気の汚染といった環境要因に人々の関心を集め、上下水道整備を重要な柱とする外的都市化の引き金となりました。コレラの流行は一方で伝染の拡大防止を名目とした公権力の日常生活への介入をもたらすと同時に、外的に整備されていく環境に対応して、手や身体を清潔に保ち感染を予防するという新たな生活規範を都市生活者が内面化する新たな過程（内的都市化）の起点ともなったのです。

その過程を加速させたのが、一八六二年に低温殺菌法を開発したフランスのパスツール（Louis Pasteur）や、ヨーロッパにおけるコレラ流行が一八九〇年代に終息する以前の一八八〇年代初頭に結核菌やコレラ菌を発見したコッホ（Robert Koch）らによって切り開かれた「近代細菌学」でした。すなわち、この新しい医学的発見によって病気、とりわけ伝染病は警察などによる措置（取り締まりと隔離）によって解決できる問題ではなく、適切な医学的措置（治療と隔離）と人々の予防的対応によって解決すべき問題であることが次第に受け入れられていきました。こうして一八八〇年代から都市における戦いのターゲットとなる病気は、次第に急性の流行病から当時「三大国民病」といわれた「結核・アルコール中毒・性病」といった慢性的な病気（ないし健康障害）に移り、世紀転換期の都市は目にみえない内的都市化過程の舞台となります。

「三大国民病」のなかで、内的都市化の過程と最も密接に絡みあい、この時代に生じた生活規範の大転換（それを端的に示すのが次項で扱う家族の近代家族化です）を導いたのは性病をめぐる問題ではなかったかというのが私の見立てなのですが、コレラへの関心とこの性病への関心の間をつなぐ役割を果たしたのは、乳児死亡問題でした。この問題はドイツのみならず工業化を進めつつあったヨーロッパ諸国における共通の問題だったのですが、一八八〇年の乳児死亡率（死産を除く新生児の満一歳までの死亡率）をヨーロッパの首都社会について比較すると明らかなように、ドイツ（ベルリン）の数値は三一・三パーセントとウィーン（一八・八パーセント）、パリ（一八・四パーセント）、ロンドン（一五・八パーセント）に比し際だって高い状況にありました。人口転換が進み、死亡率と出生率がともに低下を続けつつあったこの時代、人口規模を維持するには、乳児死亡率の高さは社会にとってゆゆしき問題となります。ベルリンを例にとると、上下水道の整備（外的都市化）やコレラ流行の押さえ込みにも目処がつきつつあったこの時代、何が原因でベルリンの乳児死亡率は高いのか？　人々の関心はこの点に向けられました。

一八八二年にベルリン市が出版した『ベルリン衛生ガイドブック（*Hygienischer Führer durch Berlin*）』にみられる答えは、この時代の議論を代表する見解の一つだったといえます。「特定の病気だけが、母胎のなかですら十分な栄養を与えられず、ひ弱に生まれついた子供の死因になるわけではない。子供を家族の新たな一員として歓迎するどころか、むしろ重荷と考える両親の無関心と不仲が、新生児を急ぎ足で死の淵へと追いやるケースもまれではない」というのです。ここにいう「両親の無関心」を具体的に表しているのは、当時盛んに議論された母乳による育児の割合の低さであり、「不仲」とかかわるのは性病に直結するこの時代の性・家族規範をめぐる問題です。

この時代、統計的には母乳以外の栄養、とりわけ畜乳で育てられた乳児の死亡率が、パスツールの発見にもかかわらずまだ低温殺菌が浸透していなかったこともあって、圧倒的に高いこと（一八九〇年には乳児死亡件数の約三分の二を占めていました）が明らかになっていました。しかし、そもそも母乳（乳母によるものを含む）育児率そのものが五〇パーセントをかろうじて上回っていたにすぎないことが問題視されるとき、実際には生活の厳しい労働者世帯のほうが母乳育児率は高かったにもかかわらず、批判の矛先は労働者家族の生活の乱れに向けられました。つまり彼らの生活を育児から合理化する（授乳を時計のリズムにあわせ、定期的に乳児の体重を測定するなど）ことを突破口に、生活水準の上昇しつつあった彼らにも内的都市化の浸透がはかられたのです。もっともこの過程では進歩する医学に支えられた市当局や公的な権力とそのターゲットとなった労働者家族だけがアクターだったわけではありません。労働者層を支持基盤とする社会民主党も一方で医学の権威を受容しつつ、反「有産階級」のキャンペーンを展開し、このプロセスに参画します。「有産階級は、貧しい子供から母親をとりあげ、その結果、母親の乳房と母親による世話ばかりか、子どもたちの生命そのものまで奪い取ることにより、組織的な子殺しをおこなっている。すなわち有産者は自分たちの虚弱な子供のために貧民の母親を買い、幾百、幾千という、体質的にはるかに強い貧民の子供を墓場に追いやってい る」というのが彼らの主張でした。ここからは国家と民衆（労働者家族）の中間に定位し、現に存在する「ブルジョア社会」への抵抗と医学を柱とする近代社会システムの規範の受容（＝内的都市化の促進）という二つの顔を持つ、近代的な中間組織としての政党の姿を見てとることができます。

新たな中間組織による近代的生活規範の形成と社会への埋め込みのこうした動きは、性病をめぐる社会の動きからより鮮明に浮かび上がってきます。ここでも、問題の舞台は都市（とりわけ大都市）、問題とされる社会層は実際には性病罹患率が相対的に高かった中上層階層ではなく労働者層、感染源とされるのはプロの売春婦というよりは都市に集まる単身の若い女性（「女給」や「女中」）、問題解決の決め手は医学の「進歩」（一九〇五年に梅毒の病原菌トレポネーマが発見されるとともに、翌年にはワッセルマン反応と呼ばれる血液検査法の開発、一九一〇年には治療薬サルヴァルサンの商品化が続きます）と、さまざまな登場人物（項目）の「星座表」（配置図）は乳児死亡問題とよく似ています。

この性病をめぐる問題で特徴的なのは、問題の解決を目指して活動を展開する中間的な組織の多様性です。中心的な役割を果たしたのは一九〇二年に設立されたドイツ性病撲滅協会でした。この協会の目指した方向は、同年の「協会設立の呼びかけ」で明確に打ち出されていますが、その要点は次のように組み立てられています。「現代の文明人の三つの厄災である結核、アルコール中毒、梅毒」のうち「人間の膨大な集積をともなう大都市の急増」により「ここ三〇年の間に脅威の増している梅毒」との戦いが最も遅れているが、その原因は「性病問題を公に検討し啓蒙することを妨げている誤った羞恥心」、「性病にかかった者が強いられる隠蔽化」、「全ての階層の人々から患者に向けられる偏見」と「立法、行政、救貧事業、病院での治療、疾病保険制度などなどで性懲りもなくみられる偏見」、「売春という梅毒の枯渇することのない源泉」との取り組みの遅れであり、「協会が目指す」のは「あらゆる社会層からできるだけ多くの会員を獲得し」、「性衛生の領域についての公開の啓蒙的な講演の開催、大衆向けの啓蒙パンフレットやビラなどの配布」を通じて、「性病患者の公的なケアや売春の監視といった面での悪弊を除去し改革に道を開くために、立法府や行政府に直接、間接に影響力を行使することである」というのです。

男性医師や医学関係者、大学人、官僚、疾病保険関係者などを主たるメンバー（そのなかにはゾンバルト Werner Sombart、ビューヒャー Karl Bücher、メーリンク Franz Mehring といった私たちの世代には馴染みのある名前もみられます）とするこの新たな中間組織には、この他にも数は限られていますがさまざまな立場の女性運動のリーダーたちが参加しています。国際廃娼連盟ベルリン支部長アナ・パプリッツ（Anna Pappritz）、ドイツ女性団体連合会長マリー・シュトリット（Marie Stritt）、女性福祉協会会長リダ・グスタヴァ・ハイマン（Lida Gustava Heymann）、青少年保護会会長ハナ・ビーバー＝ベーム（Hanna Bieber-Böhm）といった面々ですが、彼女たちが率いる組織の性病問題や買売春をめぐる主張は、日本語でも売春・買春・買売春・売買春といった標記が議論の的となったように、多様でした。そのなかで最も旗幟鮮明だったのは、「道徳はただ一つ、両性にとって同一である」をモットーとして掲げ、「国家によって管理された売春の撲滅」を目指した廃娼連盟ですが、ここではこれらの組織間の立場の違いよりは、その違いにもかかわらず世紀転換期に国家・公権力と女性個人や家族の間に立った、女性による女性のための新たな中間組織が林立したことに注目しておきたいと思います。

性病撲滅運動はこうしたさまざまな中間組織に担われて世紀転換期に活発な運動を展開し、セックスの婚姻内化という規範が社会のなかに埋め込まれるうえで大きな役割を果たすことになったことによって、内的都市化の誘因となったといえるでしょう。この規範は、世紀転換期のドイツでも、人口転換と都市社会化の動きが交差するなかで標準的な家族として定着してゆくことになる、近代家族の重要なメルクマールの一つです。

近代家族と社会＝国家

歴史学というよりは社会学的な話になりますが、現在その機能不全が問題となっている近代家族のメルクマールとは何でしょうか。まず①職住が分離した都市に暮らし（都市社会化の帰結）、②両親と少数の子供からなる核家族であり（人口転換の帰結）、③愛情によって結びついた（内的都市化としての新しい性規範とセット）、④男性と女性の固定的な性別役割に基づく家族（男性単独稼得者モデルないし主婦婚モデルと呼ばれます）がそれにあたります。これはついこの間まで私たちが家族として思い描いた家族のあり方にほかなりませんが、こうした家族が労働者層にも浸透することによって社会に定着してゆくのは、ドイツではほんの一〇〇年ほど前の世紀転換期のことだったのです。

ではこうした家族の近代家族化は社会をどのように変えたのでしょうか。こうした問いの重要性を、私は「ジェンダーとは性差の社会的組織化」であると喝破したジョーン・W・スコットから学びました。少し長くなりますが、近現代の社会史を読み解くでは重要な論点ですので、彼女の主張を聞くことにしましょう。

ジェンダーとは、性差に関する知を意味している。私は知という言葉を、ミシェル・フーコーにならって、さまざまな文化や社会が人間と人間の関係について――この場合には男と女の関係について――生み出す理解という意味で用いている。こうした知は絶対的でも真実でもなく、つねに相対的なものである。こうした知は、それ自体が（ある意味で）自律的な歴史をもつ大きな認識の枠組みのなかで、複雑な方法によって生みだされる。その用法や意味するところは政治的抗争の対象となり、権力関係――支配と従属――を構築する手段ともなる。知はたんに観念ばかりでなく制度や構造とも関わっており、特殊化された儀礼であると同時に日常の慣習でもあり、それらすべてが社会的関係を作りあげている。知とは世界を秩序だてる方法であり、それゆえ知は社会の組織化に先行するのではなく、社会の組織化と不可分なものである。［スコット 1992: 16］

性病撲滅運動と近代家族化というジェンダー秩序の形成をめぐる動きは、まさにここでスコットがいう「知」と「社会の組織化」の不可分の関係を例証するものといえますが、その動きから姿を現す社会のあり方を示そうとしたのが、社会＝国家という概念です。

通常、社会国家という概念は第二次世界大戦後の西ドイツの社会体制を表す概念として用いられますが、私の社会＝国家概念はそれを拡大し、二〇世紀の工業化された社会の共通性を示す概念として用いられています。もちろん両概念には、工業化の高度化が進む世紀転換期のドイツで都市社会化と人口転換の動きから派生する近代家族化によって不安定化することになる労働者家族の生活（豊かになることによって女性の主婦化が進み、単独稼得者たる男性の所得への依存度が高まる結果、生活を維持するうえでのリスクが大きくなるという逆説）にたいし、国家が社会保険や税の再分配の制度を通じてセーフティネット機能を果たすようになったという意味での一定の共通性があります（ドイツにおける社会保険国家としての社会国家の歴史として、［福澤 2012］とその書評［川越 2014］を参照）。しかし私は、その概念を、以下のメルクマールを共有する二〇世紀的な国家と社会のあり方を示すものとして用いています。そのメルクマールとは繰り返しになりますが、①工業化の高度化が進み生活水準が上昇した社会の変動（人口転換・都市社会化・近代家族化）に対応し、②国家が、伝統社会では社会そのものを意味した伝統的な中間組織に代わって、国民の生活・生命上のリスクにたいするセーフティネット機能を果たす、③強い経済とセットになった強く大きな国家を目指す国民国家、という三点に要約できます。つまり社会＝国家が含意しているのは、工業化の歴史のなかではじめて国家と社会の領域が一致した地点で成立した社会ということなのです。

この社会＝国家というシステムは、一八八〇年代以降の世紀転換期を起点に二一世紀初頭に至るまで（この時期を〈長い二〇世紀〉と呼ぶことにします）、二度の世界大戦とナチズム（次節で取り上げます）、高度経済成長と短い黄金時代、さらにはそれに続く停滞と改革の試行錯誤の時期（第Ⅱ部第4章のテーマとなります）を通じて作動し続け、現在大きな岐路に立たされています。そうした二〇世紀の社会史をドイツの事例に則して俯瞰する前に、ここでは今一度、本書における社会史の方法に関する私のスタンスを整理しておくことにしましょう。

社会史とは通常、国家や政治的事件を中心とした「大文字の歴史」や経済社会構造の歴史といったマクロな歴史記述に対置される、ミクロな生活世界の歴史（「小文字の歴史」としての日常史）だと理解されています。そしてよく問題視される細部への過剰なこだわり（悪くいえばたこつぼ化）という批判にたいしては、たとえば「神は細部に宿る」、つまり歴史の全体像は細部からこそ読み解けるといったフレーズで対応しようとしてきた（実際にそうした歴史叙述をするのは至難の業ですが）といえます。少なくともこれまで私はそのように考え、社会史と政治史、マクロな社会構造史とミクロな日常史をどのように架橋するかを考えてきたつもりです。しかし本書であらためて考えようとしているのは、マクロとミクロな対象領域の間に横たわっている膨大な領域の意味です。この領域を私たちはとりあえずメゾ（中間的なという意味の接頭辞 meso からとりました）領域と名づけ、その歴史の解読を通じてマクロ社会史とミクロ社会史を統合できないか模索してみたいと思っています。

　ではメゾ社会史が対象とする領域は何でしょうか。オーソドックスな歴史研究が扱ってきたハイポィティクス（大文字の政治や出来事）および社会・経済構造（マクロ社会史の対象）と普通の人々の日常生活（ミクロ社会史の対象）に挟まれた領域というのが一つの答えですが、これではいくらなんでも漠然としすぎています。そこで私たちが目を付けたのが従来から歴史研究の対象とされてきた中間組織（団体）をめぐる問題です。ただしオーソドックスな経済史で主として取り上げられてきたのはギルドないしツンフトのような独占的な同業者組合（旧中間組織）であり、もっぱら近代化の過程でそれが解体されるか残存するかといった観点から論じられてきました。私は第Ⅱ部第１章第１節と本節において、一九世紀半ばを起点に世紀転換期の社会＝国家の生成期や長い二〇世紀を通じて、さまざまな中間組織（性病撲滅協会や新しい女性組織など）がシステムとしての社会＝国家が作動する重要なファクターとなったのではないかと論じてきました。さらにいえば、職人たちの相互扶助組織のように伝統的な組織を維持しながら新たな社会保険制度が機能するうえで重要な基盤となった組織や福祉関連組織のように伝統社会の流れをくみながら社会＝国家制度を補完する働きを担うようになる組織もありますし、社会＝国家とは異なるオルターナティブな社会を志向する中間組織（この点については［辻ほか編 2016］所収の服部論文を参照）も存在します（さらには民間企業による保険、その他種々の組織がそうしたセーフティネット機能を持っていたと考えられますが、以下では議論を拡散させないために、検討対象からは除外します）。こうした私の中間組織への関心の背後には、現代社会では自立した市民によってゆるく（そして開放的に）組織された新たな中間組織が国民国家の枠を超えてグローバルかつローカルにつながりあったネットトワークを形成することを通じて、二一世紀社会の行方を方向づける役割を担うのではないかという思いがあります。はたしてこうした仮説的な見取り図から中間組織をキーワードに二〇世紀社会の歴史をうまく読み解けるのか。矢野氏との対話を続けながら、次章以降でさらに考えていくことにしましょう。

2　遅れた社会と現代化

矢野久

警察機構の変化と暴力

ドイツ第二帝政期の警察制度で重要な点は、ドイツ帝国ではなく邦（ラント）が領邦国家（ラント）の警察権限を保持したこと、またプロイセン邦の警察制度がモデルとなり他のラントにも波及したことです。三層の警察制度が存続し、①ベルリンをはじめ、いくつかの大都市は王立国家（制服治安）警察機構を持ち、②それ以外の都市では市長が警察監督権を持った地方自治体都市警察が存続し、③一八七二年までグーツヘル特権が存在した郡部では、郡長の管轄下に国家郡部警察が置かれていました。

王立国家（制服治安）警察では、ベルリンの警視庁が一八七二・七三年に一七二人の警察行政管理スタッフと二一〇〇人の執行スタッフを有し、その他王立治安警察を持つ二〇都市では、一五九人の行政スタッフ、一二八人の監督官と警部、六九四人の警備官と警官からなる執行スタッフがいたにすぎません。以下、フンクの『警察と法治国家』［Funk 1986］をもとに考察してみましょう［矢野 2012］。

帝国成立前後の時期に人口が急増し、流入者の社会的貧困、ホームレスの増加、売春婦、犯罪など秩序・風俗の崩壊現象が社会問題とされ、とくにベルリンでは「公的公序良俗に反する状態」が蔓延していました。そのため市民層は強力な警察を要求し、国家行政は一八七一年には王立国家警察の強化で応えています（一三九人増員）。しかし社会問題は解決されたわけではありません。ベルリンの生活諸条件は悪化して貧困化が進行し、一八七二年七月には警察との衝突事態となり、軍隊も出動待機しています。一〇〇人の負傷者を出したこの事件は都市下層民と労働運動への市民層の不安を高めただけでした。他地域にもこうした現象がみられ、一八七三年四月には、ビール価格の高騰によりフランクフルトなどで警察・軍隊との流血事態が発生し一八人が死亡しています。一八七三年予算審議では警察の強化と再編で意見が一致しています。街頭の安寧と犯罪撲滅、風俗警察の改善、市民に友好な警察行政の構築がもくろまれ、ベルリンでは七一の警備所と六〇六の警官詰所が追加設置され、他地域でも増設・増員の措置がとられています。

プロイセン内務省は住民一五〇〇人に一人の制服治安警察官に強化し、治安警察のみならず刑事警察・風俗警察も対象に王立国家警察を再編しました。ベルリン警視庁では風俗警察が刑事警察とならんで警視庁の独自の部署となり、社会主義者鎮圧法によって政治警察が追加されています。全体として一八七〇年から一〇年間にベルリン警視庁での執行警察官の数は約一〇〇〇人から三三五二人に増加しました。警察機構は治安・刑事・政治警察から成りますが、その一方で警察行政への要求が高まり、建築・道路・市場・営業警察の活動も拡大し、警察行政は比重を増しています。帝国全体でも警察が行政機構のなかで最大の機関となったのです。

ルール工業地帯では事態はどうだったのでしょうか。イェッセンの『工業地帯における警察』[Jessen 1991] をもとに考えてみましょう［矢野 2012]。一八七一年以降人口増加は加速化していますが、当初は警察官の数は変わらず、街頭での不穏や公序良俗違反など労働者層の風紀が問題となっています。ルール工業地帯には王立国家警察は設置されていません。したがって、批判の矛先は地方自治体都市警察に向けられています。地方自治体は地域警察予算を緊縮し、また国家郡部警察と地方自治体都市警察との関係が良好ではありませんでした。一八七〇年代、八〇年代はこの地方自治体都市警察の改革期です。ルール諸都市の警察人員は増加し、警察密度も一時的には上昇していますが、人口数はもっと増加したため警察密度は低下し、都市警察機構の強化には至っていません。

地方自治体都市警察が存在しない小都市や郡部ゲマインデにおいては、国家郡部警察が配置されていましたが、ルール地方の炭鉱企業の多くはこうした都市周辺の郡部に存在します。反抗的で暴力的な炭鉱労働者層を取り締まり、平穏と秩序を確保するために国家郡部警察の強化が強く要望されています。郡部警察官の数は増えましたが、都市周辺郡部の住民数は都市部よりも急増したため、郡部警察の密度は高くなっていません。一八四八年から一八八九年の間に郡部警察官数は二二八パーセント増加しましたが、密度は一六パーセント低下し、郡部警察密度は悪化しているのです。

以上が帝国創設から一八八〇年代末の間のルール工業地帯の警察動向です。

ドイツにおいては、安寧＝治安概念は秩序概念と同義で広い意味を持っていました。秩序概念も「風俗秩序」だけではなく、公的法秩序の撹乱に対する保護、国家秩序を維持するものと解され、警察は公的福祉にとっての危険防止と秩序保護を直接的な課題とした国内行政を意味していました。

第二帝政期には、一連の自由化政策にともなって、警察は救貧行政をおこなわなくなりましたが（「脱警察化」）、貧民の監視は重要な任務の一つであり、ならず者や売春婦や酩酊者とならんで監視対象としています。それだけではなく、のちに述べますように、警察や軍隊の措置に対する集団的暴力行為や官憲の命令に服さない個人的な反抗もあり、労働者層には社会的抗議を実行する潜在的なエネルギーが存在していましたから、警察は、移民・営業・労働争議への監視を存続させ、刑法に従う市民的価値体系を貫徹しようとしました。他方で、この警察権力を企業や家屋所有者に利用させることによって、社会的政治的対立構造を可視化し、対立的な社会像の生成を促進したのです。

地域レベルでの警察史研究をふまえた研究［Goch Hrsg. 2005］も参考にして考えてみましょう。警察の社会的規律化の戦略では、秩序を重んじる労働者層とホームレスなどのルンペンプロレタリアートとの差異化が重要です。しかし現実には、ルール地方ではこれらの狭間、つまり秩序を重んじるわけでもまたルンペンでもない若い労働者層が大きな役割を果たしています。北部ルール工業地帯は「プロイセンの野蛮な西部」と呼ばれ、若い労働者のアルコール飲酒やお祭り騒ぎ、犯罪など社会的緊張が生じており、社会問題化していました。とりわけ一八八〇年代以降、移入人口の急増も原因して暴力犯罪が急増しています。一部は、地元ないし初期の移入労働者と新規に移入したポーランド人との間の軋轢が原因であり、また一部は、飲み過ぎから生じた飲酒態度がもはや社会的に受容されず、警察沙汰になったからです。警察は犯罪を撲滅して治安を維持し、その一方で、秩序創出のために社会的規律化をはかったのです。これが可能だったのは、警察が刑罰としては罰金から数日間の拘留まで自由裁量権を持っていたからです。

第二帝政期における警察の法制化は警察の命令権を停止せず、警察はほとんどあらゆる領域に介入可能でした。営業令の領域などでは警察に制限が設けられはしましたが、治安領域では警権権力は制限されないままでした。内政に投入された軍隊とならんで警察による日常的な規律化の圧力は労働者層には官憲の抑圧手段とみなされ、嫌悪の対象とされたのです。

川越氏が鋭く指摘しているように、一八八〇年代はきわめて重要な画期をなす時期です。プロイセン（ドイツ）警察史においても画期となったのは社会主義者鎮圧法に代わる制度構築の必要性です。その前提が一八八〇年代の政治・社会状況とそれに対する行政・警察側の対応なのです。警察の将来的展望にかかわって、行政と警察行政の境界ならびに警察費が問題となっていました。地方自治体都市警察を持つ都市はその費用を自前で賄い、国家が国家警察を設置する場合には国家がその費用を負担したのですが、警察費が増加すると、地方自治体とプロイセン内務省は対立し、内務省は警察権を変更せずに費用を地方自治体に負担させようとしたのです。この問題はルール炭鉱のストライキを機に展開していきます。

まずは一八八九年四月下旬のルール炭鉱の大規模ストライキでは警察と軍隊が投入され、一一人もの死者を出しました（ルール炭鉱ストライキについては［Brüggemeier 1983］参照）。ストライキ後には、プロイセン王立国家警察行政都市では制服治安警察官の強化、他方で国家郡部警察官の強化をもくろみ、警察執行権を中心とした国内秩序権力の強化が図られています。しかし問題は、軍隊の優位を損なわずにプロイセン予算で警察執行権をいかに強化するかであり、政府は警察の諸領域の地方自治体化を探りました。これは一八九二年四月の警察費法という形で制定されました。王立国家警察行政都市では、建築・営業・衛生警察など福祉警察を再地方自治体化可能とし、代替として警察人件費を引き受けさせ、同時に制服治安警察の二四時間勤務体制を導入しました。国家郡部警察を工業地帯の中規模都市に拡大させて強化することも構想されました。

一八八九年から九二年までにルール炭鉱地区で一〇万人当たり国家郡部警察人員は一一・二から二一・九へと上昇したとはいえ、その後の人口急増により九八年には一五・九へ低下し、世紀転換期には密度は上昇し一九〇八年には二四・四となりましたが、国家郡部警察が強化された郡部から地方自治体都市警察のある都市部へ人口が移動したためです。国家郡部警察の意義が低下し、地方自治体都市警察が重要になり、ルール工業地帯での国家郡部警察重視の警察構想は失敗したといえるでしょう。地方自治体警察が国家的警察制度に統合される形では警察体系は制度化されませんでした。

世紀転換期の一八九八年、プロイセン内務省は騒乱の発生に対処するために、警察官の増員、地方自治体都市警察改革による中央集権的警察執行権の強化へ向いました。工業地帯における警察・国家郡部警察制度規制「原則」の策定、警察人員の増加がはかられました。この「原則」は、警察制度の地方自治規則を無視して秩序警察力の拡大を国家的課題にした点で重要な意味をもちます。

この警察権力の強化は人口・社会変動に対応する警察キャパシティの前提を形成し、ヴェストファーレンの都市部の警察密度は、一〇万人当たり一八八九年七六・五、一九〇四年九五・八、一九一三年一〇二・六と高まりました。とはいえ、地方自治体都市警察への重点化、警察権力が地方自治体都市の地域利害に影響を受けたことを意味します。一方、国家郡部警察の権限範囲とされた郡部では、福祉警察的な政治ではなく、市民層の保護と労働者層問題の解決を重視し、市民的秩序にあわない労働者層を治安警察的に規律化しようとしたのです。

一九〇五年一月に再発した大規模ルール炭鉱ストライキのあとにも、工業地帯での警察の無力が地方レベルで議論されています。無力の原因は地方自治体都市警察の欠陥に求められました。①地方自治体当局が警察よりも学校制度や交通制度、都市の福祉を重視し、警察領域では福祉警察と建築警察に重点を置いていたこと、②地方自治体都市警察が地方の資本利害に依存し、その一方で炭鉱企業は軍隊に援護を頼んだことが挙げられています。こうした動きに対してプロイセン政府は、工業地帯に警察本部を創設し、国家官僚を国家のプレゼンスとして設置する「警察の国家化」（国家警察行政化）を構想しています。これにたいして地方自治体は、制服治安警察・刑事警察・政治警察を国家に移譲する用意はあるが、建築警察と住宅監視、学校行政、営業など「福祉警察」の喪失には抵抗しています。地方自治体はまた、都市部だけが国家警察本部長の統制下に入り、郡部では郡長の国家郡部警察が残存することを避け、むしろ全域にわたる警察本部は政治警察に限定させようとしました。

一九〇九年、地方自治体の地域警察行政に代わって、王立国家警察本部がルール地方の三都市（ボーフム、ゲルゼンキルヒェン、エッセン）に創設されます。代替として都市に営業警察・建築警察、衛生警察・学校警察など「福祉警察上」の領域が残されます。王立警察行政の権限は秩序の保全と危険防止の治安警察に限定されますが、そこには政治警察・刑事警察・劇場検閲・外国人課、風俗警察が含まれて国家事項とされ、労働者への監視がおこなわれることになります。こうしてルール地方の警察改革は、「広範」な警察が国家の治安警察と地方自治体の福祉警察に分裂することになります。

こうして警察の国家化は、先に述べた一八八九年に始まる国家郡部警察と地方自治体都市警察の強化、ストライキ統制の脱軍事化の進捗、一九〇九年の三都市での王立警察本部の創設による制服治安警察の統一組織化により、執行警察がいっそう労働運動との対決の前面に出て警察の政治化が進行しました。こうしてルール工業地帯における警察の統制キャパシティは大幅に強化され、国家権力は労働者・社会下層の日常世界への恒常的な介入が可能となったのです。

暴力と労働者文化

一九一二年三月、ルール炭鉱で再び大規模ストライキが発生し、警察力では不十分となり軍隊も投入されました。裁判所はストライキにたいし、二七四人の男性と一四八人の女性にたいする罰金刑以外に、二九九人の男性、八四人の女性にたいし全体で三〇年一一ヶ月四週間四日の懲役刑と厳しい判決を下しています。その内訳は侮辱と脅迫によるものが中心です。裁判所は営業令と刑法を自在に適用し、制服治安警察官、国家郡部警察、補助警察としての炭鉱官吏にたいする行為はとくに厳格に処罰しています。スト破りという表現が侮辱とみなされ、スト破りにたいする軽微な侮辱でも数週間の懲役刑に処せられました。

ルール工業地帯の行政・警察当局はストライキ後に協議し、スト破りの保護が最大の課題であり、警察力が不十分であれば軍隊を要請し、法律改訂の必要はなく道路警察令によるピケ排除で対処できることを確認しています。他方で炭鉱労働者は、国家の暴力機構に、企業利害を優先し利害・意見の自由な表明を抑圧する「階級道具」を見出し、対決姿勢を鮮明にしました。とはいえ、こうした共通の経験は労働者層・社会下層の連帯形成に結びつかず、鉱山労働組合の組合員数も激減しています。

この事態はいったい何を意味していたのでしょうか。そこに浮び上がってくるのが、労働者・社会下層の生活世界のあり様です。市民層の社会不安を背景にプロイセン警察は社会的規律化措置を策定し実践しましたが、この措置の対象となったのは労働者・社会下層の生活世界です。この生活世界を構成していた要の一つが暴力です。

ドイツ帝国では一八八二年から一九〇一年までの二〇年間に、犯罪は刑法責任年齢の一〇万人当たり一〇〇〇人から一二〇〇人に上昇しています。そのうち所有権侵犯は五〇〇前後で変化せず、なかでも軽微窃盗は二四九から一六七に低下しています。それにたいし暴力犯罪は三三九から五三九に上昇し（一九一一―一三年には四四六）、とりわけ危険な対人傷害は一二一から二四八に上昇しています（一九一一―一九一二）。ルール工業地帯での特徴は、窃盗が低かったのにたいし対人障害率は高く、とくに炭鉱労働者の暴力犯罪が目立っている点にあります。危険な対人傷害罪で有罪判決を受けた者のうち、五二パーセントが炭鉱労働者、二九パーセントが不熟練工、一五パーセントが手工業者・熟練工です。居酒屋での集団的暴力犯罪が際立っており、ルール工業地帯の犯罪性は暴力犯罪、労働者層の間での日常的衝突の拡大によって特徴づけられます。しかもこの頻発する労働者層の暴力犯罪にたいして市民層はパニック的な反応を示しています。

農村の若者集団と同様、ルール工業地帯の労働者においても「男性文化」の象徴としての勇気・力・暴力が重要な役割を果たし、居酒屋での殴り合いと刃物沙汰が頻発していました。東部農村地域からルール工業地帯への人口移動の急増も関係しているのですが、ルール工業地帯での暴力シンボルと実践は農村の伝統とプロレタリアの男っぽさが混合し強められています。そこでは社会的名誉が重要な意味を持っていました。とくに同じ社会層間での侮辱は名誉を傷つけるもので、暴力の核を形成しています。また集団的暴力も集団的な社会的衝突において存続しています。スト破りにたいする労働者の名誉、連帯や集団の規範を維持しようとする社会的統制が重要な意味を持っていたのです。

一八七六年の刑法改正で「危険な傷害」が導入されて犯罪概念の範囲が拡大するとともに、労働者・社会下層の生活世界に規律化の圧力がかけられ、それに対抗する形で暴力犯罪が増加しています。世紀転換期には暴力犯罪は毎年九万人を超える大量犯罪になっています。これと並行して一九世紀最後の三〇年間に、各地方自治体は公的空間の安寧と秩序を維持するために、街頭での警察権力に価値を置き始めました。こうして暴力嫌悪は市民層の文化になり、労働者・社会下層にたいする暴力言説と訴追が先鋭化することになります。工業地帯では、一方で暴力の頻繁化、他方で国家権力の制裁実践の先鋭化と活発化が対峙していたのです。

こうした暴力とならんで労働者・社会下層の生活世界で重要な役割を果たし、警察が介入しようとしたのが「労働者文化」です。主にブリュゲマイヤーの『現場での生活』［Brüggemeier 1983］［Kift Hrsg. 1992］［矢野 2012］をもとにみてみましょう。

ルール工業地帯では飲食店の不足に直面して、炭鉱の近くに「シュナップス・カジノ」ができました。これは会員に飲み物や社交、休憩場所を提供する閉鎖的なクラブ（仲間組合）です。警察が規定する「法定閉店時間（Polizeistunde）」を気にする必要もなく、飲み物提供の許可も必要としませんでした。その数は一八八九年のストライキ以降に急増し、九四年には、ルール工業地帯で一一〇のクラブが存在し、会員数は一万六六四〇人（うち炭鉱労働者は一万三五〇〇人）を数えています。クラブは政治状況などに関する議論の場でもあり、炭鉱労働者にとって政治的にも意味がありました。これを禁止するのは容易ではなく、抑圧措置は権力にとって望ましくない結果をもたらしえたのです。結局九六年、帝国議会は営業法を改正し、アルコール提供の場合は許可が必要となりました。実際には許可は与えられず、短期間にクラブは閉鎖されてしまいました。

先に述べました炭鉱ストライキは連帯的で規律があったため、ストライキへの市民層の脅威は限定されていました。それにたいして居酒屋のみならず、キルメスやフェストでは、労働者層は飲んで騒ぎ、殴り合いをし、また祭りでは労働者は限度を超えた振る舞いをしています。炭鉱労働の延長線上で裸の接触と暴力が出現したのです。こうした共通の経験、共通の身体性、非公式の社会関係に存在する労働者文化と労働者層の態度は市民層と行政にとって脅威でした。

こうした「労働者文化」にたいして社会民主主義的な労働運動はどのように対処していたのでしょうか。労働運動は自分たちを、「粗雑な」労働者とは異なる伝統的な手工業的背景を持つ「尊敬に値する」労働者と位置づけています。市民的規範に方向づけられるようになった点が重要です。自己規律、秩序、道徳的な態度は市民層の態度と連動していました。しかしその一方で、労働運動の実践と象徴はその暴力内容を様式化された象徴に昇華しています。「名誉」は法律への忠誠、連帯、規律などの内容と結びついていました。暴力は排除されましたが、昇華され象徴化された暴力に転換されたのです。すなわち、「労働運動の文化」は力・男性性・暴力を象徴的に引き受け、こぶしの身体所作など政治的な象徴に昇華することによって、「粗雑な」労働者と「尊敬に値する」労働者の間を橋渡しする機能を持ち、規律化の機能を果たしたのです。

とはいえ暴力犯罪はプロレタリアの日常的文化と結びついており、この橋渡しは容易ではありませんでした。男性的世界と結びついた暴力への寛容は暴力犯罪の原因を形成しています。これにたいして市民層は時には労働者を教育し文明化しようと努力しましたが、不安にかられた市民層に対応した警察は取り締まりの強化という形で実践し、労働者層の社会的統合化を容易にはもたらさなかったのです。

警察権力と人々

もともとプロイセン警察は人々の自由権を認めるものではありませんでしたが、福祉領域をも包括する極めて広範な制度でした。これにたいして急進民主主義的な市民層は一九世紀半ばまでは財産権と個人的自由権を求めて国家権力と対立していました。しかし一九世紀後半になると、とりわけ都市市民層自体がその政治的立場を変更し、自らの財産や価値、平穏な安寧的秩序を重んじるようになりました。国家秩序の維持へ急転回し、より強い警察を求めるようになったのです。

プロイセンでは一九世紀半ばでも、警察の課題は危険防止と刑事訴追に制限されず、近代警察は成立していませんでした。公的安寧と福祉（福祉事業と貧民救済）も警察の重要な課題とされ、地方自治体警察は建築警察と住宅監視、学校行政、営業など「福祉警察」の課題を保持し、依然として「ポリツァイ」の性格を残していたのです。プロイセンでは警察の権限は国家と地方自治体間で分離されて、①王立国家警察、その枠内において一八七〇年代以降警察機構の専門化によって生じた刑事警察（政治警察もここに含まれます）、②国家郡部警察、③福祉政策の課題を担い社会的規律化をも実践する地方自治体都市警察に分かれていました。

プロイセン警察は、直面する労働者・社会下層問題にたいして、国家秩序を守るために、国家の執行権力としての機能を実践しようとしましたが、警察制度そのものが多層的でした。プロイセンは上からこの多層的警察構造を改編しようとしました。しかしながら国家権力が構想した警察の国家化は地方自治体において限界にぶち当たりました。そこでは社会の「無秩序」状態が問題化されていたのです。

一九世紀後半期のルール工業地帯の暴力犯罪が示すように、社会の「無秩序」状態に不安を持っていた市民層や官僚の危惧は、労働者の日常的な個人的暴力の増加、街頭での攻撃的態度や居酒屋での喧嘩などです。こうした市民層の不安ゆえに、広義の秩序問題の解決が警察に課せられた重要な課題となったのです。警察の活動は国内的支配の問題と結びついたのです。

国家権力が国内的支配の貫徹力に問題を知覚し、警察の国家化の限界にぶち当たったのは、警察が労働者・社会下層と遭遇した現場です。この現場はまさに労働者・社会下層の生活世界であり、そこでは治安警察とともに福祉警察が重要な役割を果たしていました。ルール工業地帯では世紀転換期以降、ようやく警察の国家化が一部で可能となりましたが、それでもこの生活世界に警察的介入をはかることは容易ではありませんでした。警察は警察署を支点としてこの生活世界に介入し、しかも警察官の募集の対象も労働者層に拡大するようになりました。しかし労働者層が警察官になることで、彼らが労働者層のミリューからは排除されてしまう生活世界でもありました。

一九世紀後半以降、住民自身が市民層と労働者・社会下層との間で分裂し、「無秩序」な状態に不安と危機感を抱いた市民層は警察の秩序維持機能に期待するようになりました。警察の側では秩序維持の機能を発揮することによって、市民層との親和的関係を構築しようとしました。「尊敬に値する」ことを自負した社会民主主義的労働運動も期せずして社会的統合化過程で重要な役割を果たしています。「社会的規律化」という観点から考察すると、プロイセンの警察化はドイツ特有の道ではなく、社会的規律化の現代的先駆とみなせるのではないでしょうか。しかしプロイセン（ドイツ）の政治・社会状況は安定化するどころか、内政的支配は脆弱化し、社会は不安定化していたのです。

この社会の不安定化には、労働者・社会下層の文化である労働者文化が重要な役割を果たしています。すでに述べましたように、この労働者文化は暴力と密接な関係にあります。社会民主主義的労働運動はこの「粗雑な」労働者文化からは距離を置いたのです。一方警察は、この労働者文化の生活世界へ警察的に介入しようとしましたが、労働者文化の抵抗力は強く、社会的規律化を図る警察的介入は容易ではありませんでした。

このようにドイツ第二帝政の支配は決して安定的ではなく、ここにドイツ帝国が国外へと突き進む内政的要因があったといえます。「社会帝国主義」という特徴づけがなされるのも、ここに根拠があったのです。不安定化したがゆえになおさらのこと、警察は現場では国家暴力に依拠せざるをえず、最終的には軍隊に依存し、同時に刑事警察・政治警察の領域では諸科学との結合、より高度化した監視と統制の制度の模索が進むことになります。要となる存在は刑事警察です。ベルリン刑事警察の専門化と技術力によって、徐々に、事件の処理と捜査を実行する中央集権的な刑事警察が形成されていきます。刑事警察が、高犯罪率、とりわけ暴力犯罪と無秩序状態にたいして「科学的」に対処する構想を展開することになります。犯罪者を科学的に把握し、取り締まり対象を明確化することによって、犯罪の発生をあらかじめ抑えて秩序を維持する「予防的警察」という構想です。イタリアの犯罪学者ロンブローゾの考えに依拠して、遺伝的要因によって乞食・非定住者・売春婦なども含め犯罪者を特定する構想なのです。物理的圧力をかける規律化権力とは異なるもので、生物学的危険の除去と人種の強化を目指す、フーコーいうところの人間種を生かす「生権力」です［フーコー 2007］。

こうして犯罪学と犯罪捜査学が発展し、世紀転換期前後から、刑事警察は写真や指紋による科学的・技術的方法を捜査において利用し始め、警察機構の専門化が進行していきます。通常の治安警察とは異なるより高度の刑事警察において、当時の学問状況をふまえた生物学的・遺伝学的な刑事学的政策が展開されたのです。規律的権力と福祉行政の展開とならんで、種としての生命にかかわる「予防警察」的政策が策定され実践されたということが重要です。

歴史的に見ると、一九世紀のプロイセン（ドイツ）警察は、国家権力を問題視する社会勢力の撲滅をめざす機構であると同時に、人々の生活世界に介入する福祉国家的な制度組織でもあります。抑圧的な機構と政治・社会行政の混合体だったのです。警察が危険防止という近代的執行機構への方向をとるのは一九世紀も終わりになってからですが、それは同時に「予防的警察」への転換を意味しました。この関連で一九世紀末からドイツでは人種言説が学問の世界に普及し、対立する社会を統合する言説として重要な役割を演じたのです。

人々の生活世界を扱う歴史学をミクロ社会史とすれば、対極に位置する社会全体のあり方を扱うマクロ社会史との緊張関係において、人々との垂直的関係のなかで生活世界と対峙する警察権力のあり方を把握する歴史学をメゾ社会史と名づけたいと思います。警察権力と人々の生活世界が遭遇する現場（メゾ領域）に焦点を当てることによって、マクロの社会全体に接近するということです。プロイセン・ドイツで確認できたことを他の諸国の同じメゾの世界と比較し、かつその社会のマクロの世界との関係を考察することによって、諸国間の共通性と差異性が析出できるだろうということです。また、とりわけ福祉警察や治安警察の人員の供給源が一九世紀末以降に徐々に労働者層に向かっていったことが示すように、警察の眼差しが向かう客体から警察人員が募集されるということもメゾ社会史を含意するのです。警察機構と人々の生活世界とが接合する場でもあったということであり、ここにもメゾ社会史であることの積極的意味があります。

メゾ社会史が扱う領域は警察機構に限定されるものではありません。軍隊、官僚機構、企業、教育などさまざまな制度組織もメゾ社会史の重要な対象領域であるといえるでしょう。

第3章　二〇世紀前半のドイツ社会とナチズム

矢野久

1　強制労働と住民支配の脆弱性

ナチ体制と労働者層

メゾ社会史は、国家権力の側からの「社会的規律化」と社会に生きる人々の行動も含む「社会的統合」が遭遇する〈場〉を考察の対象にします。権力と人々が遭遇するこの場は、一方で〈労働の場〉と〈生活の場〉からなる人々の〈生活世界〉であり、他方で、こうした労働や生活における経験とは直接的には関連しない、にもかかわらず外から眺めることでそれなりの世論形成がなされる〈公共の場〉でもあります。この権力と人々が遭遇する場に登場する主体（アクター）の制度・組織が、全体のマクロの社会のなかでは中間領域（メゾ）を形成しています。本章でいえば、企業であり警察機構を指しています。権力と人々の関係をこの場に登場する中間諸組織から考察するのがメゾ社会史だと考えています。

ナチ期を扱う前に簡潔にその前のヴァイマル期の特徴を確認しておきます（[矢野 2011a] とそこで利用した文献）。「社会的規律化」と「社会的統合」という観点からみると、ヴァイマル期は、穏健派革命政権による国家の暴力装置の投入と、それにたいして革命勢力が暴力で反発するという暴力の政治文化によって特徴づけられます。連合諸国の利害、それとともに国防軍のあり方とも関連して、警察機構の改編が開始されますが、そう簡単には制度化されていません。結局プロイセンは安寧と秩序の維持とならんで、政治警察・刑事警察・営業警察などを含む新たな国家の警察行政の権限を定め、通常の行政機構に属す治安秩序警察が創設されました（＝警察の行政国家化）。警察権力を付与された地方自治体当局が治安維持をはかり、警察業務を統一的な指針によって遂行するようになったのです。

しかし警察の行動は日常的暴力への対抗によって特徴づけられています。警察は日常的な犯罪、喧嘩や道路交通を取り締まらなければなりませんでした。一九二〇年代半ばにプロイセン警察は新しい近代的技術の導入、警察勤務の脱軍隊化、と同時に統一化の方向へと向かいますが、二〇年代後半には、警察の軍隊化と近代化・プロフェショナル化が並行して進みます。社会的政治的諸条件は警察機構が対応できないほど流動的でしたから、こうした新たな課題が加わったのです。右翼勢力も政党レベルのみならず、街頭での活動を活発化させ、左右のラディカル（共産党とＳＡ）が街頭闘争を激化させ、暴力的対立が激しくなりました。ストライキとデモ、街頭での闘争、これらの政治文化にたいする警察力の無能さを目の当たりにして、市民層はいっそう政治的社会的安定性を求めました。三二年には、大規模集会とデモにたいする治安警察の過剰反応、これにたいする暴力的状況の激化、こうしたなかで、プロイセンで「クーデタ」が発生します（七月二〇日）。プロイセン警察は再編され、プロイセン警察行政の社会民主党寄りトップが追放されました。しかし住民の安寧と福祉のための警察の日常的任務も山積し、警察は街頭と集会場での対立と暴力の実践を制圧できません。

このように、一九世紀から二〇世紀にかけて、国家権力は警察機構を核にして労働者・社会下層の生活世界に入り込もうとしました。しかし実際には職場や生活の場という生活世界ではなく、むしろ街頭など公共の場でのヘゲモニーの確立に限定されていました。公共の場では暴力が支配し、国家の暴力独占たる警察権力はおよそ暴力を制圧できておらず、ナチスへの市民層の期待は大きかったのです。

ナチスの政権掌握は警察のライヒ化、政治警察の国家統制からの解放を意味しています。論文「ナチス・ドイツにおける住民の警察化」［矢野 2010a］とそこで利用した文献をもとに検討しましょう。ナチスは治安秩序警察へ介入し、ヴァイマル期の警察指導者を粛清し、治安秩序警察の縮小と軍隊化をもくろんだのです。一九三六年六月には、ライヒ内務省にドイツ警察長官を創設し、党組織のSSライヒ指導者ハインリヒ・ヒムラーが就任し、「保安警察」と「秩序警察」の本局を新設しました。保安警察長官には国家秘密警察兼SSライヒ指導者の保安部（SD）トップ、ラインハルト・ハイドリヒが就任し、国家秘密警察（ゲシュタポ）と刑事警察を統合しました。非政治的な秩序警察は、都市の治安警察・自治体警察と郡の国家郡部警察の制服警察を統括し、また行政警察、営業・衛生・社会福祉などの福祉警察関係も実践範囲に置きました。これは、警察機構が国家内務行政（＝内務省）

から解き放たれ、ＳＳに編入されたこと、警察の「脱国家化」を意味します。

優位に置かれた保安警察のもと、ゲシュタポは対国家犯罪、違反行為の追跡・防止、脅威となる危険の根絶を、刑事警察は非社会的分子などの逮捕、強制収容所への収容、収容対象の拡大を課題としました。刑事警察の中央集権化とＳＳとの融合とならんで、ゲシュタポは一九三七・三八年以降、「非社会的分子」の予防拘禁をはじめ、刑事警察と予防的撲滅共同行動をおこない、「民族にとって危険な分子」の犯罪予防と強制収容所体制化へと向かいます。

しかし実際には刑事警察はデータ収集と処理に手一杯であり、保健所・労働・福祉局、党・ナチ福祉団に依存せざるをえず、したがってゲシュタポと刑事警察は国内支配に危機感を持ち、犯罪生物学構想の刑事予防警察的対応に向かいます。また安寧と秩序維持のために保安警察・保安部「特別行動部隊」を創設します。

一方、治安秩序警察は交通要所・住民登録・追放措置、衛生・営業警察も日常的業務とし、一九三六年のＳＳと警察の統一化以降、秩序警察に編入されましたが、治安秩序警察は住民約三万人当たり一人のゲシュタポにとり重要な存在でした。しかし秩序警察は人員が欠乏し、同時に業務は増加しています。三六年の制服警察部隊の「警察予備隊」に続いて、三九年に「予備・機動警察大隊」が創設され、第二次世界大戦以降、占領地域に派遣されることになります。

以上が、ナチ政権がヴァイマル末期の暴力状況にたいして警察領域で再編しようとした制度機構の概観です。人々の生活世界そのものではなく、街頭を中心とする公共の場への警察権力の拡大を意味します。

一方、人々の対応はどうだったでしょうか？　権力と人々との関係においては支配のあり方が重要になります。戦争が始まるまでの時期におけるナチ支配の問題を取り上げます。ナチス研究における争点の一つで、支配のあり方の〈比較〉研究として今でも重要だと思います。第二次世界大戦前夜の内政的体制危機という問題です。イギリスのドイツ史家メイスンによれば、一九三六年以降の完全雇用状態によって労働者の地位が上昇して、体制の政治的社会的経済的危機が生じたというのです。これにたいして、ナチスはその支配構造によって危機克服能力を保持していたという反論がなされます。しかしメイスンは八〇年代に入ると自分の見解を修正し、国民大衆は日常的現実に不満を持っていたにもかかわらず、ナチ体制に抵抗しなかったことを問うたのです。これはドイツ史家ポイカートの問いかけでもあります。ともに、国民大衆の「拒否的態度」の根拠を日常的現実に求め、またこの「拒否的態度」が体制への抵抗にまで行かない原因も同じ日常的現実に求めています。

重要な視点は、一つは抑圧による国民大衆の規律化、もう一つは合意形成による「統合」です。前者は、テロルによる抑圧を核に、「共同体異分子」を「民族同胞」から区別・排斥し、「民族同胞」内部でもナチ規範からの逸脱を「共同体異分子」として排斥する政策からなります。後者は、ナチスの文化・余暇政策が「私的なものへの退却」＝「社会のアトム化」（ポイカート）か、大衆文化の商業化、プロパガンダ、社会政策、ヒトラーの人気などもからんで与えられたものを単に享受する政治的統合＝「分裂のメカニズム」（メイスン）かで見解が分かれます［矢野 1989a］。

この問題に答えるには、公共の場を超えて生活世界、ここでは労働者層の社会状態と社会的態度という日常的現実のミクロ的世界を明らかにする必要があると思います。労働者が生きる〈労働の場〉がその一つですが、企業に目を向ければ企業史＝経営史であり、働く場に焦点を当てれば労働史です[Yano 1986]。この労働者にとってのミクロ的世界は社会全体のなかでは企業組織にあり、マクロとミクロの間に位置するメゾの世界です。

日常的現実が統合をもたらすものだったのか、日常的現実にたいするナチ政策が統合をもたらしたのか、そうではなく非日常的現実、とりわけヒトラー人気が統合機能を持ったのか、さまざまな見解があります。労働の場に焦点を当てることによってどのようなことがいえるでしょうか、簡単にまとめたいと思います。

すでに述べましたように、二〇世紀に入ると、公共の場での権力と労働者・社会下層の争いは左右の政治的対立がつけ加わることで、暴力が暴力を生み出す様相はより過激なものとなりました。政治の世界でナチスが政権を掌握し、公共の場で強制的同質化を遂行し、生活の場にまで侵入を図る過程で、労働の場が労働者層にとって生きる場になったのです。少なくともドイツ鉄鋼業の個別大企業は、企業のなかでのナチ組織の活動を歓迎せず、むしろ労働者に対して労働諸条件の不満には個別的に対応しています。公共の場において支配を拡大させたナチスは労働の場においては実は脆弱だったのです。

労働の場以外の生活の場における日常的現実、あるいは非日常的現実ではどうだったのでしょうか。

ポイカートはナチスの野蛮をドイツ史の「特殊な道」にもまた近代産業社会の結果としても把握せず「近代の病理」として特徴づけています。この理解は歴史実証的に裏づけられたものというよりはむしろ問題提起です。権力、公共の場、労働と生活の場からなる生活世界、これら相互の関係と支配のあり方こそがナチスの野蛮を説明することができると考えています。

強制労働と外国人労働者像

第二次世界大戦期における外国人労働者の強制労働を対象に、ナチ支配のあり方を検討したいと思います。強制労働をナチ国家指導部内の権力構造論的水平的権力関係からだけではなく、権力と人々との垂直的支配関係からも考察します。ここでいう人々とは、反ファシズム抵抗運動に加担することもナチスに熱狂することもなく、ナチ体制下において労働と生活を続けた普通の民衆です。こうした普通の人々との関係において、外国人強制労働政策の変遷と権力機構のあり方を明らかにしたいと思います。『ナチス・ドイツの外国人』〔矢野 2004〕とそこで利用した文献をもとにして書きます。

まず前提として重要な点は、戦争勃発前から就労していた下層中間層や労働者層など社会的中・下層のドイツ人女性は、ナチスの母性保護的政策の対象とはなっておらず、彼女たちは社会階層によって異なるこうした対応にたいして、また低賃金と長時間労働の日常的現実にたいして不満を表明していた、ということです。不公平な現実にたいして強い不平・不満を持っていた彼女たちは、すべてのドイツ人女性の平等な動員、つまり全般的な労働動員を望んでいたのです。

ナチ政権掌握一〇周年を記念して一九四三年一月三〇日に総動員体制を宣言しましたが、実質的な全般的労働総動員は導入されず、就労女性の不平・不満は解消されませんでした。それだけではなく、ナチ体制の社会的統合それ自体が問題化するほどだったのです。親衛隊保安部ＳＤの「秘密報告書」は、「無関心」「懐疑」「不平・不満」がドイツ人住民に支配的になっていると分析しています。ナチ国家指導部は社会的上層の女性たちの希望に反して労働総動員体制を貫徹する意図はなく、就労女性の不平・不満を心理的な宣伝によって解消し続けました。四三年一一月の「秘密報告書」は、民衆が「国家と党の指導的機関に対して懐疑的」になっていると報告しています。ここにナチ体制の国民統合の脆弱性が見てとれます。

戦時期ドイツの外国人強制労働の詳細については、紙面の都合でここでは割愛せざるをえません。ドイツ人の外国人労働者像を明らかにするために必要なかぎりで重要な強制労働の制度を概観しておきます。ポーランド人から始まる戦時期の強制労働の特徴は、農業部門の労働力不足解消という経済的論理と、ＳＳのヒムラーの「ポーランド人布告」（一九四〇年三月）が示すように、監視と抑圧による人種論的論理との統合にあります。四〇年五月の西部戦線開始以降、フランス人戦争捕虜の配置投入を経て四一年秋までは「電撃戦」構想が中核になっています。短期決戦による勝利を前提にドイツ人兵力の解除とドイツ人工業熟練労働力確保に重点がありました。注目する必要があるのは、ドイツ人労働義務者の不平・不満が高まり、四一年二月以降、労働義務制が制限・縮小されていたということです。ドイツ国民のナチ体制への統合が簡単ではなかったことが確認できます。

一九四一年六月に開始された対ソ戦の目標は「生存圏の獲得」と食糧確保（略奪）にあり、ソ連人の本国での労働動員については、ナチスの人種論的イデオロギーだけではなく、ソ連人労働動員によってドイツ国民がナチ体制に批判的になる恐れ・不安も重要な役割を果たしていました。四一年秋の時点での労働市場の狭隘化と戦争の長期戦化に直面して電撃戦構想が破綻し、新しい状況を迎えるや、ナチ国家指導部はソ連人のドイツ本国労働動員政策を策定しました。四一年一〇月末のソ連人戦争捕虜の大規模労働配置決定、一一月はじめの総統布告細則を経て、ソ連民間人をソ連戦争捕虜と同等に扱い、監視下での収容、ドイツ人からの隔離とマークの付帯、「閉鎖的な集団配置」原理が導入されています。

一九四二年二月初旬の戦争経済再編過程を経て、軍需省の権限の拡大と同時に労働配置政策上の権限も拡大・深化され（労働配置総監の設置）ます。四二年二月二〇日にはヒムラーの「東方労働者布告」によりSSがソ連民間人の隔離、バラックでの収容、OSTマークの付帯をおこなうことになったのです。こうして、人種論的・イデオロギー的論理を損なうことなくソ連人労働者を大量労働動員する矛盾した政策がさらに遂行されたのです。

ソ連人労働者政策は一九四三年、ライヒの治安上の配慮と労働能率向上のため、労働・生活諸条件の改善へと方向転換されています。四三年四月二〇日の労働配置総監の宣言は、「人間以下」的扱いから労働能率向上へ向かいました。この方向転換は労働・生活諸条件の全般的な改善ではなく、「労働能率別原理」にもとづく労働・生活諸条件の適用です。高い労働能率を発揮すればそれ相応の労働・生活諸条件の改善を保証し、一方、低い労働能率しか発揮しなければ処罰として労働・生活諸条件を悪化させるもので、強制的に労働能率の向上をはかるものです。

ソ連人労働者政策の転換の理由の一つとしてライヒの治安上の配慮を挙げましたが、これはナチ体制の支配のあり方に関係しています。「労働の場」で直接外国人労働者と労働を共にする機会を持ったドイツ人は、ナチスの宣伝とは異なる独自の外国人労働者像を形成していました。彼らは、ナチスが否定的に扱ったソ連人について、自分たちなりの肯定的な像を形成しました。一九四二年にソ連人労働者のマイナス象徴としての「敵像」は完全には機能しなくなり、ナチ体制のドイツ国民の社会的統合、ナチ支配が不安定化したのです。先に述べた外国人労働者の労働・生活諸条件の改善への政策転換は、これと密接な関係にあります。

しかし他方で、ドイツ人労働者のソ連人労働者にたいする積極的評価への転換は、ドイツ国民自身が「民族政策上の危険性」を見出し、ナチスの人種論的イデオロギーの宣伝を逆に確信していく基礎をも形成しました。外国人労働者のマイナス象徴としての「敵像」は、とりわけ公共の場での間接的経験の場において機能していたのです。一九四三年一月の「スターリングラード」敗北以降、ドイツ国民の外国人労働者像の「分裂」はさらに深化し、先の政策転換を中途半端なものにするものでした。戦争終期には、分裂していたドイツ国民の外国人労働者像は一定の方向に収斂していくことになります。ドイツ国民の外国人労働者にたいする敵対観の高まりという方向です。

警察機構と住民支配

警察機構は戦時期にどうなったでしょうか。論文「ナチス・ドイツにおける住民の警察化」［矢野2010a］とそこで利用した文献をもとに検討します。すでに一九三九年九月末には「ライヒ保安本部」が創設され、国家機構の保安警察と党組織の保安部が統合されました。四二年二月には保安警察と秩序警察はSS・警察指導者の下に編入され、SS・警察が国家行政を吸収します。さらに四三年九月にはヒムラーが民族秩序の警察保全権限を国家行政から保安警察・秩序警察に移譲しています。

ゲシュタポ、占領地特別行動部隊、強制収容所、ユダヤ人課からなるライヒ保安本部第Ⅳ局が、ナチ機構の最重要組織です。ライヒ保安本部全体で約三四〇〇人のうち第Ⅳ局には約一六〇〇人が所属していますが（一九四二年）、人員不足でした。特に、特別行動部隊、保安警察などに配属されたゲシュタポでは人員不足は喫緊の問題であり、ゲシュタポは、国家の安全が危ういという危機感を背景に、テロルと脅威による予防的行動をとっています。

すでに述べましたように、一九四二年以降、ドイツ人の対外国人労働者像は民族差別的ではなくなってきました。ゲシュタポはドイツ人労働者層の認識の変化を感じとり、より強圧的な措置を講じています。「国家保全の維持」のためにソ連人民間人・戦争捕虜の「規律違反行為の撲滅」にやっきになり、即「特異扱い」を実行するようになります。四三年にはゲシュタポは絞首刑を、しかも外国人に対しては「威嚇を理由に現場近くで」執行できました。このようにゲシュタポは、「国家の敵」の延長線上に犯罪者など非社会的分子、外国人、ユダヤ人を位置づけ、彼らの排除による「他者・衛突のない社会」を目指したのです。

しかしゲシュタポは構造的に、治安警察、労働局などの行政当局、ナチ党の諸組織に、また居酒屋や居住区など「下から」の密告に依存せざるをえませんでした。ゲシュタポはこの下からの視線の背後にある生活世界を体制批判的なものと認識し、監視と規律化の暴力的措置を講じたのです。

刑事警察はどうだったでしょうか。「東方」での特別行動部隊増員が求められて人員不足でしたし、刑事警察の負担も増加し、一九四三年以降、警察行政は危機的でした。四〇年から四三年の重窃盗五三・三パーセントの増加に示された住民の社会的拒否にたいし、刑事警察は軽微な違法行為を非社会的ないし職業的犯罪とみなすことで犯罪予防を実践しました。「予防拘束」が「犯罪撲滅」の中心的手段と化し、強制収容所収容数は四二、四三年に頂点に達しています。

外国人強制労働による不安と危機が高まって、ゲシュタポは秩序警察に所属する治安警察の支援を必要とし、現場の治安警察に権限を付与しました。さらに治安警察は監視や労働忌避者逮捕、「労働矯正収容所」での歩哨、ユダヤ人追跡と強制移送でも重要な役割を果たしています。治安警察の人員は一層不足し、補助警察を組織化させ、それだけいっそう多くの住民が、外国人労働者や戦争捕虜の逃亡捜査や監視に動員されることになったのです。

占領地域ではどうだったのでしょうか。まずはポーランド総督府では、ヒムラーの総代理人の「東部上級ＳＳ・警察指導者」グロボツニクが保安警察・保安部司令官にたいする権限を持ち、一九四二年以降、この司令官が地域の「政治的」安定化に責任を持ちました。しかし人員不足のためテロル・

殺害・強制移送を優先しています。グロボツニクは民族的措置の実践も委託され、絶滅収容所へのユダヤ人移送、ゲルマン化の植民作戦を指導しました。しかし支配は安定せず、保安警察とＳＳのパルチザン撲滅は失敗したのです。

東部占領地域では、一九四一年七月に執行権は上級ＳＳ・警察指導者を通してＳＳと警察に置かれました。九月にはハイドリヒが「内政上の保全」権限を要求し、一一月にはＳＳ・警察指導者が新規東部占領地域の「政治的行政」指導を担いました。しかし膨大な東部占領地域に派遣された保安警察・保安部の人員は四三年四月時点で三一八五人にすぎません。警察的秩序の創出にとっても絶対的な人員不足だったのです。そこで上級ＳＳ・警察指導者は、警察投入の兵站上の新機構として「秩序警察司令官」を創設しました。国家郡部警察・治安警察のみならず、消防団・防空団の動員にも権限をもち、秩序警察を通して占領地域での警察力の補充をおこなえました。秩序警察配下の最重要部隊が地域ごとに五〇〇人規模で結成された「機動警察大隊」です。現地人補助警察も配下に置いた秩序警察の任務は「新規占領地域の保安警察上の平定」にありますが、その機動警察大隊は偵察・平定・押収・収容所監視、ユダヤ人殺害などの任務を実行しました。未知の世界に配属された機動警察大隊員はパルチザンに脅威、現地住民に不信感を抱いています。

占領地域を知らないＳＳ・警察機構のドイツ人は、「支配的人間」の不遜な態度をとっていました。粗暴な振る舞いによってしか優越感を味わえませんでした。一九四二年以降の武装集団やパルチザンの拡大を背景に、暴力と殺害に依拠した残忍なやり方で支配を実践しました。過剰反応と予防的暴力の連鎖がこのナチ占領支配の実態なのです。

ナチス・ドイツにおける国家の暴力独占はさまざまな「共同体異分子」を排除の対象とし、最終的には殺害の対象にまでしました。そこには国家テロルと「現場」での大衆的暴力性との結合が確認できます。しかし他方でドイツの戦争経済を遂行するうえで労働力を必要としましたが、自国民を総動員するだけの大衆的基盤を持ってはいません。したがって外国人労働力に依存せざるをえませんでしたが、これはナチスの人種論的イデオロギーに抵触するものでした。この経済的論理と人種論的論理の対立は、一九四一年秋にソ連人労働力の大量動員とユダヤ人虐殺政策への転換という形で深化しました。これを可能にしたのは暴力機構、とりわけ警察機構の存在です。ナチ期において警察は、社会の秩序を維持するために、暴力的介入によって共同体異分子を予防的に排除したのです。

しかしなぜドイツは秩序維持を超えて「共同体異分子」の予防的排除にまで突き進んだのでしょうか。ナチス・ドイツの特殊性なのでしょうか［ポイカート 1994］。ナチス・ドイツの特殊性ではなく、ナチスによる住民支配のあり方に関係していたというのが私の見解です。

ナチ期に警察は危険防止の機能を全うし、少なからぬ市民層が街頭で秩序と規律の復活を喜び、警察は住民の協力に依拠できたかもしれません［ジェラテリー 2008］。しかしその一方で、住民そのものが抑圧され、監視される危険性が現実化したのです。しかし労働者・社会下層はナチ体制に従順になっていません。戦時期になると体制批判的になり、ナチ国家指導部はこうした住民の体制批判的態度に配慮せざるをえなくなったのです。

ナチスは国内支配が脆弱であり、それを前提に社会帝国主義的対外侵略を遂行しています。そのために外国人労働力に依存せざるをえず、したがって、前線が東方へ移動するにつれ、東部占領地域での支配はＳＳ・警察の権限下に置かれ、外国人労働力確保もこの機構の権力行使のなかで展開していたのです。

非合意の社会的秩序が反体制的になり、支配秩序が危うくなりうるという危機意識から、予防的措置が講じられました。この予防的対抗措置はドイツ人、外国人を問わず、即刻の逮捕と収容所への収容という形で現象しています。ドイツ人は支配機構のなかにいることで占領地域住民よりも上に位置し、支配者として存在することによって、自己の存在を創出し同時に自覚する措置を講じる立場にいました。

ドイツ本国でも密告に依拠せざるをえないほどにナチ支配は脆弱でした。そうであるがゆえに、体制に順応しない人々、さらに民族的に価値の低いとみなした者を強制収容所へ即収容し、剥き出しの暴力行使と虐殺によって対応したのです。密告は体制への合意ではなく、孤立化された人々がこうした暴力行使の結果、疑心暗鬼、不安になったがゆえに生じた現象です。しかし体制への人々の順応はこうした暴力行使によっては確保されず、暴力行使はよりラディカルになりました。ナチ支配の不安定性を前提にして、この不安定性を解消するために抑圧的な政策が策定され、権力が暴力的に行使されたのです。この警察機構の権力行使のあり方は、ドイツ人の機構が脆弱であったがゆえに、暴力的圧力によって特徴づけられます。それは住民の批判的態度と行動に根拠づけられており、支配が不安定かつ脆弱であったがゆえに、暴力独占のテロル的行使をもたらし、ますます住民の批判的反応をもたらしました。これは暴力の悪循環なのです。

ナチスは国家機構の外側から国家機構内部に入り込み、警察機構を改編することで、ヴァイマル期の政治的不安定性を解消しようとしました。現代の監視社会化（＝社会関係の警察化）は、先の「予防的警察」への転換に歴史的淵源を見出せますが、ナチ期にはそれがより過激な形で現象して、「共同体異分子」の予防的排除にまで至りました。川越氏が明らかにされたドイツにおける社会＝国家の早熟的な制度化と通じています。しかもこの予防的排除は、ナチスによるドイツ国民の支配のみならず、占領地住民への支配が脆弱であり、このナチ支配の不安定性ゆえに、ナチスが徹底的な暴力行使に依存せざるをえなかったからです。このように、ナチ支配のあり方は、ミクロの生活世界に対峙し公共の場で大きな役割を果たした、社会全体のなかでのメゾ的存在としての警察機構の考察によって詳らかになったと思っています。

2　社会＝国家の制度化とナチズム

川越修

前章第1節において私は、世紀転換期におけるドイツ社会の変動を、工業化の高度化と国民国家の強化、労働者層の生活水準の上昇と社会保険の制度化、都市社会化・人口転換・近代家族化という一連の動きとして叙述しました。ただ誤解のないように確認しておきたいのは、これらの動きがドイツ社会全体で一定の因果関係に立った時系列変化として生起し、それが必然的に社会＝国家化に帰着したと説明したかったわけではないということです。私がいいたかったのは、世紀転換期に地域的な偏差をともないながらいわばまだら状に生起したこれらの変化が、社会＝国家の制度化を促す構成要素となるということにすぎません。社会＝国家という概念は、この時点での社会のあり方を示す実体概念ではなく、多様な工業化社会を比較しつつ、今の時点からこうした変化の意味を捉えるための作業仮説的な概念です。そうした理解に立って、本節ではドイツにおいてこれら社会＝国家化を促す構成要素が、何を契機にどのように相互に絡みあいながら新たな社会システムとして制度化されていくのか、そして比較社会史的な視点からみるとドイツにおいて早期に進行した社会＝国家の制度化の特質はどこにあって、ドイツ社会はそれによってどのような問題を抱え込んだのかを考えてみたいと思います。以下では、主として『性に病む社会』［川越 1995］および『社会国家の生成』［川越 2004］に依拠しつつ、最初に第一次世界大戦を契機とする社会＝国家の制度化をめぐる問題を性病撲滅運動の組織化と社会衛生学という新しい知の組織化をめぐる問題を手がかりに考察します。それに続いて、制度化された社会＝国家の展開過程において人口問題と優生学がどのような役割を果たしたかを分析し、最後にナチズムの問題をドイツ社会の近代化の遅れ、ないし歪みの帰結としてではなく、中間組織のあり方を手がかりにドイツにおける社会＝国家の早熟的な制度化という観点から再考してみたいと思います。

第一次世界大戦と社会＝国家の制度化

ドイツにおいて、先に述べた「三大国民病」の一つである性病を撲滅するための全国レベルでの組織的な動きが始まったのは、一九〇二年のことです。この年のドイツ性病撲滅協会の設立に至る過程では、国際的には一八九九年と一九〇二年にブリュッセルで開かれた性病撲滅のための国際会議（この会議には日本からも政府代表が参加しています）が、そして国内的には一八五八年にユダヤ系の医師の家庭に生まれ、新興の皮膚病学を学んだのち、一八八三年にベルリンで当時まだ珍しかった皮膚病と性病の外来患者専用病院を開設していたブラシュコ（Alfred Blaschko）が大きな役割を果たしました。

ブラシュコが性病撲滅協会の設立に向けて活動を始める契機となったのは、シャリテ（Charité 旧王立慈善病院から発展した当時のベルリンを代表する病院）における性病患者にたいする対応でした。すなわちシャリテでは、通常使われる社会保険国家という意味での「社会国家」制度化の画期となる疾病保険法が一八八三年に成立したあとも、性病患者にたいし「受刑者と変わらない扱い」が続いていました。そのシャリテの院長が「性病にかかった労働者の大部分は売春婦のヒモだ」という問題発言をしたのを受け、ブラシュコは一八九三年にシャリテのボイコット運動の先頭に立ったのです。この問題はシャリテだけの問題ではなく、その根は、疾病保険法が喧嘩や飲酒といった自己責任に起因する病気とならんで「性的放埒に起因する病気」（つまり性病）の患者にたいする取り扱い（具体的には患者に休業補償を認めるか否か）を、保険を運用する地方自治体や各地の疾病保険金庫の裁量に委ねていたことにありました。こうした状況を変えるべくブラシュコはドイツにおける性病撲滅運動に身を投じることになったのです。

この運動の組織化を進めるにあたって重要な役割を果たす言説となったのは、人口をめぐるものでした。第Ⅱ部第2章第1節に挙げた普通出生率・死亡率のグラフ（図2）からも明らかなように、世紀転換期から徐々に低下を始めたドイツの出生率は、二〇世紀に入ると第一次世界大戦を挟み一九三〇年前後にかけて急速に低下を続けます。その結果、一九二〇年のドイツでは、一九〇〇年に四・一あった夫婦当たりの平均出産数が二・三まで減少するとともに、夫婦一〇〇〇組当たりで最も多い割合を占める出産数は二人になりました（ちなみに出産数二人の割合は一〇〇〇組中二四五、次いで一人が二三六、四人以上が二〇七、〇人が一五八、三人が一五四となっています）。つまり家族規模からみると、ドイツでは世紀転換期から一九二〇年代にかけ近代家族が社会に定着したとみなしうるのであり、こうした変化が性病撲滅運動の組織化、ひいては社会＝国家の制度化を促す基底要因となったのです。

事実、一九〇二年の性病撲滅協会設立総会における記念講演でも、性病の危険性は一様に死産、先天性梅毒による乳児死亡、淋病に起因する不妊と結びつけて論じられており、「出生数がわが国においても減少し始めているとすれば、性病がその原因のかなりの部分を占めている。事態がこのまま進むとすれば、「祖国は危機にあり」といわざるをえない」とまでいわれています。第一次世界大戦はこの危機感をさらに強めることになりました。性病撲滅協会が一九一三年の年次総会でこの人口問題をメインテーマに掲げたさい、「小家族化の動き」を制御するには「農村から都市への大量の人口流失を食い止め、都市人口にたいしては優れた後継者を産みかつ育てるのに適した健康な生活条件を整えうるような、経済的で社会的な方策」が不可欠だと論じていたブラシュコにとっても、戦争は状況の悪化をもたらす憂慮すべき事態でした。というのも、ブラシュコの一九一五年のパンフレットによれば、「一般的にはいまなお、兵士には女という器材をあてがう必要があるという考え方が支配的」で、「酒と同様、性交渉についてもある意味で兵士から奪うことの許されない刺激剤であり、気晴らしの手段である」と考えられていたからにほかなりません。ではそうした事態を前に「優れた後継者を産みかつ育てるのに適した生活条件」をどのように整えていったらいいのか。第一次世界大戦はこうして、性病撲滅協会の活動が啓蒙活動から性病の蔓延防止と予防のための制度形成へと踏み出す大きな転機となりました。

制度化の柱は二つありました。一つは性病患者相談所の設置であり、今一つは性病撲滅法の制定です。このうち相談所という制度は、もともとは結核患者にたいする相談・治療活動がモデルとなったものですが、第一次世界大戦後のヴァイマル社会においては、性病患者相談所、結婚および性相談所へと広がりをみせ、社会＝国家にとっても大きな意味を持つ制度となりました。

性病撲滅協会において相談所の設置をめぐる議論がおこなわれるきっかけとなったのは、一九一五年の秋に帝国保険局で数次にわたって開催された「除隊兵士の性病問題」をめぐる代表者会議（性病撲滅協会のほか、プロイセン国防省、邦保険事務所、疾病保険金庫、医師会が参加）でした。議論の過程においては、患者の管理に力点を置くか自らの意志で病気を申告し治療を受けるという患者の自発性に期待するかといった立場の違いや、治療の主体となる開業医との利害調整などが争点となり、制度化の過程は紆余曲折に富んだものとなりますが、ともかくも一九一八年末の時点で全ドイツにおいて一二四ヶ所の相談所が開設され、ほぼ六万人が相談に訪れたとされています。この相談所の意義について、ブラシュコは一九一八年に、「相談所の主要課題の一つは、相談の対象となる患者から明らかになった感染の鎖を可能なかぎり一つずつ断ち切ることにある。……しかし感染源の確認と追求は相談所の重要ではあるが一つの課題にすぎない。患者の性生活についての正確な情報をつかみ、患者の妻と家族を守ることが、もう一つの重要な課題である」と述べています。

こうした活動を期待された相談所は、国民の政治的参加権と社会的生存権の国家による承認を基本原則としつつそれと引き替えに国民の私的な生活領域の社会化（つまり家族や性といった私的領域への国家介入）を進める社会＝国家を体現する制度となりました。ただその制度が法治国家の枠組みのなかで、ブラシュコの重視したクライアントの自発的参与という原則を維持しつつ、警察による従来の売春取り締まりに代わって性病の拡大防止ないし感染予防の実効をあげるには、そうした活動の裏付けとなる法律が制定される必要がありました。一九一八年の二月に最初の法案が議会に提出されてから一九二七年二月の公示に至るまでの性病撲滅法の審議過程をめぐる議論の詳細は『性に病む社会』［川越 1995: 第四章第二節］に譲るとして、ここではこの法律によって、性病撲滅活動に関与する組織として、既存の警察組織（とりわけ風俗警察）や独占的な治療権限を国家から保証されつつ強い自治権限をも保持していた医師会といった中間組織、さらにはさまざまな立場のメンバーからなる性病撲滅協会という民間の中間組織や疾病保険関連の行政寄りの中間組織とならんで、行政活動領域と民間活動領域の間を媒介するこれまでになかったタイプの中間組織である性病患者相談所およびのちの保健所に連なる新たな中間的な行政組織が社会＝国家制度に組み入れられたことを確認するにとどめ、先に進みます。

社会＝国家と優生学

世紀転換期の経済社会変動は、第一次世界大戦を一つの契機に制度化の道を歩み始める社会＝国家を作動させるうえで重要な役割を果たす、さまざまな新しい社会知を歴史の舞台に登場させました。ここでは、そうした社会知の一つである社会衛生学の誕生に深くかかわったグロートヤーン（Alfred Grotjahn）の生涯を追いながら（詳細は［川越 2004］を参照して下さい）、社会衛生学および優生学が社会＝国家の制度化とどのようにかかわってゆくかを検討することにしましょう。優生学というのは、進化論や社会進化論といった時代思潮を受けて誕生した、当時の理解に即していうと、遺伝情報（この時代には家系図に現れる変異といったきわめて限定されたものでしたが）に基づいて、生まれることが望ましい「子孫」と生まれることが望ましくない「子孫」を峻別し、前者の誕生を促進するとともに後者の誕生を何らかの形で阻止するという、きわめて実践的な意図を持った社会知でした。

一八六九年にハルツの小都市シュラーデンで医師の家庭に生まれたグロートヤーンは、医学を学ぶかたわらキールとライプツィヒにおいてテニエス（Ferdinand Tönnies）やロッシャー（Wilhelm Georg Friedrich Roscher）の講義を聴き、ベルリンではベルンシュタイン（Eduard Bernstein）の義弟であったツァデク（Ignaz Zadek）らユダヤ系で社会民主党に近い医師たちと親交を結び、さらには医師としてベルリンで開業したあともシュモラー（Gustav von Schmoller）の演習に参加するなど、一貫して社会科学ないし社会そのものに強い関心を持ち続けていました。そして彼は、一九一二年に社会衛生学分野においてドイツではじめて教授資格論文を受理されベルリン大学の講師となったさいに、彼の『社会病理学（*Soziale Pathologie*）』（一九一二年）を大幅に改訂した第三版の序論において、ヴィルヒョウ（Rudolf Ludwig Karl Virchow）やコッホといった先行世代の大立て者と自らの立ち位置の違いを、「純粋に自然科学的な営為としての衛生学の一定の成果が普遍的な規範となるには、どうしても文化史的、心理的、国民経済的、そして政治的な考察を議論に組み入れる必要がある」と表現しています。

第一次世界大戦はグロートヤーンの人生にも二重の意味で大きな転機をもたらしました。すなわち大戦はまず、彼の社会衛生学の枠組みのなかに大戦前夜から議論の高まった人口問題と優生学が組み入れられる契機となりました。一九一四年に出版された著書『個人衛生および社会衛生からみた出生減少と産児調節（*Geburten-Rückgang und Geburten-Regelung. Im Licht der individuellen und der sozialen Hygiene*）』においてキーワードとなった「生殖の合理化」について、グロートヤーンは「直接的には避妊手段を用いることによって、また間接的には社会環境を生殖にかかわる人々にとって適正なものとすることによって、個人の利害と社会の利害の均衡をはかるべく、自然な人口の動きをコントロールすること」と述べ、この時代の先端思想ともいえる優生学（グロートヤーンも会員となったドイツ人種衛生学会が設立されたのは一九〇五年です）と彼の社会衛生学の親和性を明らかにしています。

さらに大戦はグロートヤーンのキャリアにとっても大きな転機となりました。すなわち、グロートヤーンはまず一九一五年に新設されたベルリン市医事局社会衛生部の部長の職についたのち、終戦後の一九二〇年にはベルリン大学の社会衛生学講座の初代正教授に任じられるとともに、一九二一年から二四年にかけては社会民主党の国会議員となるなど、社会衛生分野を通じた社会＝国家の制度化をリードするポジションを獲得したのです。そして研究・政治・行政といった広い分野での活躍を続けながら、グロートヤーンの関心は次第に優生学への傾斜を強めていきました。その到達点ともいえる『人類の生殖衛生学（*Die Hygiene der menschlichen Fortpflanzung*）』（一九二六年）においてグロートヤーンは、「優生学の基本問題はすでに十分解明されており、そこから専門家ではない人々にとって共有財産となりうる結論を引き出すことは、十分可能である」として、人口の量の確保と質の向上の両立を図る「実践的優生学」を提唱するに至ります。

こうしたグロートヤーンの歩みは、そのまま社会衛生学や優生学という新しい社会知をベースとする社会＝国家の制度化の歩みと重なりあっています。いくつか例を挙げてみましょう。最初に紹介するのは、一九一九年に国民福祉省を新設し、そこに住宅局・青少年局・一般福祉局とならんで国民保健局を組み入れ、これらの諸事業の「方向性の統一」を図ったプロイセン州の例です。国民福祉省の初代大臣シュテーガーヴァルト（Adam Stegerwald）によれば、こうした「方向性」が目指された背景には、第一次世界大戦がもたらした深刻な人口問題がありました。この新たな省庁の設置主旨を述べた演説で彼は、「貴重な人命のとてつもない浪費をともなった戦争は、戦争を遂行した国家に、人口に生じた欠損を強力に埋め合わせるという大きな課題を突きつけた」と述べています。この課題に応える役割を期待されたのは、福祉事務所という新しい制度でした。「福祉事務所が国民保健にたいし有する意義」は、「健康を脅かされている階層に計画的に検診、扶助、助言の機会を提供し、病気の危険がさしせまるか病気になってしまった場合に、早く適切な治療を受けさせること」に求められています。

第一次世界大戦を挟んだ時期、ドイツにおける保健行政は、小都市や農村部で保健・衛生行政を担っていた郡医を統括する国家・州と、人口の過半数を都市に引きよせる社会変動を背景に一九世紀末から独自の保健行政を模索していた都市自治体の間の管轄争いの渦中で、揺れ続けていました。先のプロイセン州のとろうとした「方向性」は、一九二〇年代に保健行政の所轄を都市部においては自治体の保健所に委譲する形で具体化され、一九二七年の共和国性病撲滅法のためのプロイセン州の施行法は法的にもこの「方向性」を裏付けることになります。その結果、一九二〇年代半ばに「ヴァイマル共和国における自治体保健制度の全盛期」を迎えたドイツでは、人口二万五〇〇〇人以上の都市のうち一六九の自治体をあわせ、学校衛生面では全学童の六六パーセントにあたる一六〇万人が医師の検診を受け、一〇〇万人以上の乳児にたいして相談の機会が提供され、保健所の下に設置された一六七の結核療養所が四〇万近い患者を継続的に管理し、同じく性病救護所には七万五〇〇〇人の患者が訪れたとされるに至ります。

一九二〇年代のドイツではさらに、こうした行政サイドからの新たな中間的組織の整備を通じた社会＝国家の制度化とならび、人口問題という共通の課題に対応する民間サイドからの新たな制度化の試みも展開されます。公的な結婚相談所とならび女性団体や民間の医師および性科学者などのイニシアティブで開設された性・結婚相談所がそれにあたります。一九二八年のアンケート調査によると、ドイツ全体ではプロイセン州一三四（うちベルリンに一二）、他の諸州一五の計一四九ヶ所の公的相談所がありましたが、そのほかに数は少ないものの母性保護・性改革同盟によって七ヶ所、その他の団体により五ヶ所の相談所が開設されていました。これらの相談所の活動の主眼は設置主体により異なり、公的相談所は優生学的な視点からの人口政策（「優性」の保護と「劣性」の排除）に力点を置いていたのに対し、民間の相談所は避妊や中絶をめぐる相談に力点がありましたが、そこにおいても優生学的な言説が大きな意味を持っていた点では共通しています。

一九二九年に始まる世界恐慌は、こうした社会＝国家の制度化にも大きな影を落とし、優生学的な言説が制度運営の鍵となる方向への転換をもたらしました。この転換のキーワードはまたしても「合理化」です。その背景には、ベルリン市の一九二七年時点の住民一人当たりの「行政救護団体および公的扶助」支出額三五・一マルク（ドイツ全体では一四・二マルク）を一〇〇としてその後の推移をみると、一九二八年一〇九（ドイツ全体一一九）、一九二九年一四一（同一三二）、一九三〇年一六九（同一六九）、一九三一年二〇七（二二五）、一九三二年二二七（同二六二）という数値として可視化された、公的支出の膨張（ほかにも一九二七年に制定されたばかりの「職業紹介・失業保険法」に基づく給付も付け加わります）という現実がありました。それを受けて、社会保険関連事業の「合理化」（＝支出削減）

は二つの方向を指向することになります。一つは諸施設の統合（当時は「協働機構化」と呼ばれました）という方向であり、もう一つは優生学的な「劣等者」排除による生殖の「合理化」という方向です。後者については一九三二年七月に「国民福祉のための優生学」をテーマとして開かれたプロイセン州保険審議会合同委員会の議事録が、「合理化」が何を意味していたかを明らかにしてくれます。

すなわち会議冒頭発言したプロイセン国民福祉省保健局長は、「今日では、いかなる保健政策、いかなる福祉・人口政策といえども、優生的な考察、つまりわが国民の遺伝質への配慮なしには、実行不可能である」と述べ、この会議における議論を明確に方向づけました。これを受け基調講演をしたムッカーマン（Hermann Muckermann）（ベルリン・カイザー・ヴィルヘルム研究所における優生学部門の部長で、当時の優生学者のなかでは穏健な中道的立場をとっていたとされています）は、「国民的優生学」の観点から、「優生学的教育によって結婚および家族形成に影響を与えるため」の方策、「遺伝的に負荷をおった者の数を減らすため」の方策、「遺伝的に健康な家族を保護するため」の方策についての議論を呼びかけました。このうちもっぱら議論の的となったのは二番目の論点ですが、この会議では結論として、「強制的不妊化・断種」の可能性は否定しつつも、「遺伝的に負荷をおい、そのために生活能力にかけた子孫（例えば「遺伝的精神薄弱」）を防止するために、資格認定を受けた医師が、医学のルールに従って、遺伝生物学上の研究成果の枠のなかで、不妊化・断種を実行し、しかもこの手術が当該者ないしその法的代理人の意志に反したり、今後設置される専門家による所轄機関による同意なしに行われたものではないかぎりにおいて、自由意志による不妊化・断種を許す」という「原則」に則った立法措置を求めるに至ったのです。ナチスが政権につく半年前のことです。

ナチズムと中間組織

「国民福祉のための優生学」委員会の答申が出された一九三二年七月三〇日は、奇しくもナチ党が国会ではじめて第一党に躍り出た選挙（ナチ党は六〇八議席中二三〇議席を獲得）のおこなわれた日でもありました。この選挙結果に立って一九三三年一月三〇日に連立政権を掌握したヒトラーは、同年七月一四日に遺伝病子孫予防法を制定しました。この法律は、不妊化・断種手術にたいする自己申告原則を維持しながらも、一定の条件下で強制手術を認めるものであり、翌年七月三日に成立した保健制度統一法とともに、世界恐慌期に議論された保健衛生制度の合理化案を実行に移したものといえます。

しかしそれによってナチ政権下で一挙にユダヤ人の大量虐殺への道が開かれたわけではありません。社会史家ポイカート（Detlev J.K. Peukert）がナチスの持つ一定の近代性を認めつつ強調しているように、「人間科学や社会改革の力によって貧困と無知、病気と死に打ち克ち、大衆を幸福にしてみせるという夢物語が、「生きるに値しない」人間の根絶によって民族の血を純化するという大量絶滅のユートピアに変わるには、何度も何度も、なにがしかの軌道修正がほどこされ、戦略の転換が図られねばならなかった」［ポイカート 1994: 224］のです。この「軌道修正」や「戦略の転換」の軌跡、さらには社会衛生行政に携わるさまざまな専門家たちの行動選択などについての詳細は『社会国家の生成』［川越 2004〕に譲るとして、ここではこれまで議論してきた中間組織にかかわる問題に焦点を絞ることにしましょう。

検討するのは、ライヒ（帝国）の下での諸邦（州）の強制的な「均制化」（Gleichschaltung）を皮切りにナチスの政権掌握直後の三月末から駆け足で展開された動きです。それは邦（州）の独立性の剥奪（したがって警察機構も均制化されることになります）から始まって、政党から企業や労働の領域、さらには文化活動、宗教活動、思想にまで及ぶ、ありとあらゆる中間領域や中間組織を巻き込んだ、文字通り社会そのものの「同質化」を図ったものだといえます。

この動きのなかで本節において検討してきた中間組織はどのような道を辿ったのでしょうか。まずすでに述べたように、行政サイド寄りの中間組織と位置づけた保健衛生関連の諸組織は、プロイセン内務省と合併された帝国内務省の民族保健局の傘下に整理統合（＝合理化）され、その末端組織として位置づけられた保健所はナチスの急進化とともに「生きるに値しない命」を選別する役割を担っていきます。また第一次世界大戦以前からブラシュコ（彼は一九二二年、性病撲滅法案が国会に提出された直後に他界しました）の下、性病患者や売春婦の監視と管理の動きと対抗しつつ患者や女性たちの自主性を重視したリベラルでソーシャルな路線を追求してきた性病撲滅協会も均制化の例外ではありませんでした。ナチ政権下で性病撲滅協会が目指した方向は、一九三三年にナチ党から入閣し内務相となっていたフリック（Wilhelm Frick）によって新たに会長の地位に任命されたシュピートホフ（Bodo Spiethoff）の、「性病に対する戦いは同時に家族のための戦いそのものなのであります。だからこそ、人々はわが国民社会主義国家に、これまでとまったく違う目的を追求することを期待しているのです」という言葉が象徴するとおり、患者や売春婦に対する強制措置の導入でした。そして協会は、一九三四年には独自の事務所を引き払いベルリンの帝国民族保健委員会の建物に移転するとともに、機関誌の発行を停止し、自主的に均制化に応じることになります。これにたいし、同じく性や性病をめぐる問題とかかわる活動を展開してきた民間のベルリン性科学研究所（所長はヒルシュフェルト Magnus Hirschfeld）は一九三三年五月に強制的に閉鎖され（「没収」された書籍は、五月一〇日にドイツの大学都市で繰り広げられた「焚書」行動に際しベルリンのオペラ座前の広場で燃やされます）、同じく売春問題と取り組んできた廃娼連盟は、遺伝病子孫予防法で示された方向への共感と男性と女性によって異なる基準が適用される「二重道徳」を批判してきた自らの活動への自負の間で立ちすくみ、活動を停止することになります。こうして性病撲滅運動にかかわったさまざまな組織が均制化されることにより、性病患者や売春婦たちは同性愛者たちとともに「非社会的分子」、「共同体の異分子」として最初に排除対象の列に放り込まれることとなります。

といってもこうした社会の均制化は、矢野氏が各企業の経営内部にナチスの支配の空白域があったことを実証しているとおり、さまざまな領域で文字通り均質に進行したわけではないことに留意する必要があります。それをふまえたうえで、私にナチズムをめぐる問題をあらためて中間組織の均制化という側面から考えるきっかけを与えてくれたのは、今回読み直した何冊かの著作（［フライ 1994］［南 1998］など）です。特に後者（『ナチス・ドイツの社会と国家』）はかつて興味深く読んだアレン著

『ヒトラーが町にやってきた』を思い出させてくれました。アレンは、ナチスによる社会の均質化によって、架空の町タールブルク（実在するノルトハイム市の事例がもとになっているとされています）で、さまざまな中間組織が織りなしていた日常世界がどのように変わったかを生き生きと描写しているので、最後にそこからごく一部ですが引用しておくことにしましょう。「かくてナチスは一九三三年夏までに、タールブルクの大多数の団体、グループを解散し、変化させ、合併させるか、あるいは自分の支配下においた。市の多様多彩な社会的グループは完全に根こぎにされてしまった。……第三帝国の最初の六ヶ月間のナチスの成果のうち、この統制ほど大きな、永続的な成果はなかった。それによって階級構造の外面的形式は破壊され、タールブルク市民は独裁政治家によってきわめて高く評価される、かの組織なき群衆へと形づくられたのである」［アレン 1968: 225–226］。

さてここで一旦、中間組織をキーワードに私のここまでの議論を箇条書きで整理しておくことにします。

①初期工業化の過程においてイギリスの競争圧力を（プロイセン）政府ないし官僚たちの主導する工業化奨励政策によってかわしたドイツは、一九世紀後半になると民間企業を国家がサポートする形で本格的な工業化を進めるが、なお伝統社会と工業化社会の交錯するこの時期のドイツ社会には在来・新興を問わずさまざまな中間組織（本書で言及できたのは職人労働者の互助組織、大衆貧困問題と取り組む新旧の組織などにすぎません）が存在し、工業化の進行にともなって表面化する社会的な問題に対応することを通じて、工業化の進行を側面から支えていた。

②工業化の高度化が進む世紀転換期に可視化された社会変動と並行して、ドイツでは職人労働者の中間組織の伝統をベースにした社会保険制度の導入を通じて、他国に先駆け早熟的ともいえる社会＝国家化が発進するが、第一次世界大戦は多様な制度形成を通じてこの動きを加速させた（これにたいし日本における工業化は第二次世界大戦に至るまで文字通り国家主導で進められ、企業や家族も、イエという価値・文化体系を共有する、天皇を頂点にした一体性の強い国家――私はこれをイエ国家として概念化しています――に組み込まれ、新たな中間組織が登場し活動する余地が狭かったという点で、ドイツとは異なるのではないかと私は考えています）。

③ドイツにおけるこうした早熟的で、先例のない社会＝国家化の過程で、制度としての社会＝国家は行政と民間の中間のメゾ領域に定位した多様な新旧中間組織群を制度内部に取り込むことによってはじめて、安定的に機能することができた。その意味ではこれら中間組織は、社会＝国家への上からの統合機能とともに下からの同調機能をつなぎ合わせる蝶つがいの役割を果たしていたといえるが、そのなかからは一九二九年の世界恐慌を契機に組織や活動方針の「合理化」を進める動きが生まれ、性や生殖をめぐる領域では優生学がそうした中間組織の「合理化」を正当化する言説として大きな影響力を持つに至る。矢野氏はこうした社会＝国家の表面的な安定性のベールを引きはがすことによって可視化されるヴァイマル期からナチ期にかけてのドイツ社会の不安定性を、〈労働の場〉と〈生活の場〉からなるミクロな〈生活世界〉にみられる人々の自律性が惹起するものと捉えています。そして、その不安定性をメゾ領域としての〈公共の場〉において国家機構というマクロな領域側から制御

しようとする警察機構の有した「社会的規律化」・「社会的統合」という意味での中間組織機能に着目しているのにたいし、私のほうはこの時期の中間組織が果たした同調機能を重視しているといえますが、このメゾ社会史の方法・視点をめぐる重要な論点については、各部の末尾に付される討論の場で詰めたいと思います。

④ナチス政権はこうした中間組織の「合理化」の流れをさらに拡大し、社会のあらゆる領域で「均制化」をおし進め、中間組織を「根こぎ」にする（ただし中間組織のほうからこれに同調する動きがあったことは既述のとおりです）ことを通じて、社会から政権のさまざまな「方向転換」の動きにたいする対抗ないし抵抗力を奪い、「大量絶滅のユートピア」を現実化した。

こうしたドイツ近現代社会史、さらにはそれと対比された日本の近現代社会史解釈の仮説（この点に関して私は、こうしたドイツとの類似性を指摘される日本の戦時体制は、旧中間組織が内発的に「均制化」することによって一体化された社会であり、それが両国の間の戦後責任をめぐる対応の違いを生んでいるのではないかと考えていますが、どうでしょうか。さらに付け加えるならば、第二次世界大戦後の日本社会は、戦前のイエ国家を部分的に改築して、象徴化された天皇・護送船団を率いる国家および官僚・家族主義的経営に立脚する企業・イエ的な性格を色濃く残す近代家族という構成要素によって、経済戦争に勝つという目的にそって相互補完的に編みあげられたイエ社会へと転換し、市民を主体とする新たな中間組織が動き出すには、経済的なキャッチアップが成功し、イエ社会が貝殻化する一九九〇年代以降を待たねばならなかったと考えています）が有効かどうかを検証するには、ヨーロッパやアメリカ、そして特に日本の事例との社会＝国家・優生学・中間組織などをキーワードとした比較が必要となりますが、それは別の機会に譲ることにして、ここではそうした比較作業の手がかりとして、日本については『総力戦体制と「福祉国家」』〔高岡 2011〕と『人口・家族・生命と社会政策――日本の経験』〔杉田 2010〕、さらにアメリカについては『虫喰う近代――一九一〇年代社会衛生運動とアメリカの政治文化』〔松原 2013〕と、それぞれに対する私の書評〔川越 2012; 2011; 2015〕を挙げるにとどめ、二〇世紀後半の「二つ」のドイツ社会に目を向けたいと思います。

第4章　高度経済成長の時代

二〇世紀後半のドイツ社会

矢野久

1　社会の安定化と異文化社会へ

「経済の奇跡」から「正常化」へ

　ここでは最初に一九世紀生活世界との違いを確認することから始めたいと思います。二〇世紀後半の生活世界はどのような特徴を持っていたのでしょうか。『ドイツ社会史』［矢野ほか編 2001］とそこで用いた文献をもとに整理しておきます。

「経済の奇跡」と呼ばれる時代は、急激な経済成長と失業率の低下によって特徴づけられます。労働力についていえば、東ドイツから主として若い世代の逃亡者と東部からの被追放民が西ドイツの労働力供給源として重要でしたが、一九六一年八月には「壁」が建設され、東側からの労働力の流入がとまり、完全雇用状態は物価と賃金の上昇、労働時間の短縮、有給休暇の拡大をともなって進行しています。しかし六〇年代半ばには一時的な不況となりましたが、保守政権に代わって樹立された大連立政権は、政府、経済諸団体、労働組合の協調行動によって事前調整する形で経済政策を推進し、経済安定と成長促進のための安定化政策へと向かいました。

個人所得と公的手段の増加、家計構成員数の増加によって、五〇年代、六〇年代の二〇年間に労働者家計の月平均実質純所得は、ほぼ三倍に急増しています。その一方で、生活保護よりはるかに低い所得で生活していた労働者が三〇パーセントもいるという現実もあります（一九七一年）。支出面でみると、労働者四人家族の支出は物価上昇をはるかに上回って増加し（五〇年から七一年に二六三パーセント増加）、支出構造も、五〇年には食料品に四六パーセントの支出が、七一年には二九パーセントにまで低下しています。一方、住居への支出は一〇パーセントだったのが一五パーセントになり、かつ、より広い住居への需要が増えています。家具、情報手段、自動車、マスメディアなど耐久消費財への支出も増加しています。六〇年代には労働者家族でも、テレビ、カメラ、冷蔵庫は一般的現象となり、六九年に労働者家族の八一パーセントがテレビ、四九パーセントが自動車を所有しています。こうした消費動向の変化には、共稼ぎあるいは超過労働を遂行するなど、家族構成員の努力が存在したことを看過することはできないでしょう。

学生の反乱に象徴される「一九六八年」、それ以降はどうなったでしょうか。六〇年代の不況は短期に克服され、この時期に成立した大連立政権下で議会外反対派（ＡＰＯ）が結成されています。六八年には非常事態法の成立により若者の一部は現体制拒否の方向に向かいました。六九年の革新政権の経済政策は有効需要の管理と市場経済に基づく競争経済を志向し、その一方で、空港反対運動、原子力発電所反対運動など反核運動や平和運動が急速に力をつけてきます。続くシュミット政権は国内安定化路線を進め、賃金上昇率のみならずインフレ率も低下していきます。七三年のオイル・ショック後、景気の下降、実質国民総生産の減少、就業者数の減少、失業者数の増加、それにたいする国家負担の増大をもたらす経済政策の導入、短期雇用創出措置の労働政策の導入という政策が導入されました。これらは結果的には失業者数の増加をもたらしました。構造的失業が問題だったのです。第三次部門の拡大という形で就業構造の構造転換が進行したわけですが、国家あるいは公的組織が経済発展に一定の責任を持つことを意味するのです。七九年の第二次オイルショック以降、シュミット政権はこれまでの経済政策を変更し、防衛予算は維持しつつ社会予算の削減に向かいました。

政治的には労働組合派が伝統的な経済政策・安全保障政策を展開するシュミット政権を支持することで、社会民主党内部は分裂的様相を呈しています。この分裂的様相は社会全体において確認できます。大衆消費社会化はますます進展していきますが、それがもたらすマイナス面を敏感に感じとった人々が、のちに述べるように、新しい社会運動へと向かって行きました。一九八〇年に「緑の党」が結成され、八二年にコールを首相とする保守政権が誕生し、翌年、緑の党が連邦議会に進出することで、新たな政治文化が登場しています。

一九八二年のコール政権誕生後、経済政策は変更されませんでしたが、景気が回復し、石油価格が下落し、その一方でドイツ・マルクの価値上昇、労働コストの上昇により、ドイツの海外投資が拡大します。八三年以降企業利益は増加するようになり、産業部門全体の就業者数のみならず工業就業者数もパートタイムを中心にして増加しています。人々の物的生活状況は改善しますが、失業率は依然として高いままでした。長期失業者、長期の病人、障害者、犯罪者、ホームレス、外国人失業者など「新しい貧困」と呼ばれた現象が生じています。社会政策的領域での削減策が進行し、その一方で社会的弱者は社会扶助に依存し、地方自治体の財政負担となっています。生活保護受給者数が六九年には一五〇万人だったのが、八三年には三一〇万人、九〇年には三八〇万人に増加し、社会の両極化が確認できます。

この社会の両極化は、一方で、教育・学問、社会福祉、健康・衛生、銀行・保険、司法、警察関係などの就業者数が増加し、〈社会空間〉のさらなる拡大と同時に若い女性の割合が上昇していることを意味します。社会的・文化的には、こうした職業についている人々から新しい「ミリュー」（社会文化的環境）が誕生し、新しい社会運動が誕生しているのです。それはまた、個人的な能力・業績による職業地位の獲得のプロセスを意味します。しかし他方では、女性や高齢者、教育水準の低い人々、さらに外国人労働者などが底辺社会に存在し、政治的・経済的・社会的な閉鎖性が克服されてはいません。とくに外国人労働者は、鉱業・繊維業などの衰退産業、建設業、交通・サービス業、構造的に脆弱な地域、単調作業や重労働、汚い・危険な作業に従事しています。こうした底辺層の存在によって、ドイツ人には社会空間が開放されたのです。

ドイツは「経済の奇跡」を経て正常化の時代へと大きく変化し、その間国際的政治状況も大きく変わって、西ドイツが東ドイツを併合する形で、統一ドイツが形成され、現在に至ります。この変化の特徴を述べておきましょう。

第一に、労働者の実質賃金の上昇、完全雇用状況、余暇の拡大、社会政策の制度的・物的向上などによる生活水準の向上です。第二は、労働者のミリューが解体し、私的生活が拡大したことです。大衆文化、大衆消費社会化が生活形態で私的領域を一般化しつつ、公的領域と私的領域との境界を解体しました。第三は、労働者文化に代わって大衆消費文化が浸透して、労働者家族にも私的生活の文化が登場したことです。第四に、女性職員の増加など下級職員層の増加、労働者と職員層の賃金・給与の格差の減少、消費・生活様式での近似化など、垂直的格差の縮小、社会層の水平的多元化が進行したことです。個人化と多様化です。第五に、労働者の労働者階級所属性意識が低下し、小市民への自己意識化が進行したことです。しかし第六に、不熟練工、女性、高齢者、身体障碍者、外国人など社会下層における機会の不平等が深刻化し、垂直的な意味での階級・階層障壁は歴然として残っています。社会構造の近代化は安定した特権的社会層への社会空間の拡大をもたらす一方で、生活状況の困難化をも生み出し、総じて両極化が進行したのです。第七に、社会民主党は労働者政党ではなく、職員層や官吏から支持される統合政党に変化し、その一方で新しい社会運動、これまでの社会的ミリューとは異なる若者の抗議運動が現象します。衣服・髪形・言葉・音楽など独自の生活スタイルを強調するようになり、しかも日常レベルでの実践的行為によって自分たちの主義主張を現実化させていきます。最後に、八〇年代以降、社会保障の削減、経済の構造的危機が深刻な問題に転化することで、環境問題や安全保障問題とからんで、若い世代が既成政党から離れ、緑の党へ結集していきます。

以上、マクロの観点から戦後ドイツの歩みを概観しました。一九世紀における民衆の生活世界と比較すると、二〇世紀後半には生活世界そのものが変化したということが明らかになるでしょう。そのうえで、ミクロの世界でどのような変化があったのか、労働移民の問題と警察機構の問題を対象にして具体的に見ることにしましょう。ここでも焦点は国家権力の担い手と人々との関係（＝メゾ社会史）を核に考察したいと思います。

変化する社会と労働移民政策

現在のドイツにおいては大量の外国人、とりわけ多くのトルコ人がドイツで生活し、ドイツ社会の同質性を破壊する存在だとして批判され、あるいは逆にドイツ社会の文化的多元性を示すものとして評価されています。外国人（労働者）問題を考察することによって、二〇世紀後半のドイツ社会の特徴が明らかになると考えて、一九九五年以降、私はこの問題に取り組んできました。マジョリティのドイツ社会はマイノリティを考察することでみえてくるだろうと思ったからです。この作業は『労働移民の社会史』［矢野 2010b］として公刊しました。これをもとにして、マジョリティこそがマイノリティの問題の原因であるということを述べたいと思います。

外国人労働力の組織的導入という意味での外国人労働力政策は、一九五五年一二月にイタリア政府との労働力募集協定という形で成立し、その後、西ドイツ政府は、国内労働市場優先の立場を明確に打ち出しつつ協定締結の交渉に臨み、六〇年にはスペイン、ギリシャ、六一年トルコ、六四年ポルトガル、六八年ユーゴスラヴィアと労働力募集協定を締結しています。

一九六四年には家族の呼び寄せ問題が議論となっています。六五年各州内務省会議において、三年以上（協定国の場合一年以上、トルコ人は三年以上）の滞在、適切な住居確保の証明を条件に、家族の呼び寄せを認めました。内務省はトルコ人労働者の家族呼び寄せには難色を示しましたが、結局、他の協定国とは差別する形で承認しています。なぜトルコ人労働者の家族呼び寄せが可能となったのでしょうか。それはトルコ人には他の外国人とは異なり、熟練労働者が多く、企業が彼らの家族呼び寄せを可能にしてトルコ人労働者を雇用したかったからです。このことは、トルコ人労働者の長期滞在の歴史的根拠は、熟練労働者を欲したドイツ企業にあるということを意味しています。

居住空間に焦点を当てて外国人労働者問題を考察しましょう。外国人単身用の宿泊場所の状態はどうだったでしょうか。協定による外国人労働者を雇用する場合には「適切」な宿泊場所の提供が規定されていましたが、内容は規定されず、社会問題化してはじめて（一九六四年）、労働者宿泊所規則が発効され、一部屋最高六人まで、一人当たり四平方メートルの空間を提供するものとされました。協定によらない場合は企業側には宿泊所の提供の義務はありません。その場合には不動産屋で借りるしかありません。その場合には労働局は居住状態への監督権限はありません。実際に、「適切な」条件に対応していない宿泊所が現象し問題化しています。一方、企業が独身者用の寮を提供する場合は、全体としてはまだ良好でした。

それゆえ一九七〇年代に入ると外国人労働者用の宿泊場所を公的資金の助成を受けて建設する原則が改善され（七一年四月）、一部屋四人以上を禁止し、一人当たり最低八平方メートルを確保することが義務づけられました。この原則が既存の宿舎にも適用されることになり、解体あるいは改築という事態になっています。

一九七三年に、ノルトライン・ヴェストファーレン州にある二三三五の企業宿泊所には外国人労働者総数のわずか一六パーセントしか住んでいません。七二年のノルトライン・ヴェストファーレン州労働相の委託調査（一八九の企業宿泊所）によると、四六パーセントにおいて、一人当たりの居住空間が六平方メートル以下でした。州労働相は「仰天するほど」の状態と厳しく評価しています。したがって外国人労働者全体の八四パーセントに相当するその他の宿泊場所で生活する外国人労働者は、民間によって提供される宿泊所に居住していたことになります。しかも先の規定はまったく適用されないままでした。連邦職安にはこうした居住場所への検査権限は依然として付与されていません。

こうした宿泊所政策をもたらした原因は何でしょうか。外国人労働者の就労期間は限定されており、したがって居住も期間が限定されたものと仮定されていました。外国人労働者宿泊政策の策定に際して、「十分な居住条件が満たされていなかったドイツ人住民」の感情に配慮がなされていたからです。先に述べましたように、「正常化」の安定期において人々の生活空間への欲求は高まっており、居住空間は改善の方向へと大きく転換しています。しかしながらドイツ人のなかではこのような居住空間の改善の恩恵をまだ受けていない人々がいたのです。外国人労働者に改善された居住空間を提供する前にやるべきことがあるだろうという視線の存在です。

外国人労働者の家族用住宅はどうだったでしょうか。一九六二年ヘッセンでのキリスト教組織による調査では、イタリア人は二五パーセント、ギリシャ人は四〇パーセント、スペイン人は実に七八パーセントが家族の呼び寄せを希望していましたが、外国人労働者の住宅需要は一〇パーセント程度と見込まれ、低いとされ、これを前提に家族用住宅の政策が策定されました。

ゲルゼンキルヒェン労働局担当地区では（六五年調査）、一三五二の外国人労働者家族のうち三〇パーセントが企業住宅ないし寮で、七〇パーセントは「家族向きではない」民間住居で生活しています。ノルトライン・ヴェストファーレン州全体では、三万八〇〇〇の外国人労働者家族のうち、半分は「家族向きではない」住居に住んでいました。うち五分の三は「家族向き」住居を欲しています。ノルトライン・ヴェストファーレン州労働省の調査（七一年）によれば、聞き取り調査対象の外国人のうち八〇パーセントが、家賃が高くなっても条件の良い住宅への移動を希望しています。

外国人労働者家族用住宅政策の転換を阻止していた理由は何でしょうか。一つはドイツ人住民の感情です。ドルトムント市住宅局担当者の指摘するように、聞き取り調査で、半数のドイツ人が同居人として外国人を拒否しています。「偏見によるもの」です。つまりドイツ人住民の存在が外国人労働者住宅政策に大きな影響を与えていたのです。

古い建物やひどい設備、相応に安い家賃をもつ家屋からなる一定の市街地や通りに外国人家族が集中する事態は、外国人労働者の相対的に低い購買力の結果でもありましたが、しかしそれは外国人住民の意図によるものではありません。ドルトムント市北部での例が示すように、そうした事態が確認されるのは、「その欠陥のある住居をまったく改築せず、こうした古い建造物を賃貸することから多大な利益を上げている」民間の家主においてです。外国人住民の居住実態はこうした住宅事情の結果だったのです。

住居監督が機能していたドルトムント市は、一九七三年九月、住居監督遂行と暴利家賃の調査を含めた弊害除去のための機関を設置しました。一七六の住宅と二〇三の宿泊所を持つ四七の建物を検査した結果、三二件で建物ないし住居に欠陥、一三件で定員オーバー、二件で暴利家賃が確認されています。

総じて企業所有の住宅は民間の住宅市場によって賃貸された住居よりは状態は良かったと考えられます。企業のなかでも家族住宅の事情は多様であり、全体として一様な住宅事情を描き出すことは不可能でしょう。部分的には外国人は、自分たちの一時的な生活設計に対応して劣悪な住宅条件に満足していたように思われます。しかしながら、メディアや連邦・州の省庁で流布されていた見解とは異なり、たいていの外国人はドイツ人と同じ質の住居を許容できる価格で欲していましたし、また、ドイツ人から孤立して生活したいとも思ってはいませんでした。彼らはドイツ人の居住空間のただ中で住みたかったのです。しかしまさにこうした居住願望は、ドイツ人住民の態度と感情を背景にして展開された居住政策によって阻まれたのです。

歴史的に見ると、外国人労働者はドイツ企業に望まれ、人生設計の一環としてドイツ社会にやってきました。ドイツ社会で労働し生活していくうちに半永久的に滞在することになるわけですが、ドイツ社会のなかで生きる希望はかなえられず、結果として外国人居住区が生じています。こうして彼らは〈国内の他者〉的存在と化したのです。政策の観点からみると、ドイツ社会のマジョリティの排他性、それに立脚する外国人政策が実施されてきましたが、直接的な経験を根拠にせず官僚の思惑によって、極端にいえば〈同質な社会〉と〈他者〉という発想から政策が策定されていました。そこにみられるのは、労働力不足に直面して外国人〈労働力〉を積極的に導入し、一方、経済状況の変化、社会的・政治的問題化に直面すると、外国人〈労働者〉政策を変更することによって状況を切り抜けようとするドイツ政府、ドイツ企業、ドイツ人住民のエゴイズムではないでしょうか。

外国人〈労働者〉は歴史的にみると、ドイツで自分たちの民族的・文化的アイデンティティを守り、自分たちの生活世界を主張してきたわけではありません。一九七〇年代まではドイツ社会のなかで生きることを望んでいたのです。「われわれは労働力を欲した、しかしやってきたのは労働者であった」という表現に対して、「われわれは必要とされたが、望まれはしなかった」という外国人労働者の発言は軽くはないでしょう。七〇年代後半以降、情況は大きく変化することになります。外国人の側で、自分たちの独自の世界を構築する方向へと向かい、マイノリティ問題化することになるのです。

〈共生〉か〈排除〉か？　ドイツでは長年にわたり議論されています。社会のなかの異文化問題、そこからどのように抜け出すのか、意見の対立が激しくなっていますが、ともに現状から出発している議論です。この現状が歴史的にどのように形成されたのかという歴史的観点なくして議論されてきたと思います。歴史的にはマイノリティ問題は〈他者〉ではなく社会のマジョリティから生じているのです。

生活空間は権力と人々（ここでは外国人）とが対峙する場です。そこではドイツ人マジョリティと外国人のマイノリティが向かいあう場でもあり、権力とマイノリティの間に社会のマジョリティが絡んでいます。こうした関係のなかで官僚、企業や地方自治体という〈中間的存在〉が存在し、政策が策定され実施されていきます。このメゾの領域を考察することによって、その背景にマジョリティのドイツ人を見てとることができます。メゾ社会史の意義の一つはまさにここにあると考えています。

警察とヘゲモニー

第二次世界大戦後、占領軍政は、安寧と秩序の維持を超えるドイツ警察の行政・福祉警察的権限を批判の対象にしました。連合諸国の意図としては、ドイツ警察を「脱警察化」して、安寧の確立と維持という狭義の警察任務の遂行に制限しようとしたのです。「民主化」の重要な一部としてです。国家への集中ではなく、警察権力を地方分権的なものにし、地方自治が担うものとされたのです。届出・営業・建築警察のような秩序領域は別の国家行政機構として制度化し、こうしてドイツ警察を内務行政の緊急の補助機構としての執行警察にすぎなくしようとしたのです。警察は基本的に州の事項とされ、連邦レベルでは一定の領域に限定されています。しかしその一方でナチ時代との連続性も確認されます。最近の研究ではこの連続性が強調されています。営舎駐屯の機動隊が配置されたこと、特殊な危険予防の機能は排除されずに警察の重要な任務とされていたこと、刑法・刑事訴訟法の重要な部分や青少年保護令での連続性が確認できます。さらに警察官の連続性もかなりの程度みられます。論文「ドイツ近代　プロイセン警察からナチ警察へ」［矢野 2012］とそこで用いた研究をもとに述べたいと思います。

一九六〇年代後半以降、警察官の増員がおこなわれています。六〇年に州警察官の数は一一万三一〇〇人であったのが、六九年には一三万二四〇〇人に増加しています（警察官全体で一四万八五〇〇人から一七万二八〇〇人）。のみならず警察装備においても技術革新が進行していきます。五〇年代に続いて、六〇年代にも犯罪は増加しています。学生運動が問題化する以前に、青少年犯罪の増加、安寧と秩序の違反にたいして警察は対処せざるをえなくなっていました。

加えて学生反乱やテロルあるいは麻薬問題が治安・保安問題として論議されるまでになっています。こうして新しい警察装備が必要とされ、警察実践の転換がもたらされることになります。一九六八年が転機になっているといえるでしょう。学生反乱との関連で連邦機動隊と連邦国境警察隊のあり方が議論の対象となり、日常的な危機状況にたいして警察隊の機能転換が実行され、新たな機能が付与されるようになっています。その一方で福祉国家的な課題も増大しています。その実行のために福祉行政は警察強制を必要としました。青年、精神病、環境、社会保障、健康制度などのほとんどの領域で、警察の支援を必要とするようになっています。その結果、警察官の数も増加し、また警察密度も上昇しています。危険防止を超えて警察の「積極化」とでもいいうる現象が生起したのです。九〇年代には警察の専門化がさらに進行し、警察実践においても「予防的」な監視と排除が中心となり、行政もいっそう警察力に依存するようになっていきます。

一九九〇年代には〈善きポリツァイ（Policey）〉への回帰とでもいいうるような逆の傾向が生じています。①予防的な監視と排除への関心の増大と活動、②教育分野での干渉、③個々の専門分野での物理的暴力の修練と専門化です。すでに八〇年代に住民の間で、安全ではなく不安だという認識が強まっており、九〇年代には刑事犯罪学者が人々の不安と犯罪動向のデータとの間の格差を指摘していたにもかかわらず、危険になったという不安感や心配が高まっています。こうして警察監視と拘留が再び重要な実践となっていきます。さらに行政側からの要請だけではなく、したがって補助機関としての役割だけではなく、独自の判断で警察力を行使するようにもなります。

すでに前の章で、プロイセンのポリツァイ概念は危険防止と福祉行政という両面を持っていたことを述べました。警察は近代化＝法制化されたとはいえ、一九世紀末には、警察的な規律化措置と福祉国家的な政策とによって秩序維持を図り、さらに刑事警察レベルで科学的に実践する「予防的警察」が誕生しました。この「予防的警察」は危険防止と福祉行政の再融合に加えて刑事警察上の科学的実践を意味します。その後この「予防的警察」はナチス期により過激な形で実践されました。

歴史的に見ると、この「予防的警察」は一九六〇年代末以降のドイツで再び登場したのです。私は、二一世紀現在の先進諸国においてみられる監視社会化現象はまさにこの「予防的警察」、社会関係の「警察化」を意味すると考えています。この警察の「現代化」は、「非近代的」で遅れたとされたドイッの警察にその歴史的根源を見出すことができるのではないでしょうか。安寧と秩序に不安を持つ人々は国家の暴力独占に依存し、その一方で、法制化＝警察化によって国家権力は深く日常的生活世界に入り込み、警察機構が安寧と秩序の根拠を持つようになっています。暴力独占の法制化＝警察化により法的安定性が生み出されると、警察への必要性が警察的・官僚制的措置を正当化し、人々ではなく暴力独占＝警察が社会秩序を支配することになるのです。

これまで、警察権力、市民層と労働者・社会下層との間の関係において、歴史的な観点から、権力機構＝警察機構を考察してきましたが、二〇世紀中頃以降の実態は何を意味しているのでしょうか。端的にいえば、警察機構が人々も参加する中間的機構に変化したということです。労働者層も市民層の生活世界を受容するようになり、したがって市民層的生活世界に対応する平穏で安全な秩序とその維持を重視するようになったということです。何がこの変化をもたらしたのでしょうか。ここで重要になってくるのが、権力をめぐる「ヘゲモニー」争いではないかと考えています。このヘゲモニー争いにおいて国家権力と人々の関係が変化したということではないかと思います。このヘゲモニー争いでは国家権力の勝利が確認できますが、人々の側のヘゲモニー争いの敗北というわけではないということです。国家権力は人々の意識と知覚、感情に依存せざるをえず、それゆえに人々の生活世界に介入しようとしたのです。両方にアクターとしての存在意義があり、両者の関係＝ヘゲモニーをめぐる関係性において、社会が把握されるべきではないかと考えています。

2　社会＝国家の二つの道

川越修

第二次世界大戦後の冷戦体制下において、資本主義経済圏に組み込まれた西ドイツと社会主義経済圏に組み入れられた東ドイツという二つの「国家」に分断されたドイツ社会の歴史を、矢野氏が西ドイツ社会を対象として叙述したのを受けて、以下で私は「社会＝国家の二つの道」という観点から東ドイツ社会にウエイトをかけつつ（東ドイツを生きた人々の生活については『歴史としての社会主義社会』［川越ほか編 2016］の諸論文を参照）、家族変動と中間組織をキーワードに辿ってみたいと思います。参照するのは最近私が研究仲間たちと編纂した『生命というリスク』『分別される生命』［川越ほか編 2008a; 2008b］『歴史のなかの社会国家』［辻ほか編 2016］、およびそこに収められている私の論文です。

「社会＝国家の二つの道」という観点に立って東ドイツ社会と西ドイツ社会を比較するという試みは、すでに名前を挙げたホケルツによる「社会国家性の三つの道」（ナチス社会と東西ドイツ社会）という問題提起を受けてドイツ民主共和国（東ドイツ）の「社会国家性」をめぐる論文集を編集した、ホフマンとシュヴァルツから示唆を受けたものです。この論文集の冒頭で二人は、東ドイツ社会が西ドイツとは異なり、「社会国家性」という範疇では捉えられてこなかったのは、これまでの東ドイツ研究が一九五〇年代半ばまでの「社会主義統一党政府」の成立期と一九八九・九〇年における その解体過程に関心を集中させ、それを「もっぱら巨大な抑圧装置の存在によって説明する」ことに終始してきたからだと述べています。それにたいしこの論文集は、「社会国家性」という観点に立って、一九六〇・七〇年代における東ドイツ社会の「相対的安定性」に着目し、それを東ドイツ社会に内在した「ソフトなファクター」から説明することを課題としています。そのさい「ソフトなファクター」として彼らが考えているのは、「民主共和国（東ドイツ）のアイデンティティおよび合意形成の根源的要素として社会主義統一党国家の長期的安定性に貢献しながら、ついには新たな不安定化に帰着する経済への加重負担の原因ともなった社会政策」でした［Hoffmann/Schwarz, Hg. 2005: 1f.］。

また、私が以下で「社会＝国家の二つの道」を比較するにあたって家族変動と中間組織をキーワードとした理由は、東ドイツにおけるこの「ソフトなファクター」として、労働力不足に対応する女性の労働力化によって否応なく変化した家族と、社会政策が有効に機能することを可能にした仕組み（そもそも東ドイツの社会主義社会に中間組織と呼べるものが存在したのかが問題となります）というファクターに着目したからです。他方、ドイツ連邦共和国（西ドイツ）の社会においては、補完性原理に立つ「社会国家」を機能させるうえで、いわゆる「民間社会福祉頂上団体」（労働者福祉事業団、ドイツカリタス連盟、ドイツ非宗派福祉連盟、ドイツ赤十字、ドイツ福音教会ディアコニー事業団、ドイツユダヤ中央福祉事業団という六団体を指します）を中心とした中間組織が果たした役割がクローズアップされています［辻ほか編 2016 所収の中野論文参照］。さらに家族変動が西ドイツ社会を捉えるうえでもキーワードとなると考えたのは、一九五〇・六〇年代の高度経済成長の時期に社会＝国家の基礎単位として政策の基準となってきた近代家族が変動を始めたにもかかわらず、これに対応する西ドイツの政策はドイツ再統一に至るまで的外れの紆余曲折を辿ったからです（この点については［辻ほか編 2016］所収のクラー論文を参照）。こうした意味において、中間組織と家族変動をめぐる問題が二〇世紀後半の「二つのドイツ社会」を比較検討する格好の素材となると考えたのです。

二つのドイツ社会と中間組織

第二次世界大戦の終結後、事実上二つの占領地区（米・英・仏による西側占領地区とソ連の東側占領地区）に分かたれたドイツ社会では、「崩壊社会」あるいは「瓦礫社会」と形容された戦後の混乱を収束すべく、ナチ政権下で解体され、あるいは活動を休止して息を潜めていた中間組織が活動を再開しました。西側占領地区でまず活動を開始したのは、キリスト教会の後ろ盾をもち、世界各地からの支援を受けることのできたカリタス連盟（カトリック系）や国内伝道中央連盟（プロテスタント系）に属する民間サイドよりの中間組織でした。これにたいしソ連占領地区では、ヴァイマル期に設立された社会民主党系のドイツ赤色救援隊の流れをくむ人民連帯（Volkssolidarität）が、戦後最初の冬を乗り切るための活動を展開します。

またこれらの組織とは別の行政サイドよりの中間組織である保健衛生組織の再建も、終戦後の性病を含む流行病の蔓延を防止するうえで急を要する課題でしたが、ここでも二つの地域はヴァイマル期およびナチ期との連続性と非連続性をめぐり微妙に異なった方向をとりました［川越 2004: 223 以下］。微妙にと記したのは以下の理由からです。すなわち、両地区とも組織の再建過程では人的な意味での

「非ナチ化」を柱としたものの実際には専門家不足からその方針は徹底されないという点で共通していましたが、どの範囲の人物を追放対象とするかについては一定の違いがありました。また再建後の組織についても、ナチ期の強制的均質化への反発から脱中央集権化を図るという点は両占領地区で共通するものの、西側占領地区においては一九世紀末からの社会保険制度の伝統を受け継いだ分立的（職域および地域）な組織再編が進められたのに加え、占領国間の保健衛生制度の相違が個々の州の間に差異をもたらしたのにたいし、ソ連占領地区では、ヴァイマル時代への回帰（郡医制度の復活がそれを象徴しています）を掲げながらも、ヴァイマル期には実現しなかった統一的社会保険制度の創出が目指されるとともに、保健所組織の「民主的」な再編に関しても保健省－州保健所－自治体保健所というヒエラルヒーを重視する傾向が強かったのです。

　こうした違いは、一九四九年の「二重の建国」（連邦共和国と民主共和国の成立）後には、より明確になっていきます。中野前掲論文によれば、「福祉事業における公私の協働と「民の優位」は、戦後西ドイツにおいてしっかりと根を下ろし」、「ヴァイマル期にはなお議論のあった公私の「補完性」は西ドイツ社会国家においては自明の前提であり、所与の現実」となり、「国際的には福祉国家建設が時代の趨勢であった一九五〇年代にあって、西ドイツは一元的な国家福祉ではなく、伝統的な相互扶助の形態である民間福祉との「共存」の道を最終的に選んだ」とされています［辻ほか編 2016: 125］。「補完性」原理というのはもともとカトリックの社会理論から出た概念であり、何らかの社会的リスクに直面した個人や集団に援助の手をさしのべるのはまずその身近にいる家族や民間サイドの中間組織であり、そこで問題が解決できない場合にはじめてより上位の行政寄りの中間組織や公的な自治体、そして最後に国家がその役割を果たすべきであるという考え方をさしていますが、西ドイツがそうした社会観に立って制度設計をした背景には、「国家福祉に権限を集中」させることによって「扶養国家」化を強めていった東ドイツにたいする対抗意識が働いていたとされています。

一方その東ドイツでは、中間組織は「建国」後どのような動きをしていったのでしょうか。そもそもそうした組織自体が存続することは可能だったのでしょうか（以下について詳細は［辻ほか編 2016］［川越ほか編 2016］所収の拙稿を参照）。この問いにたいしてドイツにおける社会史研究をリードしてきたコッカ（Jürgen Kocka）は、東ドイツにおいては「自律性を持つ中間的諸制度は、教会を唯一の部分的例外として、存在しなかった」と述べていますが［コッカ 2011: 42］、私は存在したのではないかと考えています。そもそも中間的制度や中間組織という概念をどう定義しているかが問題なのですが、存在したと私が考えるようになったのは、のちのドイツ再統一後に東ドイツ時代から「自力」で、すなわち「西ドイツの類似組織の直接の援助を受けることなく生き残った数少ない組織」とされる「人民連帯」という組織（［Angerhausen *et al.* 1998: 121］）と出会ったことが契機でした。この組織は現在でもかつての東ドイツ地域において高齢者へのサポート組織として広く認知され、ドイツ非宗派福祉連盟の一員として活動を展開していますが、組織上はすでに述べたようにヴァイマル期の赤色救援隊を起源とし、戦後の混乱期に「越冬援助」を目的として再建されたのち、その活動実績を認められ、一九五六年に政府公認の「大衆組織」の一つとなった組織です。東ドイツにおける「大衆組織」には、社会主義統一党およびそのほかに公認された計五つの政党とならんで人民議会に代表派遣の権利を持った五つの大衆組織と、代表派遣の権利を持たない六つの大衆組織（これら計一六組織が「国民戦線」を構成していました）という二種類がありましたが、人民連帯はそのうちの後者に属する大衆組織でした。

東ドイツにおいてピラミッド状にくみ上げられた公認組織の末端に位置づけられた人民連帯は、従来の研究では、他の組織同様、頂点に立つ社会主義統一党の方針を下部に伝える「伝導ベルト」にすぎなかったとみなされ、注目されてはきませんでした。しかし先にも述べたように、東ドイツ社会に「相対的安定性」をもたらした「ソフトなファクター」や東ドイツの独裁政権下の社会にも存在した「隙間」への関心が広がるにつれ、統一後に東ドイツ出身者が抱いた「東への郷愁」（Ostalgie）の一つの源泉となった人民連帯の活動にも光があてられるようになりました。その結果明らかになってきた事実や、人民連帯が残した資料からは、それが早くから高齢化が問題となった東ドイツにおいて、政府の方針に縛られていたとはいえ、会員組織（大衆組織としては第一のカテゴリーに属する自由ドイツ労働組合同盟に次ぐ二〇〇万人以上のメンバーを擁していました）として、一定の財政上、組織上の自律性を保持しつつ、政府の手の届かないサービス（例えば高齢者に対する家事援助や息抜きの場の提供など）を提供することを通じて、弱まった家族機能と政策の不備を補完していたという意味で、私がこれまで社会＝国家の展開と不可分の問題として論じてきた中間組織の機能を果たしていたことが浮かび上がってきます。この点を二〇世紀後半の社会＝国家の展開のなかでどのように意味づけるかを考えるためにも、ここで一旦、家族変動と家族政策をめぐる東西ドイツの問題状況を比較しておくことにしましょう。

変動する家族と家族政策

まず二〇世紀後半の両ドイツにおける家族変動を視覚的に確認するために、人口変動をめぐる二つのグラフをみることにしましょう。最初は合計特殊出生率の推移、二つ目は老齢従属人口比率（六五歳以上人口の一五から六四歳人口に占める割合）の推移を示したグラフです。グラフは東西ドイツのデータ［Hubert 1998: 288–9］のほか、日本のデータ（国立社会保障・人口問題研究所『人口統計資料』二〇一四年版、表2–6; 表4–3）をもとに作成したものです。

この二つのグラフからは、日本と比較すると、東西両ドイツの人口の動きが、体制の違いにもかかわらず、かなり似ていることがわかります。まず合計特殊出生率についてみると、一九五六年から一九七二年辺りまでの時期には両ドイツの動きは驚くほど重なりあっています。また老齢従属人口比率についていうと、東西ドイツでは日本より早い時期から就労年齢人口と比べた高齢者の比率が高く、その比率は一九五〇年以降ほぼパラレルに上昇しているものの、東ドイツ社会が西ドイツ社会よりも一貫して高いレベルにあることがわかります。ただし、東西ドイツとも各々一九七五年ないし一九八〇年からは下降に転じ、以後ほぼ重なりあった動きをみせています。ではこうした人口の少子化・高齢化に向けた動きは、東西ドイツにおける家族政策の展開とどのように関係しているのでしょうか

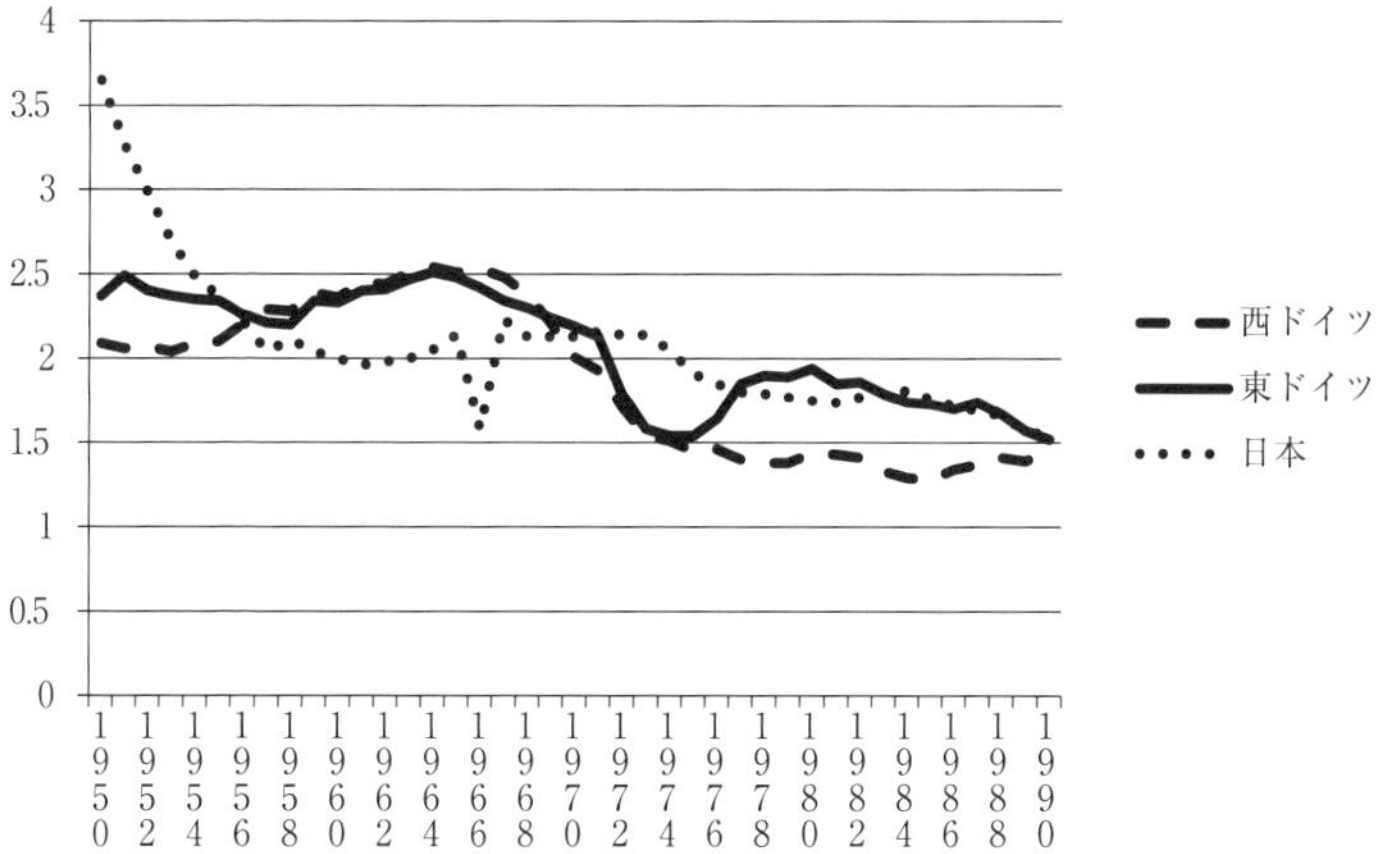

図３　東西ドイツと日本における合計特殊出生率の推移　1950–1990

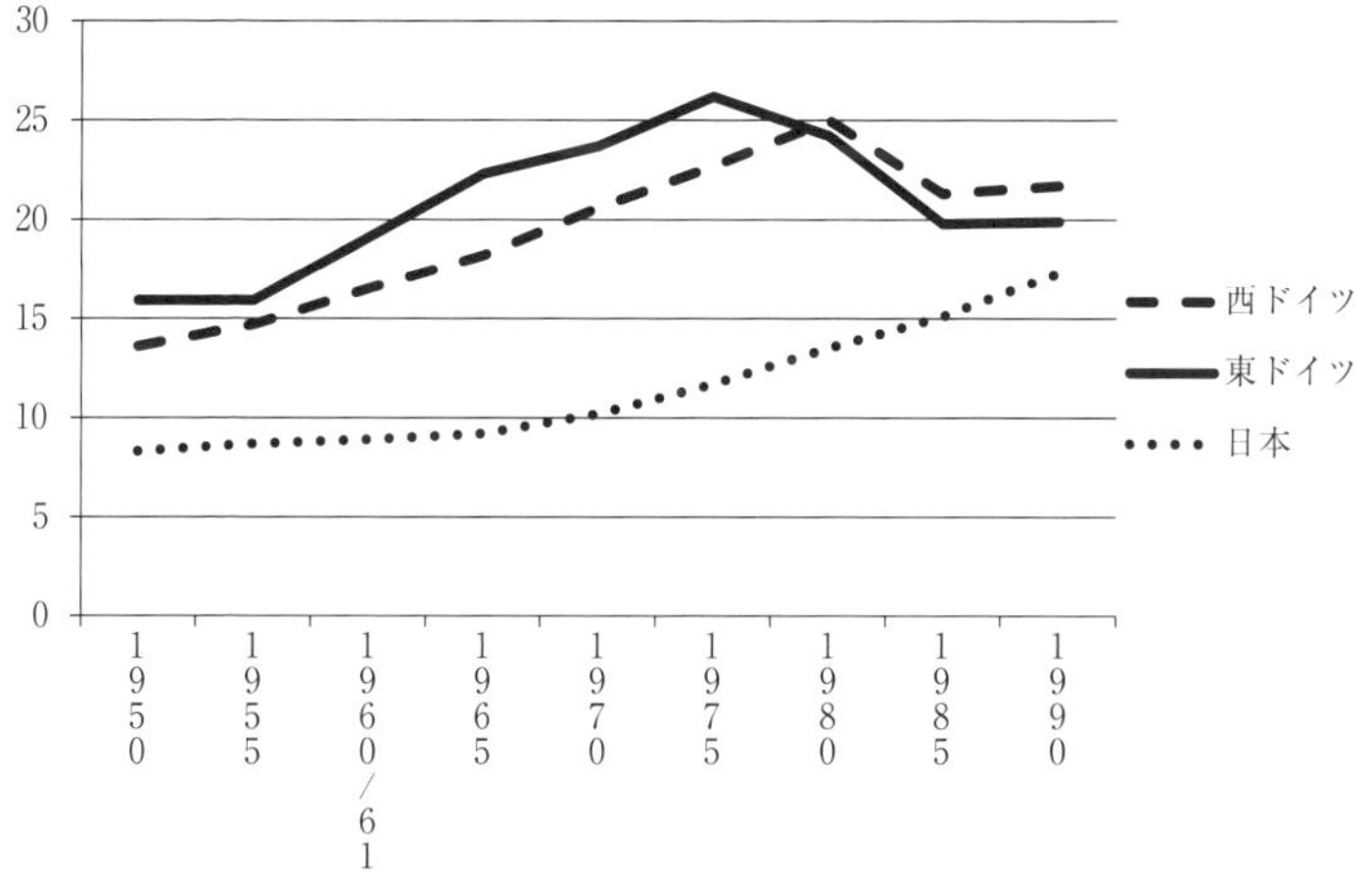

図４　東西ドイツと日本における老齢従属人口比率　1950–1990

（以下について詳細は［川越 2008a］所収の拙稿を参照）。

家族政策とは「国家がコントロールする、家族という制度を社会の構造的、制度的変化に適応させるための政策」［Bahle 1995: 18］であると定義できるとすると、その起点となった社会変化は、第Ⅱ部第2章第1節で論じたように、ドイツを含むヨーロッパの工業化された諸国で共通にみられた、世紀転換期における歴史上最初の急激な少子化の動きであり、家族政策はそれに対応するものとしてまず出産奨励や母子保護・母子保健をめぐって展開されました（［辻ほか編 2016］所収の馬場論文を参照）。しかしヴァイマル・ドイツでは、憲法で「家族保護」（第一一九条）を謳っていたにもかかわらず、たとえばフランスでみられたような「家族手当」の制度化の動きは遅滞し、世界恐慌とナチスの政権掌握を受けて、一九三三年の「遺伝病子孫予防法」から一九三五年の「ドイツ人の血と名誉を守る法律」および「ドイツ民族遺伝健康保護法」を経て一九三八年の「婚姻法」に至る人種主義的な政策と、一九三三年の「失業減少法」（婚資貸付）に始まる多産奨励政策という、いずれにしても優生論の立場から人口の量的かつ質的な増強を図る政策として展開されました。

そうした歴史経路を引き継いだ戦後の東西ドイツにおいては正面切った家族政策には抵抗が強く、東ドイツでは家族政策は男女の同権化という旗印のもと、女性を生産過程に組み込んだうえで労働力としての質を高めることを図った労働政策に従属させられていたといえます（その結果、保育所の整備は西ドイツよりはるかに進みます）。他方、妻の就業に際しては夫の同意が必要であるとする婚姻法の規定が一九七六年まで維持されていたという意味でも「家父長的」な近代家族像が根強かった西ドイツでは、少子化に対応する家族政策は、児童を対象とした税控除に力点を置くキリスト教民主同盟・社会同盟と児童手当を重視する社会民主党の対立もあって、一九六〇年代末からの第二次の大幅な出生率低下のあとも個別の制度調整の枠を出るものではありませんでした。

この第二次出生率低下に積極的な対応を試みたのは、一九七一年にホーネッカー（Erich Honecker）が党第一書記に就任して以降の東ドイツです。すでに、経口避妊薬ピルが解禁は遅れた（西ドイツでは一九六一年から市販されましたが、東ドイツで解禁されたのは一九六五年です）ものの大きな抵抗なく普及し、西ドイツとは違って急激な「性革命」（一九六〇年代後半の学生運動の高揚に随伴）ではなく、性の解放や多様化が「ゆるやかに進行」するとともに、一九六五年から一九七二年にかけて中絶の合法化が進んだ東ドイツ（［姫岡ほか編 2009］所収の拙稿；［辻ほか編 2016］所収の水戸部論文；［ヘルツォーク 2012: 第五章］を参照）では、ホーネッカーの下、家族政策が従来の労働政策への従属を脱し、少子化への対応策として積極的に展開されました。妊娠・出産手当の支給期間延長、子供の看病のための休暇制度の導入、三人以上の子供を持つ母親の労働時間短縮、出産による減額を組み入れた婚姻ローンの制度化など、就業と家事・育児の両立を図る政策がそれにあたります。しかしその効果は限定的で、さらに「赤ちゃん休暇制度」（子供が満一歳になるまで自ら育児を希望する女性に一定の所得を保証）、二人目の子供から労働時間の短縮を認めるなどの追加策によって、ようやく一九七〇年代後半から出生率が上向くことになります。これが先に確認した東西ドイツの出生率カーブの違いをもたらしたのです。しかしこうした政策展開は、一方で女性への就業圧力を弱め、家事・育児を「個人化」する方向、したがって女性が家庭に戻る傾向や女性に家事・育児負担がかかり続けるという傾向を助長するとともに、社会政策の拡充による財政圧迫に拍車をかけることによって、社会主義体制の根を掘り崩す結果をもたらすことになりました。

少子化と同様、高齢化への対応においても東ドイツがより積極的でした。その背景には、一九五七年の年金制度改革（年金額の賃金スライド制の導入など）が国民の広範な支持を得た以外には積極的な対応がみられず、家族と西ドイツ社会＝国家を支える中間組織として不可欠の存在となっていた社会福祉頂上団体傘下の組織が経営する施設への依存が強かった西ドイツにたいし、東ドイツでは一九六〇年代には高齢人口比率（六五歳以上人口が総人口に占める割合）において世界の最高水準にあった（一九七〇年をとると東ドイツ一四・五、西ドイツ一三・二にたいしスウェーデン一三・七、英仏一二・九、米九・八、日本七・五の水準でした）という事実が潜んでいます。こうした高齢人口比率の高さは一九六一年にベルリンの壁が構築されるまでの労働年齢人口の大量流失という東ドイツの存立にかかわる問題に起因していたのですが、それだけではなく一九六〇年代の東ドイツの高齢者は、社会＝国家の安定化の大きな要因とされた年金制度を有する西ドイツの高齢者と比べ、年金収入面でも受け入れ施設面でもきわめて劣悪な状況に置かれていたという事実も指摘できます。労働が権利であるとともに義務でもあった東ドイツ社会において、リタイアした、したがって働かない（ないし働けない）高齢者は、障碍者たちとともに、社会の「周縁的」存在だったのです（矢野氏が外国人労働者問題として論じているる社会＝国家におけるマイノリティをめぐる問題については、第Ⅲ部で論じることにしますが、二〇世紀のドイツ社会史におけるこの問題の重要性については［辻ほか編 2016］所収の原論文や北村論文を参照して下さい）。しかも彼らの生活をかろうじて支えていたのは、これまた財政を大きく圧迫し続けていた住居や物価安定のための多額の補助金支出でした。

ではこうした状況に対する積極的な対応とは何を意味したのでしょうか？　この面でもホーネッカー時代になってようやく改善をみせた年金給付を除くと、さほど多くの選択肢があったとは思えない状況のなかで、その政策は皮肉なことに現代的な要素を内包させたもとのとなりました。こうした高齢者をめぐる問題が社会問題化し党や体制の正当性を揺るがすことになることを避けるべくとられた具体的な対応の方向は、一九六〇年代末に明らかになります。すなわち、一九六八年に制定された新憲法の第三六条に「高齢および障碍による就業不能者が社会的ケアを受ける権利」が書き込まれるとともに、翌六九年には「高齢の市民に対する医療的・社会的・文化的ケアの改善と高齢者の社会生活への参加」等々を促す「閣僚評議会決議」が出されたのです。少し長くなりますが、その決議の一部をここで引用してみましょう。

（本決議は）高齢者に対し「自己責任による健康の維持・増進」と「社会生活への参加」を求めることを「原則」として提示する。そのうえで主だった「対策」として提唱するのは、「多彩で、相互に協調し、連動する」一五項目の「対策」からなる「高齢市民ケアシステム」である。高齢者に対する「社会主義的道徳」としての「連帯」意識の醸成と高齢者自身の「自由意志による活動」機会の保障、人民連帯の「高齢者クラブ」や「年金受給者集会」への場所の提供、高齢者への「予防的」な健康管理の強化、「高齢者に対応した居住スペース」や介護施設の整備、要介護者への「家事援助サービス」の拡充、ケアの必要な高齢者への「昼食サービス」の拡充、人民連帯の活動の重点を「暖房燃料費や昼食費にたいする一回限りの援助」から「継続的支援」に切り替えることなどである。

この文章から、この時点での東ドイツ政権の高齢化への対応を「皮肉なことに現代的」とした含意はくみ取っていただけるでしょうか。いずれにせよ財政的にも大きな制約を受けた状況のなかでとりうる施策には限りがあり、そのなかで人民連帯という中間組織の補完機能に頼らざるをえなかった状況は読みとれると思います。詳細は『歴史のなかの社会国家』〔辻ほか編 2016〕『歴史としての社会主義社会』〔川越ほか編 2016〕所収の拙稿に譲り、ここでは一九七五年の時点での人民連帯の活動の一端を示す数値（会員数は約一八〇万人で全人口のほぼ一〇人に一人が会員、活動を支えるボランティア数約一三万人、年間総計一一〇〇万時間の家事援助サービスや一三万人への昼食サービスなどを提供）によって、人民連帯という中間組織が東ドイツの社会主義社会において高齢者には不可欠の存在となっていたことを確認して、次に進みましょう。

ドイツ再統一と中間組織

一九九〇年のドイツ再統一は、高齢者の生活を支えた年金システムや人民連帯の活動にどのような変化をもたらしたのでしょうか？　再統一後のドイツ社会の行方を、引き続き高齢者援助にかかわった中間組織の動向を手がかりに追ってみることにしましょう。

再統一は一般的には、破綻した東ドイツを西ドイツが「吸収合併」したものとして理解されています。その結果、社会保障システムも西ドイツのシステムに統合され、東ドイツの年金生活者が最大の「受益者」となったという指摘もありますし、西ドイツ「社会国家」を支えてきた「民間社会福祉頂上団体」傘下の中間組織はそのまま東ドイツに「移植」されたとも指摘されています（『ドイツ社会保障の危機』〔リッター 2013〕とそれへの書評〔川越 2014〕を参照）。しかし東ドイツの人々は単にこのプロセスにおける受け身的な「受益者」だったわけではありません。ベルリンの壁が開放されるにあたっては、教会を基盤に東ドイツの体制に抵抗を続けて人々のつながり（既存の体制への抵抗主体としての中間組織）が大きな役割を果たしたことはよく知られていますし（〔川越ほか編 2016〕の市川論文を参照）、西から東への中間組織の「移植」も、その受け皿となる組織やその活動に参加する人々の存在なしには、スムーズに進んだとは考えられません。

事実、統一後の人民連帯は、他の旧東ドイツ時代の組織の多くと同様、一旦は組織解散の道を進みかけますが、会員による議論と投票を経て、旧西ドイツ側の組織からの直接的な支援を受けることなく、ドイツ非宗派福祉連盟の一員として組織を存続させる道を選択し、会員数こそ減少したものの、かつての東ドイツ地域における社会ステーション（在宅福祉サービスの提供拠点）の組織化などを通じて、この地域における新たな高齢者ケアシステムの構築に重要な役割を果たしています。

しかし統一後、ドイツにおける高齢者への対応策は大きく変化しました。旧西ドイツ時代から検討されてきた介護保険制度が、統一後の財政状態との絡みもあって、サービスをすべて保険料で賄うべく医療保険とセットになる形で一九九五年から施行されたのです。これによって被保険者は保険料負担と引き替えに、介護認定の条件（二〇〇〇年に政府・自治体が費用の半分を負担する形で導入された日本よりもはるかに厳しい条件がついています）をクリアできれば、介護費用について現金ないし現物（日本は現金給付なし）での給付を受けられるようになりました。とはいえ給付された現金が多くの場合、在宅での介護を望む高齢者から家族介護者へと渡っていたことから、この制度には少子高齢化の基底にあった近代家族の解体や多様化という現実に十分対応できないという問題点がありました。この介護や老後のケアへの家族依存という状況は、統一後に社会主義の看板だったはずの老人ホームの悲惨な実態が顕わになった旧東ドイツにおいても現実的な問題であり、介護保険制度はこうした問題状況を解決する方向性を示したとはいいがたかったのです。

また少子化への対応という面からみても、統一後のドイツでは、かつての東ドイツ地域からの刺激を受けた保育所の整備や男性の育児参加の奨励といった新たなスキームの展開（[辻ほか編 2016］所収の石井論文参照）がみられたとはいえ、男性単独稼得者モデルや「三歳児神話」（子供が三歳になるまでは母親のケアが不可欠とする「神話」。また西ドイツにおける「父親像」については［辻ほか編 2016］所収の白川論文を参照）という二〇世紀的な家族・ジェンダー規範が打ち破られるには至りませんでした。

新しい中間組織という形をとってこうした状況を打破する可能性がひらけてくるのは、二一世紀に入ってからのことです。まず社会民主党と緑の党による連立政権（首相はシュレーダー Gerhard Schröder）時代の二〇〇四年、連邦家族省の後押しを受けて「家族のための地域同盟」が旗あげをしました。この同盟は従来のような縦割り型の組織ではなく、特定地域において個別の企業・団体・組織が横断的なパートナーシップを結んで、多くの市民の参加を得て、家族、とりわけ子育てをめぐる地域固有の問題の解決にあたるという、これまでになかったタイプの中間組織だといえます［本澤ほか編 2007］。さらに二〇〇六年からは、新たな大連立政権（メルケル Angela Dorothea Merkel を首相とするキリスト教民主同盟・社会同盟と社会民主党の連立政権）の下で、「家族のための地域同盟」の枠組みから独立した「多世代ハウス」プロジェクトがスタートしました［上田 2014］。これは活動の狙いを「血縁」によらない世代間の新しい形の連帯の構築に絞った市民（元気な高齢者も含まれます）参加型の組織であり、最近では高齢認知症患者の地域ケアの新たな担い手としての活動を期待されています。

これらの新たな地域的な市民参加型中間組織（いずれも全国で五〇〇ヶ所前後の組織がネットワークをつくっています）、とりわけ多世代ハウスは、旧東ドイツにおける人民連帯の活動と多くの点を共有しています（もちろん社会主義政権下の固有の問題を別として）。しかし、かつての東ドイツ地域には、多くの人民連帯組織が活動しているにもかかわらず、今のところ多世代ハウスの数はきわめて少なく、こうした新たな中間組織がこれからのドイツ社会全体のあり方を方向づけることになると結論づけるにはまだ無理があります（これからの社会のあり方と中間組織の役割をめぐっては［辻ほか編 2016］所収の辻論文を参照）が、一九世紀から現在に至る社会＝国家の展開をさまざまな形で支えてきた中間組織に着目するメゾ社会史の視点が、歴史を通じて現在と未来の社会を考えるという、すぐれて現代的な意味を持ちうることは確かだと思います。

【第Ⅱ部をめぐる対話】

中間組織の社会史

コメント1

水戸部由枝

第Ⅱ部で川越氏・矢野氏は、「ドイツ特有の道」論では解釈できない側面を、これまでの研究内容をもとに掘り起こしつつ、本書のキーワードである「中間組織」・「メゾ社会史」・「社会＝国家概念」と関連させながら、一九世紀以降のドイツ社会史を描いています。以下、各章ごとに論旨をまとめたうえで質問させていただきます。

第Ⅱ部第1章で川越氏は、経済や社会の変動は、連続的な動きと急激な変動という断続的要因、さらに双方の「接合」の関節となるアクターの選択的行動により引き起こされることから、一八四八年革命を単に「挫折」と結論づけてはならないと述べています。氏によると一八四八年革命の中心的アクターとなったのは、初期工業化時代に賃労働化したエリート職人や、熟練工とのちの工場労働者の中間に位置した職人労働者でした。この職人労働者の組織化の動きは革命後も継続してみられ、実現可能性がないとはいえ、彼らは国家にセーフティネットとしての役割、いわば社会＝国家を求めるようになります。他方で、この革命を通じて警察は、従来の中間権力的な機能を持つ「福祉警察」から支配権力化した国家直属の警察機構へと変化していきました。では、これらのことから、中間組織の生成は一八四八年革命前後を契機に始まったと理解してよろしいのでしょうか。

第Ⅱ部第2章では、社会的抗議と犯罪性といった角度からみる民衆の生活世界と警察権力の関係性、さらには民衆（社会下層民）のアクターとしての側面が明らかにされます。農村の土地が共同保有から私的所有へと転嫁し、都市で市場法則が貫徹すると、民衆はこの「上からの近代化」による不正にたいし、生活必需品を確保するため、モラル・エコノミー（正義観念）に基づき、窃盗・傷害など社会的抗議行動をおこないました。一八四八年の革命後は、警察は、福祉国家的・治安政策的な課題のほか、国家的市民的秩序の維持を条件に、国家の正当な暴力独占の核を形成します。これにたいして民衆は、世紀転換期にかけて、ボイコット、ストライキ、労働運動という手段でもって徐々に抗議行動・階級闘争を拡大していきました。つまり川越氏と同様矢野氏もまた、一八四八年革命は民衆にとって決して挫折ではなく、むしろモラル・エコノミーに基づく労働者の組織化の動きを促進することになったとお考えですか。

第Ⅱ部第3章では、一八八〇年代にドイツ社会は、高度工業化、国民国家の強化、都市人口比率の上昇、死亡率・出生率の低下、生活水準の上昇、社会保険の制度化などの社会変化にともない、農村型社会は都市型社会へと転換し、また人口転換の結果、夫婦と子供二人という家族が標準家族と考えられるようになったことが説明されます。他方、病気と都市社会化の関係でみると、コレラなどの流行病と「三大国民病（結核・アルコール中毒・性病）」は、感染予防を目的に、公権力の日常生活への介入と新たな生活規範を生み出しました。特に性病は性・家族規範、セックスの婚姻内化という規範と深く関与することから、さまざまな中間組織によって性病撲滅運動が展開されます。川越氏は、第Ⅱ部第3章第1節で言及しているように、その際に中間組織が果たした社会＝国家への上からの統合機能と下からの同調機能は、システムとして社会＝国家が作動するための重要なファクターになったと結論づけていますが、中間組織の多様性（政治的方向性、活動方針や担い手の違いなど）についてはどのようにお考えでしょうか。

第Ⅱ部第4章では、一八八〇年代は、邦が領邦国家の警察権限を保持し、またプロイセン邦の警察制度が他の邦に波及したという意味で、警察史においてもきわめて重要な時期であることが示されています。地域性を重視する矢野氏は、ルール地方の警察の国家化を事例に、市民的な社会秩序の維持を目的とする、警察による社会的抗議や労働運動の取り締まり、そして労働者の警察への採用（国家権力の労働者世界への恒常的介入）にもかかわらず、「労働者文化」が存続したこと、つまり警察の国家化の限界を明らかにしています。それとともに、プロイセンの警察化は「ドイツ特有の道」ではなく「社会的規律化」の現代的先駆と考えられること、他方で、警察支配の不安定さは、ドイツ帝国主義の一要因となったばかりか、予防的警察への転換を導いたと分析しています。では、この世紀転換期にみられた「労働者文化」にみる抵抗力の強化と、労働者の市民層・警察への自発的接近という二つの動きは、ナチ期にかけてどのように変化したのでしょうか。

第Ⅱ部第5章では、警察の軍事化・近代化・プロフェッショナル化が進む一方で、ストライキ、デモ、街頭での闘争を抑えられない警察力の無能さにたいし、市民層は政治的社会的安定性を求めてナチ政権を支持したこと、またナチ期に入ると、警察機構の親衛隊への編入（警察の「脱国家化」）、「民族にとって危険な分子」の犯罪予防と強制収容所の体制化、公共の場への警察権力の拡大が生じ、他方で、労働者層（普通の民衆）は日常的現実（ミクロ的世界）にたいして不満があるにもかかわらず、ナチ体制に抵抗しなかったことが述べられています。この章で最も強調されるのは、警察が社会秩序の維持を理由に、暴力行使によりこの共同体異分子を予防的に排除した理由は、ナチ体制に従順でない民衆にたいする恐れ、不安定かつ脆弱な体制支配にあるという視点です。ではナチ期にかけて、なぜ労働者のモラル・エコノミーは機能しなくなったのでしょうか、またナチ期において「社会の裂け目」はまったく存在しなかったのでしょうか。

第Ⅱ部第6章では、性病撲滅運動と社会衛生学の組織化を手がかりに、社会＝国家の制度化、その過程で社会衛生学が果たした役割といった視点から、ナチズムの問題が再考されます。世紀転換期における性病患者相談所の設置と性病撲滅法の制定は社会＝国家を体現する制度でした。また人口問題と優生学を含む社会衛生学に基づき、保健行政の制度化や民間相談所の開設、施設の統合や生殖の合理化（不妊化・断種）が促進され、さらに「強制的均質化」後は、性病撲滅運動に関わったさまざまな組織の禁制化と性病患者や売春婦にたいする強制措置が導入されます。これらのことから川越氏は、ナチ政権はメゾ領域に定位した多様な新旧中間組織群を制度内部に取り込むどころか、その合理化・均質化を進め、最終的に「根こぎ」にしたことが、政権に対する抵抗力を奪い、大量絶滅を現実化させ、社会＝国家が機能しなくなった原因であると結論づけていますが、この中間組織の合理化・均質化は、世界大恐慌以前の時代にはまったくみられなかった新たな現象であるといえるのでしょうか。

第Ⅱ部第7章では、第二次世界大戦後のマクロ的な変化における国家権力の担い手と人々との関係（メゾ社会史）が、労働移民と警察機構を例に検討されます。たとえば、トルコ人労働者の長期滞在の歴史的根拠はトルコ人の熟練労働者を欲したドイツ企業にあり、また外国人労働者の住宅事情が改善されなかった理由はドイツ政府・ドイツ企業・ドイツ人住民の偏見にあることから、外国人（トルコ人）居住区が生じたことが明らかにされます。では、こうした過去に照らした場合、現在ドイツの最重要課題である移民・難民受け入れの問題と排斥運動について、また、それらの問題解決に向けて中間組織が果たす役割について矢野氏はどうお考えですか。さらに本章では、一九世紀末に誕生した予防的警察が一九六〇年代以降再登場し、それは現在の監視社会化現象と重なること、ただし、警察は中間的機構へと変化し、また国家権力と人々の双方が依存しあっているという意味で両者にアクターとしての存在意義があること、ゆえに両者の関係＝ヘゲモニーをめぐる関係性において社会は把握されるべきであると指摘する川越氏の社会＝国家論と同じ見解に立つことが示されています。この権力をめぐるヘゲモニー争いにおいて、中間組織はどのような役割を果たすのでしょうか。

第Ⅱ部第8章では、東ドイツにおける家族変動と中間組織「人民連帯」と、西ドイツにおける家族変動と中間組織「民間社会福祉頂上団体」との比較を例に、東西ドイツ社会史を一つの社会＝国家の歴史として叙述することの可能性が模索されています。川越氏によると、合計特殊出生率と老齢従属人口比率はほぼ同じ傾向で推移しているものの、家族政策では西よりも東のほうが少子化対策を積極的に推進しており、また高齢者ケアは、東では人民連帯の補完機能に頼りつつなされていました。再統一後は、旧西ドイツ時代の家族依存をベースとする介護保険制度の採用と二〇世紀的な家族・ジェンダー規範に基づく少子化問題への対応がなされますが、二一世紀に入ると、地域社会による子育てや多世代ハウスのような地域的な市民参加型中間組織が広がり始めます。このように現代社会の一つの特徴は、矢野氏が「警察の中間組織化」を挙げているように、中間組織化および新たな中間組織の誕生にあるわけですが、それでも社会＝国家メカニズムがうまく機能しないという現実があります。この相互関係について、川越氏はどのようにお考えですか。

コメント2

石井香江

具体的な歴史的事象と分析概念との対話が続く第Ⅱ部では、初期工業化の時代、世紀転換期、ナチ期、高度経済成長期という同じ時期を扱いながらも、第Ⅰ部で明確化されたお二人の方法や対象の違いが明確になっています。たとえば初期工業化の時代には、伝統社会から工業化社会への移行を象徴するかのような職人と労働者のはざまにあった「職人労働者」（川越氏）・「雇職人」（矢野氏）、そして、その市民層との関係に光が当てられています。しかし、お二人の光の当て方は異なり、むしろそのマクロ（当時の統計や辞典を使用した総括的な把握）とミクロ（具体的な場に沈潜・分析する把握）の見方を合わせることで、時代と対象の実像がより立体的に浮かび上がります。

お二人がまとめられているように、一九世紀初頭から始まるプロイセン改革によって、土地に縛りつけられた農奴状態の農民や、ツンフト制度のなかにあった手工業者は「解放」され、そこに個人化の端緒が確認できますが、それは同時に「身分」から「階級」への再編成を意味していました。農村部での人口増加と都市への流出による一八四〇年代の都市の「大衆貧困」では、伝染病の広がりや飲酒による弊害も生まれ、大きな社会問題となります。国家は問題の解決を市場経済の動きに委ね、労働貧民と市民の関係は緊迫化します。時代の変化の中で不安定な生活を強いられた「職人労働者」・「雇職人」は、職人としての共通認識と相互扶助組織の活動を基盤に、一八四八年革命や初期労働運動の担い手となっていきました。これを川越氏は「下から「社会的な国家」を形成」する動きとして捉え、世紀転換期に都市社会に暮らす家族とその生活を支援した中間的組織に目を向けます。大都市の急増で問題化した梅毒などの性病の解決を目指し、中心的な役割を担ったドイツ性病撲滅協会の活動が主な分析対象です。保険制度などの公と民衆とが対面する現場には性病にたいする偏見が存在し、問題の解決を困難にしていました。そこで男女の医学関係者、大学人、官僚、疾病保険関係者が偏見の根絶に尽力しました。そしてこの動きは、「近代家族」を特徴づける「セックスの婚姻内化」という規範が社会にビルトインされるうえで大きな役割を果たし、「内的都市化」を促したと氏はいいます。これは重要な知見であると認識しつつ、この市民的な規範を男女の労働者や社会の下層がどのように受け止め、受容していったのか、あるいは受容しなかったのか、公と民衆とが対面する現場の史料ないし先行研究などがあれば、この主張を強力に裏づけることになるのではないでしょうか。また、この後ナチ政権は中間組織の「均制化」を推進し、社会の抵抗のポテンシャルを奪い、「大量絶滅のユートピア」を現実化したといいますが、容易には組織化されない民衆の生活世界や、ナチス政権の支配が脆弱であった個々の労働現場という支配の空隙が、そこでどのような意味を持ちえていたのかについては、どのようにお考えなのでしょうか。

他方、矢野氏は民衆の「日常的犯罪性」と「労働者文化」という側面から初期工業化の時代と世紀転換期を検討しています。リテラシーの高くはない民衆が、その足跡を文字として残すことはなくとも、警察記録や裁判記録としては間接的に残っています。ここで興味深いのは、何が「犯罪」として認識されていたのかという点です。かつて林の大部分は共同地で、木を収集することは問題視されていなかったにもかかわらず、これが私有化されることで「所有権侵犯」となったのは有名な話です。財産の不均等配分が民衆の日常的現実として進行するなか、窃盗や傷害、さらには、穀物を隠し持ち輸出する商人に対する抗議の穀物暴動が増加します。これを氏は「市民層的な所有観念とは異なる社会秩序を求める闘い」「モラル・エコノミー」と定義します。当時の民衆の娯楽や酒に象徴される「その日暮らし」の生活や労働観、さらに「犯罪」を、市民層的価値観に照らして断罪するのではなく、私的所有への転換の狭間に立たされ、しわ寄せを受けた民衆たちの意志的な行動として理解する視点への転換です。「日常的犯罪」の背景としてもう一点おさえておかねばならないのは、近代社会以前の民衆世界のセーフティネット（領主の家父長的な支配と民衆との間の互酬的関係というパターナリズムと、家族の連帯を成り立たせる地域社会の連帯）の崩壊による生活の不安定化です。氏によれば、一九世紀の後期工業化期には福祉警察行政（福祉事業と貧民救済）が残存する一方、刑事警察の科学化が進行し、社会保険制度が導入され、これで不十分な場合は地域社会や家族などの相互連帯によって補完されていました。しかし警察の近代化と社会的制度の展開がさらに進展するなかで、生活世界における民衆の相互連帯の存続は脅かされることになったといいます。氏はこれを「ヘゲモニー争い」として捉えていますが、この争いに民衆はまだ破れていなかったというのが、川越氏の見解との対立点です。矢野氏は民衆と権力が邂逅する〈場〉をメゾ領域として位置づけ、分析し、男性的・暴力的な労働者文化への警察の介入は難しかったといいます。鉱山労働者家族の実証研究をふまえれば、世紀転換期にはまだ、家族、親族、隣人、地域共同体の連帯、街頭のインフォーマルな共同性は残っており、これらが解体し、近代家族が一般化するのは、生活水準が向上する二〇世紀後半の高度成長期というのです。ただし、実際に暴力を振るわず、「握りこぶし」を社会民主主義的労働運動のシンボルマークにすることで、暴力から距離を置く労働者の存在にも言及されています。彼らは「リスペクタブル」な労働者と自認し、社会的統合過程で重要な役割を果たしました。女性労働者への言及はありませんが、彼女たちのなかにもこれを下支えするような動きは確認できないのかどうかが興味深いところです。

もう一つお二人の重要な相違点といえるのが、ナチ政権の支配の実態と、その暴力の捉え方です。川越氏の場合、ナチ政権は中間組織を通して（民衆の同意を調達しつつ）その生活を掌握した、安定した体制として捉えられていますが、矢野氏の場合は、国外の支配地域だけでなく本国においてさえ、「密告に依拠せざるをえないほどに」脆弱であったと理解されています。ハンナ・アーレントの「暴力は、権力が危うくなると現れてくる」（『暴力について』）という文章を想起させますが、ナチ政権はこの支配の不安定性を解消するために「暴力独占のテロル的行使」を推進し、これが「住民の批判的反応」を惹起するという「暴力の悪循環」を生んだのだといいます。もちろん、このような相違点があるとはいえ、川越氏は社会＝国家の早熟な制度化と関連して、矢野氏は一九世紀末に登場し、ナチ期に先鋭化する「予防的警察」との関連で、性病患者、売春婦、同性愛者という「共同体異分子」とされた人々の「予防的排除」がナチス政権のもとで遂行されたという共通認識があります。最後に、この予防的排除のあり方が、戦後どのような変化を辿るのかについて確認したいと思います。

川越氏は、戦後の東西ドイツで社会＝国家を機能させるうえで大きな役割を果たした中間組織、とりわけ東ドイツの人民連帯という高齢者の支援組織の活動や、西ドイツの家族の変動と家族政策の展開、さらにはドイツ再統一後の家族をめぐる問題解決を目指した中間組織の展開に注目しています。ここでは、人民連帯の「人民ヘルパー」のように、中間組織のなかには真の意味で周縁的な人々（シングルマザー、政治「犯」、身体・精神的障碍を持つ人）が組み込まれ、ようやく運営されていたという、排除の上に成り立つ中間組織の負の側面にも光があてられていますが、西ドイツでは同種の問題や「予防的排除」の問題は克服されていたということなのでしょうか。他方、矢野氏は一九六〇年代に「青少年犯罪の増加、安寧と秩序の違反」を前に再び登場した予防的警察に目を向けています。福祉行政が警察の支援を必要とするようになり、警察官の数は増え、重要性も高まり、さらに、生活の平穏さと秩序を求める人々に後押しされて、予防的な監視と排除が警察実践の中心になったといいます。この変化は、外国人労働者をドイツ人住民の住宅地からあたかも隔離するかのような、一九七〇年代西ドイツで実施された外国人労働者対象の居住政策はもちろん、現在ドイツに流入する難民の収容施設を建設する場所をめぐる問題ともかかわらせて論じることができるのでしょうか。

応答 1

川越修

第Ⅱ部についてもお二人から詳細なコメントをいただいていますが、ここでは中間組織の歴史を軸にドイツ近現代社会史を解読するという試みをめぐる論点に絞って、お答えしたいと思います。

まず初期工業化の時期についてですが、この時期は中間組織の有するセーフティネット機能に即していうと、それまでセーフティネット機能を果たしてきた伝統的な共同体組織（都市における救貧制度や同業者組合などは伝統的な中間組織とみなすことができます）が機能不全を起こす一方で、それに代わる新たな組織（たとえば職人労働者たちの伝統的な相互扶助組織をベースにした新たな組織化の動き）が模索されていた過渡的な社会と位置づけられます。つまりこの時期に初めて中間組織が生成したとはいえないが、二〇世紀的な社会（社会＝国家）の構成要素となる中間組織の生成の起点となる時代であったとはいえると思います。

世紀転換期はそうした意味での新しい中間組織が大量に誕生する舞台となりました。本書ではそのすべてを取り上げることはできませんでしたが、私は中間組織のセーフティネット機能と近代家族的な生活・性規範の労働者層への埋め込み機能に着目して社会保険団体、福祉事務所、保健所組織、性病撲滅協会、性・結婚相談所などを取り上げ、矢野氏は私のいう社会＝国家化に抵抗する民衆と対峙しつつこれをコントロールし、社会の安定化を図ろうとする警察機構の中間組織機能に焦点をあてています。これらの組織は国家や行政に近いものから民衆の日常に密着したものまで、また二〇世紀社会の安定化に貢献した組織からその問題点を突き、政治的には左右両極の方向を目指すことになる組織まで、多岐に及びます。これまでの歴史研究においても個別の問題関心からこれらの組織を扱った多くの研究が存在していますが、私たちはこの中間組織が「現代社会化」というプロセスにおいて果たした役割を明らかにすることを通じていま揺らいでいるこの「現代社会」の行方を考えるうえでも、今後、近現代社会の歴史を多様な中間組織の織りなす歴史として総合的に検証する必要があると考えています。

私の中間組織をめぐる記述へのコメントに戻りましょう。世紀転換期に私が取り上げた中間組織が有した近代家族的な生活・性規範の労働者への埋め込み機能について、それを例証するどのような具体的な史料が存在するのかという点に関しては、世紀転換期の労働者の家族写真や相当数出版されている労働者自伝を挙げておきたいと思います。もちろんすべての労働者たちが近代家族的な家族を形成した、ないし形成したいと願ったといっているのではなく、彼・彼女たちのうち、中上層に属する労働者たちが生活水準の上昇と家族規模の縮小（人口転換）に後押しされる形で近代家族化することによって、制度化されてゆく社会＝国家の基本単位として近代家族が標準化（政策策定や制度設計の際のベースとなることを意味します）されることになるというのが、私のいいたかったことです。

次に中間組織とナチ支配との関係についてですが、ナチ期に進められた「強制的均質化」を正当化した「合理化」の動きについて、私は世界恐慌期に優生学をバックボーンに各国社会で試みられた政策を引き継いだものであり、それ自体が特殊ドイツ的な動きではないと考えています。それではナチス・ドイツのもとで「ホロコースト」が現実のものとなったのはなぜかという問いについては、中間組織の「強制的」なだけではなく「自発的」ともいえる「均質化」が大きくかかわっていたのではないかというのが私の主張なのですが、それに対して、企業や「普通の人々」の日常に密着した場にナチスの支配が及ばない「隙間」が多数存在していたのではないか、その役割をどう捉えるのかというコメントが提示されています。この点については、その「隙間」の存在とそれを埋めることのできなかった「ナチス支配の脆弱性」ゆえに「ユダヤ人」や多くのマイノリティたちが「大量虐殺」されたと解釈すると、「普通の人々」のアクターとしての「歴史形成」上の責任はどのように問われうるのか、あらためて考える必要があると思います。この点ともかかわるのですが、第二次世界大戦後に成立したドイツ民主共和国が二〇世紀末に崩壊した原因として、教会を核にした中間組織の役割や「普通の人々」が日常生活（職場、隣人関係）において有していた「隙間」が注目されていますが、ナチ期にはその中間組織や「隙間」が体制を崩壊させるには至らなかったことをどのように説明できるか

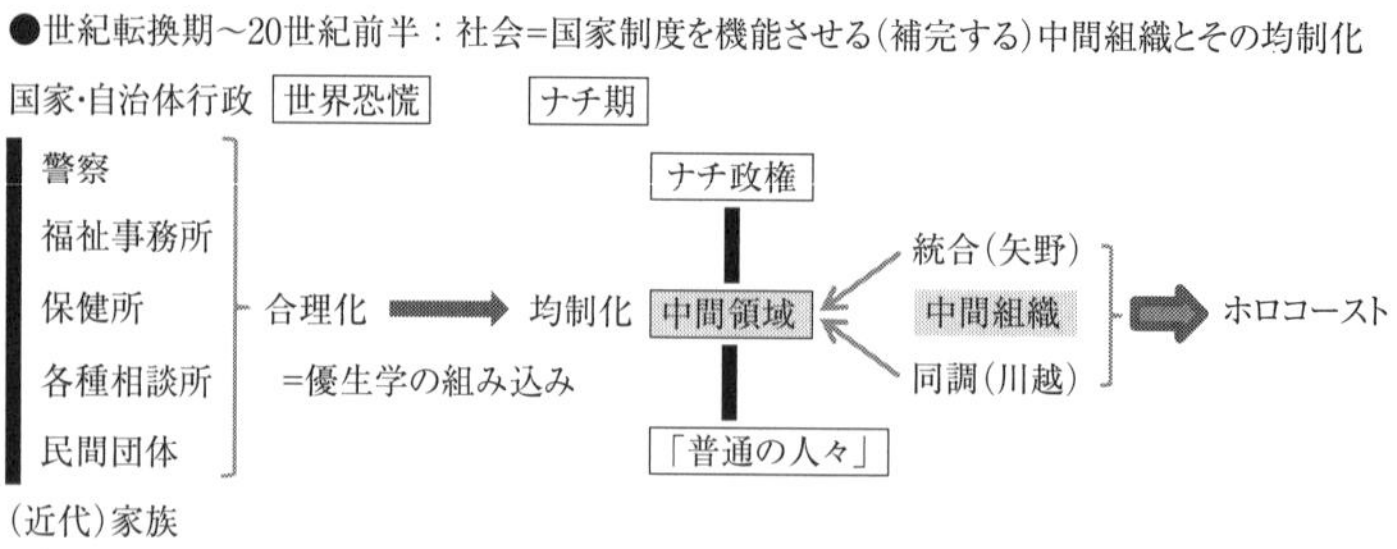

図5

という問いも荒唐無稽とはいえないのではないでしょうか。

こうした世紀転換期からナチ期にいたる中間組織の動きとホロコーストの間の連関をめぐる私の解釈に、いささか強引に矢野氏の論点を組み入れると、図5のように図示できるのではないかと思います。本文をフォローする際の手がかりにしていただければと思います。

さて最後に第二次世界大戦後の時期についてですが、そのなかで私は、独裁的な政治体制としてナチスの時代と重ね合わせられることの多い社会主義社会東ドイツにおいて中間組織的な機能を果たしていた、人民連帯という高齢者支援組織を取り上げました。その叙述は『歴史のなかの社会国家』〔辻ほか編 2016〕と『歴史としての社会主義』〔川越ほか編 2016〕に執筆した試論的な論文に依拠しているのですが、この本と同じナカニシヤ出版から刊行される予定の後者は、期せずして中間領域、中間組織からみた東ドイツ社会をめぐる論文集となっています。扱われているのは戦後の「農村の経験」、「職場におけるつながり」、「余暇活動」、「ポピュラー音楽」、「「平和革命」と教会」といった問題ですが、この本の共同編者である河合信晴氏が最近の著書〔河合 2015：特に終章の「「波紋社会」と日常の政治」〕で指摘しているように、崩壊した社会主義社会における中間領域・中間組織をめぐる問題から逆に二〇世紀後半の資本主義社会における社会＝国家の問題性が浮かび上がるという構図は、中間組織をめぐる歴史研究が持つ可能性を示唆しているといえます。

私自身は人民連帯をめぐる記述にさいして、その高齢者支援活動に東ドイツ社会におけるマージナルな存在であった「働かない（働けない）」女性や「国外移住」を希望した女性が動員されていた事実を指摘しました。それに関して、西ドイツにおける社会＝国家制度を補完するものとして、社会の安定化機能を果たしたと評価した「民間社会福祉頂上団体」傘下の中間組織、さらには西ドイツ社会そのものにおいては、そのような問題は存在しなかったのかという指摘がありました。もちろん西ドイツ社会においても中流ドイツ人家族の家庭の日常ともなっていたトルコ人の「掃除婦」の存在や、日本同様、これからますます重要となる外国人労働力による高齢者介護の問題など、社会の不安定化とつながりかねない問題が存在していたことは事実です。ただ本書において私は、この社会＝国家におけるマイノリティをめぐる問題については、今後の課題として、具体的にはほとんどふれることができませんでした。

最後に東ドイツ社会を「吸収合併」した現在のドイツ社会において進行する、社会＝国家制度の機能不全と中間組織のかかわりにふれておきたいと思います。この「吸収合併」の波を西側からの援助を受けることなく乗り切った人民連帯は、その後、社会＝国家制度のなかから生まれた「社会ステーション」（在宅者に対する看護・介護サービスのマネージメントのための組織）と連携したり、東ドイツ時代の余暇活動の組織化の流れを受け継いだ旅行会社的な役割を果たしたりしながら活動を続けていますが、その活動は二〇世紀後半の西ドイツの繁栄を支えた中間組織とともに、現在大きな岐路に立たされているといえます。その根本原因は、社会＝国家そのものが構造的な問題として当初から抱え込んでいた財政の肥大化をめぐる問題と、その問題の解決手段とはなりえなかったこれまでの中間組織の存在にあるといえますが、現在のドイツではこれに対抗する動きとして、「市民参加」をキーワードとする新たな中間組織（本文では例として「家族のための地域同盟」や「多世代ハウス」を挙げました）の活動に注目が集まっています。こうした動きと、最近のシリア難民をめぐるドイツ社会の反応から垣間見えるこれらマイノリティたちとの新たな連帯の動きが連動することによって、国民国家という枠組みに縛られた二〇世紀の社会＝国家を相対化しつつ二一世紀の新しい社会を展望する途がひらけてくるのではないかというのが私のいだいている希望です。

応答2

矢野久

民衆の生活世界にとって一八四八年革命の持つ意味はどういうものであったのでしょうか。ベルリンなど革命的な事態が発生したところとそうでないところでは大きな違いがあったのではないでしょうか。革命という事態から大きな変化を被ったのは権力側ですが、権力の維持、社会の維持をいかにはかるかに全力を投入し、結局のところ古い政治秩序を復古することができました。民主主義的な運動体を担っていた市民層は新しい国家権力を求めて闘い、結局は政治的に挫折しました。しかしその後の時代には、技術の世界、進歩の世界が重要になり、本格的工業化を通して経済的地位の向上が可能となりました。革命の側で体を張って闘った都市の民衆は自分たちの生活世界へ戻りました。労働者の組織化を図ったのはモラル・エコノミーに基づく生活態度を示していた民衆ではありません。労働者の組織化は社会下層ではなく労働者層のなかでも上のほうに位置する労働者であり、その後の「労働運動の文化」につながっています。それにたいし、モラル・エコノミーに基づく労働者下層・社会下層の生活世界は「労働者文化」に通じています。私は組織化とこうした人々の生活世界における日常的な非公式な連帯とは異なるものと捉えています。

私はこの第Ⅱ部で「労働者文化」の存続と警察の国家化の限界を明らかにしました。これは「社会的規律化」の現代的先駆であると同時に、他方で「予防的警察」への転換を意味するものとみています。この世紀転換期の「労働者文化」の抵抗力と、労働者層の市民層化・警察への自発的接近という両側面は、その後ナチ期にかけても継続していると考えています。労働者街に生きる労働者層・社会下層にとっては、一九二〇年代の政治的な激動の時代は「労働者文化」をより狭め、同時により強固になっていくプロセスでもあります。街頭への繰り出しは生活世界の延長線上にあり、生活世界はベルリンなど特別な都市での大衆文化の興隆を除けば、はるかに従来的な伝統的なものでした。しかし問題は、この「労働者文化」も社会民主党的な世界と共産党的な世界とに分裂していったというところにあります。労働者層・社会下層の個人がどちらの政党に所属していたのかではなく、生活世界がどちらにより近いところにあったかによって分裂していました。これは労働運動・社会主義運動と生活世界との接点たる日常性が労働者家族、地域社会での労働運動の文化諸形態によって媒介され異なっていたということです（[Haumann Hrsg. 1982]）。

この関連ですでに『ドイツ社会史』[矢野ほか編 2001]でも述べましたが、中期的な統計的事実としての子供数の減少の奥にある労働者家族のあり方が重要です。ブリュゲマイヤー『現場での生活』[Brüggemeier 1983]、ジーダー『家族の社会史』[Sieder 1987]をもとにして二つの点を指摘しておきます。一つは労働者家族が世紀転換期に血縁的な家族だけの世界に生きていたわけではないということです。つまり、赤の他人の男性労働者、特に東の方から職を求めてきた若い労働者（多くはプロイセン国籍のポーランド人）に労働者家族が部屋を又貸ししており、労働者家族は近代家族とは異なる「半分開かれた家族」であったということです。もう一つは三世代家族の共同生活は減ったとはいえ、祖父母が近くに住むとか、あるいは親族が近くに住むとかして、親族関係の網の目が重要な意味を持ち、さらに地域住民の相互扶助関係が重要な生活世界を構成していたということです。社会保険制度が導入されたのになぜこうした生活世界が重要であったのでしょうか。その点で考慮する必要があるのは、社会保険制度はどこまでが射程範囲だったのかということです。社会保険制度の範疇から排除された人々にとって、この生活世界は重要であるばかりか、その絆は高度工業化の過程で逆により強くなったのです。

これが二〇世紀においてどう変化していったのでしょうか。こうした労働者家族的な生活世界が高度経済成長期に解体していくのです。近代家族モデルが重要な言説空間を形成していましたが、現実の世界では近代家族の浸透ははるかに遅かったのではないでしょうか。近代家族の浸透は同時に大衆化と重層化しており、近代家族は変化の波にさらされるのです。特に日本では、生活世界はますます縮小されてしまい、地域社会の相互扶助がなくなりつつあり、加えて社会保障政策が縮小されてきています。「自助」がクローズアップされてきていますが、こういう変化のなかで、「自己責任」を根拠に追い込まれているのが孤立化された個人であり家族です。連帯の可能性をどこに求めればよいのでしょうか。

話しを元に戻しましょう。モラル・エコノミーとナチ時代との関連です。ナチ体制に従順でない民衆にたいする恐れ、そこから私は不安定かつ脆弱なナチ体制の支配を結論づけました。労働者のナチスにたいする無関心・懐疑・不平不満は、一九世紀の労働者のモラル・エコノミーとどうつながるのでしょうか。モラル・エコノミーがいつまで継続していたのかについては、アメリカ合衆国でのロサンジェルスにおける黒人暴動にもモラル・エコノミーの観念が見出せるのではないかなど、論争がありました［Thompson 1991］。それはともかく、「生活世界」はナチ時代にも継続しています。一方で労働諸組織が解体され、他方でナチ的大衆組織が強制的に創設されましたが、このような中間組織のナチ的強制的均質化によって、生活世界は大きな変化にさらされたとはいえ、組織を持たない生活世界ですから、ナチスは解体しようにも解体のしようがなかったのです。もちろんナチスは生活世界に介入しようとしました。ＳＳと融合した警察機構を駆使しようにも、それだけでは不十分であったため、密告という形でこの生活世界に入ろうとしました。密告に参画していく人々も出てきたことは確かです。社会層の下ほど密告に占める割合が高いことからも、人々の側の密告の意味は重要です。しかしこの密告は強制でもなくまた積極的なナチ体制への参画でもありません。人々が不安感から逃れるためです。

この生活世界を支えていた観念は何だったのでしょうか。ナチ時代の生活世界は一九世紀に工業化や近代化の変化にさらされた生活世界とは時代が異なります。とはいえ、二〇世紀に入っても生活世界は、地域社会の関係が重要な要素として残っている人々の社会的空間でした。この生活世界はナチスによる強制的均質化にさらされました。人々は、これまで存在した非公式な連帯が残るとはいえ、ますます追い込まれていく世界を「守ろう」としました。その意味でモラル・エコノミーと共通するものを有していました。ヘゲモニーの支配権は権力側に有利に展開していきましたが。

川越氏は、普通の人々の歴史形成力への信頼にたいして違和感をもたれています。私は人々がどのような歴史を形成するのかについてかなり詳細に述べてきたつもりです。工業化以前の時代においては啓蒙思想とはおよそ関係のない伝統的なものを守ろうとしましたし、一九世紀から二〇世紀への世紀転換期において、人々は労働運動の組織化とは異なる自分たちの世界を守ろうとしました。暴力を肯定するような精神的風土があったわけです。ナチ時代には暴力機構の末端の警察大隊のメンバーの多くはこうした普通の人々からリクルートされています。

ナチ時代における職場での労働者の問題をナチ支配の関連で取り上げましたが、なぜ抵抗へといかなかったのかという疑問が出されています。これについては本論ではほんのわずかしか述べることができていませんでしたが、私は『第三帝国における製鉄業労働者』［Yano 1986］ですでに詳細に考察しています。戦争勃発までの時期に限定していえば、労働過程自体が労働者層のナチ体制への不平・不満が表明されえた場でありつつ、企業側が個別に労働者の要求を受け入れることで、不満が職場において解消され、抵抗にまでは至らなかったメカニズムが労働過程にあったということです。ナチス研究の論争点であった同調か抵抗かという二項対立に対して、労働史と企業史の結節点におけるミクロ史研究を通して別の見解を提起しました。

中間領域こそヘゲモニー争いの場です。この中間領域を権力側がとるのか、生活世界に生きる人々の側がとるのか。現実にはナチ時代には権力側がヘゲモニー争いに勝利したわけですが、そう簡単ではなかったのです。しかも完全に掌握したわけではありません。

生活世界と中間領域との関係が重要だろうと思います。生活世界概念は民衆（人々）の独自の生活空間と定義し、この生活世界は一九世紀末にはますます警察権力が介入しようとしました。にもかかわらず権力は掌握できていません。この生活世界への介入がさらに進行するのは、二〇世紀後半の大衆化によるものです。

大衆化によって生活世界の自立性は大きく解体したと考えています。中間領域はどうなったのでしょうか。一方で、大衆化によって社会が変化し、群集的存在に敏感になった集団が自分たちの世界のために中間組織を成立させ、拡大しました。権力側においても反対に生活世界の側においても、中間組織が誕生します。他方で、中間領域に入らない大衆化した群集的存在が出現してきます。生活世界が解体してくると、居場所がなくなり、なおかつ中間組織に組み込まれない人々が生じてきます。

中間領域はヘゲモニー争いの場と表現しましたが、一九世紀においては中間領域は、伝統的な権力が社会空間のヘゲモニーを支配するなかで、自立せんと闘っていました。とりわけ市民層は一九世紀の過程で中間組織を拡大し、それによってヘゲモニーを拡大しました。また労働者のなかでも熟練労働者はその中間組織を拡大させましたし、政治組織としての社会民主党はその中間組織を拡大していきます。他方では権力に近いさまざまな中間組織も拡大しています。

川越氏は「セーフティネット（ソーシャル・キャピタル）としての社会＝国家」という概念で表現していますが、私が使っている社会概念は、国家権力と民衆の生活世界すべてを包含する概念です。中間領域も社会のなかの領域です。国家が権力機構を持つ実体として、セーフティネットとしての社会にかかわり社会と同じになるという川越氏の構想は、中間領域を対象とした概念であり、そのなかで完結する緻密な概念です。私はこの領域を超えた社会を考えています。国家権力の及ばない中間領域もあれば国家権力と直接間接にかかわった中間領域もあります。この「全体としての社会」は、川越氏はシステムとして把握しようとされている領域を超えています。この「全体としての社会」のなかで中間領域をヘゲモニーとして考えようというのが私の立場です。それは権力と民衆（人々）の関係概念です。

現在ヨーロッパで問題になっている難民問題に中間組織がどのような役割を果たすのでしょうか。

あらかじめ指摘しておく必要があるのは、ドイツにおける外国人排斥運動の担い手も中間組織の一員であるということです。一方、難民を受け入れようとするドイツ人の動きはどう考えればいいでしょうか。一九九〇年代とは異なり、受け入れに積極的なドイツ人は明らかに多くなっているようです。彼らは中間組織の担い手であると同時に、むしろ個人としても参加しており、新しい動きだろうと思います。

外国人排斥を訴える中間組織は組織で排斥運動を展開していくでしょう。他方で難民を受け入れる中間組織も運動を展開するでしょう。ここからいえることは、中間組織はどちらの方向にも行き、中間領域そのものが社会の安定化に向かうかどうかはあらかじめいえるわけではないということです。

第Ⅲ部　歴史・現在・未来

——メゾ社会史の目指すもの

第1章　権力と民衆

矢野久

これまで私が担当した章で強調したかった点は、大きく分けて三つの群からなります。第一は、特殊には警察権力、普遍的には国家権力であり、第二はこの権力機構が対象とする民衆（人々）の生活世界です。第三が、特殊にはこの警察権力機構、普遍的にはその他の中間的組織の存在です。この中間的組織は時代を経るにしたがい巨大化し、ますます多くの人々がこの組織に参加することになります。

警察の社会史

一九世紀から二〇世紀にかけて歴史のなかの警察権力に焦点を絞って国家権力を問題にしてきました。現代からこの二世紀を振り返ったときに、まずもって浮き彫りになることは、国家権力のあり方が変化したことです。一九世紀においては民衆の暴力的行為が権力側の暴力行使との対抗的な関係のなかで実行され、それに対して二〇世紀になると、日常的生活世界におけるむき出しの身体的暴力が減少し、代わって国家権力が主導する近代的な世界戦争＝総力戦、民族虐殺が出現しました。その際重要なことは、ナチ時代において明らかになったように、総力戦はもちろん、民族虐殺の実行部隊として人々が重要な役割を果たしたということです。この変化を明らかにするためには、国家権力と人々との関係を射程に入れた国家権力論が、国家権力の社会史が必要となるでしょう。これまで社会史研究は民衆の意識下での日常的慣習などを扱うか、あるいは民衆の歴史形成力を重視し、生活世界における経験と意識を前面に出すか、あるいは社会階層を社会・国家全体への統合過程のなかにおいて考察するかでした。私はむしろ〈権力の社会史〉として新たな社会史を打ちだしたいと考えています。

研究対象そのものをこれまでの社会史研究とは異なるところに置きました。国家権力と人々の間に存在する中間的領域、警察権力機構を考察の対象としたということです。私の専門領域がドイツであることはある意味では偶然ですが、そのことが現代を扱ううえで重要な意味をもちました。現代社会の現在と未来を考えるうえで、ドイツの歴史、とくにドイツの警察権力の歴史的なあり方が重要なところで大きな示唆を与えているからです。第Ⅱ部第1章第2節「民衆の生活世界と警察権力」で、プロイセン警察の本来のあり方＝〈善き統治〉としての警察に遡りましたが、国家権力の実体＝暴力装置としての警察は同時に福祉行政（「福祉警察」）の制度・組織でした。非常に包括的な領域を扱っている国家の暴力独占機構かつ行政機構だったのです。プロイセン・ドイツ警察の特徴はさらに、ベルリンを中心とする王立国家警察、地方自治体都市警察、国家郡部警察の三つからなる三層構造を持っていたということです〔矢野 2012〕。

第Ⅱ部2章第1節「遅れた社会と現代化」で扱いましたが、この治安秩序維持警察兼福祉行政警察という包括的な警察権力は、近代化の過程で変容して「近代警察」への方向へ向かいました。しかし一九世紀後半以降の過程で「予防警察」の機能を持つようにもなったということが現代との関連でいえば重要です。先の三層構造、すなわち、首都・大都市における国家性、郡部への国家性、都市の地方自治性の三層構造はそのまま維持されますが、この予防警察の機能の登場は危険防止・秩序維持と福祉行政の再融合に加えて刑事警察の科学的実践を意味します。「遅れた近代化」とされたドイツの歴史は「現代化」の道を先取りしていたということです。こうした展開の根底にあるのは、警察が労働者・社会下層の生活世界を掌握できなかったという事態です。先の三層構造からなる警察機構そのものが足枷になっていたという側面はありますが、非近代的警察というよりは近代警察を超えた包括的警察機構が予防的機能を追加していくその歴史過程は、掌握できない生活世界に内側からではなく「上から」かつ「外側から」介入しようとしたことを意味するのです。これは支配の安定性ではなく不安定性を示すものです〔矢野 2012〕。

二〇世紀における暴力の経験、戦争と革命の暴力は、一九世紀までに行使された暴力とは異なります。第Ⅱ部3章第1節「強制労働と住民支配の脆弱性」では二〇世紀前半期を対象に、とりわけナチ時代における警察のあり方を考察しました。ナチ時代の警察のそれまでの警察の歴史との断絶よりはむしろ、長期的な連続性の上にナチ的な警察機構が展開したことが重要です。ヴァイマル期の警察は警察官の人的構成からすると内実は反動的性格を持ちましたが、その政治指導はラントの穏健派社会民主党政権にあり、左右の過激な勢力の街頭での暴力にたいし警察暴力の行使という形で展開しました。この事態をどのように治めるのか。国家権力の側の対応は警察高権を持つプロイセンにたいしてクーデターで対応するという措置を講じたのです。ナチスの政権掌握よりも前の段階で生じています［矢野 2011a］。その背後にはとりわけ市民層の秩序志向が存在していました。

ナチ時代の特徴はまずは国家の行政機構ではない党の組織が警察機構と融合したことにあります。政治警察の重要性のみならず、刑事警察と政治警察を包括する保安警察の誕生が要です。ゲシュタポのみならず、強制収容所や特別行動部隊など虐殺担当の中心的警察部局もこの構造のなかに含まれるものです。治安維持のための従来からあった治安・秩序警察は、この構造のなかでは周辺に追いやられます。しかしこの警察機構の巨大化は実態としては脆弱であったということが私が主張したかった点です。「共同体異分子」の予防的排除を段階的・構造的に展開します。すでに存在した「予防警察」的機構、とりわけその科学性が重要な意味を持ちます。それでも脆弱性は解消されることはなく、それを補完したのが福祉行政・福祉組織やその他の組織であり、また密告社会なのです。これは支配の強靭性ではなく逆に脆弱性の表現であったことを意味します［矢野 2010a］。

戦後の警察は、占領期において占領軍がナチ時代の警察機構の解体を目指すことによって、変化します。警察を広範な領域を包括する機構ではなく、犯罪防止と追跡に限定する近代的警察に限定させるところから始まります。しかし一九六〇年代から七〇年代の政治・社会状況の変化にともない、警察の存在の意味が大きく変化することになります。二〇世紀後半から現代にかけて現代警察へと展開し、監視社会化が現代社会の重要なメルクマールになったといえるでしょう。近代的な規律化措置を超えた、人々を監視する「予防的」措置の全面的展開が確認できます。それは第Ⅱ部4章第1節「社会の安定化と異文化社会へ」で検討しました。社会関係の「警察化」＝警察の「現代化」という現象はドイツ的現象ではなく、どの現代社会においても確認できる現象であるということ、この現代的一般性の根拠は一九世紀末からの社会のあり方の変化にあり、さらに二〇世紀半ばにナチ時代における極端な形でのあり方を経て今日に至っているということです［矢野 2012］。

安寧と秩序に不安を持つ人々は国家の暴力独占に依存するようになり、法制化＝警察化によって警察が安寧と秩序を維持する機構として正当化され、暴力独占＝警察が社会秩序を支配するということを意味します。一九世紀ドイツ警察の歴史は二一世紀現代の持つ問題を先駆的かつ先鋭的に表現しているのです。このようにみると、国家の暴力独占としての警察権力は社会国家の発展によって縮小するどころか、むしろ拡大と深化を遂げたといえるでしょう。

民衆の生活世界

第二の考察対象群は民衆（人々）の生活世界です。警察権力との関係において民衆の生活世界を歴史的に眺めると、生活世界自体が一九世紀、二〇世紀に変化したことがいえるでしょう。まずは一九世紀半ばまでの時代においては「民衆」の生活世界として描きました。そこで確認できるのは権力の眼差しと民衆の反応であり、要となるのが「善き統治」としての警察概念ですが、民衆の生活世界は、伝統的な慣習とそこで保証された権利と、これを保証し、保護してくれる支配者への従順によって特徴づけられます。将来的生活設計ではなく、その場限りの生活を営む民衆の生活世界は、当時の市民層とは異なるものでした。民衆は伝統的な社会が近代化する過程で蔑にされる伝統的な慣習を守ろうとし、その行為は官憲によって犯罪（違反行為）とみなされつつもそれでも自分たちの行為の正当性を主張しました（モラル・エコノミー）。それは「社会的抗議」としての性格を持ったのです。

しかし一九世紀も後半になると、生活世界そのものが変化します。労働者・社会下層のミリュー自身が分裂していくことになります。善き統治から近代的警察の方向へと変化する過程で民衆自身が変化していくのです。労働者・社会下層と市民層の分裂に加えて、労働者・社会下層内部でも変化が出てきます。労働者層のなかでも上層が市民層的生活様式を受容するようになり、その一方で労働者下層・社会下層はこれまでの生活世界を維持し続け、先に述べた民衆の生活世界の延長線上にある「労働者文化」として展開していくことになります。こうした分裂がもたらした変化としても犯罪性が要となります。それまでは現状そのものを民主化という形で変化させようとした市民層は、平穏な秩序を維持することを重視するようになります。市民層は、「暴力」によって象徴される労働者下層・社会下層の生活世界、かれらの犯罪性を問題視し、警察力の強化を要求することになります。労働者層のなかでも上層は労働者下層・社会下層の暴力文化と一線を画すようになり、秩序を重視するようになり、市民層の生活様式に接近していくことになります。

こうして二〇世紀を迎えることになります。一九二〇年代に先駆的に都市文化を中心に大衆化現象が出現してきます。これが労働者層の生活世界にまで影響を及ぼすようになるのは、第二次世界大戦後の高度経済成長期だと考えています。これまでの労働者ミリューは解体し、市民層との差異はなくなるようになっていきます。大衆消費社会が誕生し、生活世界が大衆化することになります。環境の重視、危険を含む科学技術への懐疑をも射程にして安定した生活への模索という方向へと向かいます。そこでは安定した平穏な秩序の維持が重視されるようになり、警察権力がより必要不可欠な存在として認められるようになります。

ここにみられる事態を警察権力との関係で眺めると、どういうことになるでしょうか。警察権力の〈戦略〉と市民層の〈生活戦略〉の一致であるようにもみえますが、しかし必ずしも戦略は実態を示すわけではなく、実態から社会を把握することが重要だと思っています。この実態を把握するうえで、「ヘゲモニー概念」が重要になってくると考えています。

二〇世紀中頃に警察機構が人々も参加する中間的組織に変化し、その後、二〇世紀後半になると、人々も市民層の生活世界を受容するようになりましたが、何がこの変化をもたらしたのでしょうか。生活水準そのものの向上とならんで、制度そのものの変化をみる必要があると思います。それは、社会国家（福祉社会）の成立ではなく、その奥で進行した社会関係の警察化と公的セーフティネットの制度化と特徴づけたいと思います。換言すれば、権力をめぐるヘゲモニー争いにおいて権力が優位に立ち、人々が劣勢に追いやられたことを意味するということです。

近代社会以前、また初期工業化期には領主（支配者）の家父長的な支配と民衆との間の互酬的関係があり、平時における保護とそれにたいする恭順と紛争時における抑圧、それにたいする社会的抗議という図式を示しましたが、ここにはパターナリズムのセーフティネットが存在していました。一九世紀の後期工業化期には抑圧機構の制度化（警察の近代化）と同時に福祉警察行政の残存（ドイツ的な特徴）、さらに刑事警察の科学化が進行し、その一方で、不十分とはいえ社会的制度（社会保険制度）が導入されています。この不十分なところは人々の地域社会を含めた相互連帯によって補完される構造があったのです。警察の近代化と社会的制度の展開は生活世界における民衆の相互連帯の解体をねらうものでした。それをヘゲモニー争いとして考察することができると考えています。

第一次世界大戦後の世界もこのヘゲモニー争いという観点で整理すると、ラントの専権事項であったプロイセン警察権力は社会民主党が担うことになり、左右のラディカルと社会民主党政権・警察権力とのヘゲモニー争いとなりました。街頭での暴力化が進行し、労働者・社会下層内部の分裂と市民層のヴァイマル共和制からの離反、秩序の重視へと向かいます。同時にヴァイマル共和制時代には社会制度が展開し、公的セーフティネットが拡大します。その延長線上にナチスも存在しています。ナチスはナチ党の社会政策的組織を展開させ、公的セーフティネットも共同体の同胞者にたいしては拡大もします。他方でナチスは共同体異分子を排除する政策を策定・実行し、労働者組織を解体し、労働力政策では国家のために動員可能な制度を導入します。しかし労働者層の消極的抵抗に遭遇し、全体としてナチスの国内支配は不安定だったのです。社会関係の警察化がラディカルに展開しますが、労働者・社会下層の生活世界を掌握できず、暴力が暴力を螺旋的に惹き起こすことになったのです。セイフティネットの享受はこの暴力支配に従順である限りで可能であり、ナチス・ドイツが外に向かって警察による暴力支配を展開するさいに、ドイツの人々が下部機関の実行部隊員として支配機構の一員として参加すること自体がセーフティネットの一つのあり方にもなったのです。

二〇世紀後半以降に、生活水準の向上と市民層的生活秩序の模倣により人々の生活世界が解体し、大衆化された人々と大衆消費社会が成立します。その変化の奥底では、公的セーフティネットの展開と同時に社会関係の警察化、警察の現代化が進行します。言い換えれば、福祉国家と警察国家のさらなる制度化です。これは人々の生活世界に基づく相互連帯を解体し、そこに成立する〈市民〉。このようにみてみると、二一世紀の現代において進行しているのは、警察国家の強化と福祉国家の弱体化ではないでしょうか。福祉国家の弱体化は自己責任の名のもとに、家族のセーフティネットに依存することを意味します。しかし問題は深刻で、歴史的にみると、家族の連帯が成り立ちうる地域社会の相互連帯が解体される方向に進んでいるところにあります。

そこで家族の問題に焦点を当ててこの生活世界を考察してみたいと思います。歴史的にみると私的な世界ではない労働者・社会下層の家族は、二〇世紀後半になると近代家族の形態と行動規範をとるようになっています。しかし近代家族に一般化するのは世紀転換期ではなく、二〇世紀中頃の高度成長期ではないかと考えています。一九世紀から二〇世紀の世紀転換期に確認された鉱山労働者家族の「半分開かれた家族」、鉱山企業の提供したコロニーにおいて確認できるのは、家族、親族、隣人、地域共同体の連帯であり、さらには街頭のインフォーマルな共同性です［Brüggemeier 1983］。これらが解体されるのは二〇世紀後半の高度成長期だというのが私の見解です。唐突な表現になるかもしれませんが、家族形態の類型的な比較ではなく、家族形態とそれをとりまく社会的環境世界の変化の〈過程〉をどのように捉えるのか、それが重要ではないでしょうか。

メゾ社会史への道

川越氏と共同して、マクロ社会史とミクロ社会史を媒介し同時に独自の方法としてのメゾ社会史を目指していますが、現時点で概念定義できるだけのものがあるわけではありません。私自身がどのようなものと考えているのかをこれまでの叙述をふまえて述べたいと思います。マクロ社会史の対象として権力の社会史を設定し、ミクロ社会史の対象として民衆の生活世界を扱いました。この両者の間をいかに結合するのか、そこにメゾ社会史の存在意義があるといえますが、私はマクロ史とミクロ史の両者が〈遭遇する場〉を考察の対象にすることによってメゾ社会史を構築しようと考えています。

社会史を国家の暴力を考察する権力の社会史へと方向転換することを私自身の課題としておきましたが、その際考察の対象としたのが、権力の構造のなかで人々がどのような位置に置かれているかということです。二〇世紀の特徴の一つは、人々が国家に対する抵抗者であると同時に、国家の暴力機構の一員としても存在するようになったということです。国家権力の支配の対象としての人々と権力機構に参画する人々、この二重性自体を考察対象とするということ、そしてそれをどのように捉えるのか、まさにそこにメゾ社会史の課題があるといえるでしょう。

国家権力は人々を社会的に統合するために、「国民」と国民化されない人々＝「他者」を分断化しました。人々は国家権力の支配の対象として存在していました。国民になることを強いられると同時に、自ら国民になるプロセスが一九世紀末から二〇世紀への転換期に進行したのです。国家のなかの「内なる者」と位置づけられた「国民」は、受動的存在ではなく、積極的に国家の構成員としての役割を果たすことを強いられ、あるいは自ら積極的に参加していきます。

歴史的にみると、労働者・社会下層は社会的に抑圧されつつ、「内なる者」へ向かって社会的統合化の対象となりました（「内なる他者」）。一方、ドイツ社会にとっての「外なる他者」、外国人労働者やジプシーなど国民に含まれない人々、国民を形成しない者は「他者」として位置づけられ、労働者・社会下層という「内なる他者」とは異なる形で、社会的抑圧と社会的統合化の対象となったのです。

国家権力にとっては、彼らをどのように順応させるのかが重要な課題でした。一九世紀から二〇世紀にかけてこの権力の歴史はどのように変化したのでしょうか。二〇世紀にこの国家権力と人々との関係はどのように変化したのでしょうか。そのなかで、ナチ時代はどのように位置づけられるのでしょうか。

独裁の実相は権力機構と住民との間の関係にあると考えています。ゲシュタポは官僚的な仕事で過剰労働を強いられていました。したがってゲシュタポは住民に対する秘密警察的監視どころではなかったのです。ではどのようにしてゲシュタポはその秘密警察的権能を作用させることができたのでしょうか。国家郡部警察、警備警察、労働矯正、福祉行政機構などさまざまな機構、組織の情報ネットワークが重要な役割を果たしていたのです。しかも、そのネットワークのなかで、情報提供者による密告社会が形成されていたことが大きな意味を持っています。

戦時期になると、外国人労働者や戦時捕虜が大量に導入されることによって、警察の人員不足と警察への要求が増大しました。こうした他者の大量導入によって、ドイツ人住民に対して危機感があおられました。ますます多くの住民が外国人労働者や戦時捕虜の監視や逃亡捜査に動員され、参加するようになりました。また、職場では、それに応じて「工場警護班」の権限が拡大され、外国人労働者を抑圧する装置となり、ドイツ人就業者のかなりの部分が補助監視員の機能を担うようにもなりました。ナチスのテロ機構は住民の側の社会的同意を前提としていたともいえるでしょう。

しかし、なぜドイツ人住民や労働者が密告社会あるいは監視の担い手になったのでしょうか。それは、人々が日常レベルで実践していた態度が、とりわけゲシュタポ以下の警察機構によって逸脱行為とみなされ、犯罪化されたからです。ゲシュタポの解釈によって、こうした日常的態度がたとえ政治的な意味を持たなかったとしても、政治的意味を付与され、場合によっては強制収容所送りという事態にもなりえました。これが人々をして不安感を持たせたのです。この不安感を解消する一つの道が、住民自身が密告に参加することだったのです。したがって、ナチ体制への自主的な積極的参画というよりはむしろ不安感から逃れる受動的な参加といえるでしょう。

ナチスの本格的虐殺は一九四一年秋を転機に、四二年以降に始まります。なぜ、この時期に、本格的な民族虐殺に至ったのでしょうか。四〇年代に社会的制度化がおこなわれたとみる総力戦体制論は、社会的動員がまさに四〇年代にドイツでは機能しなくなったということを看過していると考えています。ナチスの政権掌握による政治面での変化を前提に、三〇年代後半以降、社会的経済的領域で、ナチスは変化を求めました。そこには社会的動員の意図がすでに存在していましたが、三〇年代にはその意図は未達成でした。ただし、職場と公共的空間とで分ける必要があります。職場では、ドイツ人労働者の社会的統合ができていませんでしたが、メディアとプロパガンダが重要な役割を果たした公共的空間では、ドイツ人住民の社会的統合化はそれなりに達成していました。というのも、公共的空間では人々は、職場とは異なり直接的な経験の場を持つことができず、プロパガンダに大きな影響を受けたからです。ナチ体制の危機とはいえませんが、他方で体制内化ともいえないというのが三〇年代後半の実態です［矢野 2004］。それでも公共的空間では、ゲシュタポは「公衆」の情報に依拠することができ、したがって全体としてゲシュタポは受動的存在でした。しかし、総力戦体制化の時代になると、こうした情報が少なくなりました。こうして住民の側の積極的情報に依拠しえなくなるにつれ、ゲシュタポは攻撃的、残虐的になっていったのです。これは、社会的統合化が公共的空間でも不可能になったことを表現しています。

ここに他者排除、さらには虐殺が機能する社会的背景が存在していたのです。社会的動員が不可能となったがゆえに、ナチスは、ドイツ国民を「共同体異分子」の排除によって脅威にさらすと同時に、彼らを他者排除に参画させることで、ドイツ国民へのナチ支配の脆弱性を克服することを目論んだのです。職場でも公共的空間でもドイツ人の社会的統合が不可能となったがゆえに、他者の排除、さらに虐殺へと転化しました。その排除機構の歯車に組み込むことによって、ドイツ人住民を社会的に「支配人種」にさせようとしたといえるでしょう。他者排除への道は、社会的動員ができなかったことの裏返しだったのです［矢野 2010a］。

権力と人々との縦の垂直的関係、支配のあり方が不安定であることによって、権力は過剰な反応を示し、権力集団の横の水平的関係の変化をもたらすことになりました。この変化は権力集団のあり方をも変え、そこに人々が大々的に組み込まれることになったのです。

戦後の高度経済成長期以降の権力と人々の関係においてはすでに述べましたので、ここでは省略します。ただ一点だけ指摘しておきたいのは、監視社会化に関連した情報の問題です。社会にとって重要な情報をたとえ国家機密であっても、組織に属さずに活動する民間人が公開したことに対して、連邦検察庁が告訴しましたが、これが政治問題化し、連邦検事総長が更迭されました（二〇一五年夏）。ドイツにおいても個人の情報が監視の対象にありつつあり、国家機密の情報公開は犯罪化されるということの事態はドイツに限定されるものではありません。その点で今回のドイツの事態は人々の敏感な反応を表現しているでしょう。監視社会化への一定の理解を示すようになってはいるものの、その行き過ぎについてドイツ「市民」はきわめて敏感であり、この点でのヘゲモニーはドイツにおいては国家権力にではなく、市民の側にあることの反映だろうということです。とくに日本では労働運動の弱体化、メディアの弱体化という状況が進行していますが、ドイツと比較した場合、日本においてはヘゲモニーは国家権力の側にあることを意味しているでしょう。

監視社会化は社会の全体主義化の方向性を示すものですが、私は全体主義論に立脚しているわけではありません。メゾ社会史の意義と関連することなのですが、ナチスにおいても社会の裂け目が存在しました。社会の裂け目はどこにあるのか、それを考察することもメゾ社会史の重要な課題です。広義の国家権力の網の目の展開によって、それに対して人々が連帯を求めて地域を超える動き。これが意味するところは、警察権力と人々との関係は犯罪防止と治安の維持に限定されてはいないということです。多様な局面で国家権力と人々との間の関係は存在しており、この間の関係を考察することがメゾ社会史の積極的な意義があるということです。

これはドイツにとどまるわけではありません。そこで重要になってくるのが〈比較〉です。すでに第Ⅰ部第2章「権力と民衆」の最後で指摘しましたが、どのような立場で歴史を考察するのか、これがきわめて重要なことです。とくに一九七〇年代までは日本においても、近代化論、全体主義論、ファシズム論、あるいは国家独占資本主義論、組織資本主義論などさまざまな理論的な議論が盛んでした。ドイツにおいてもそうです。しかし基本的な違いがあります。ドイツの歴史学界では史料に基づいて実証的に歴史研究をおこなうということです。この実証性が根底にあって、そのうえで理論的な議論をするという形でドイツの歴史学界はこれまでやってきたと思います［矢野 2013; 2015］。実証的な歴史研究をふまえてそのうえで比較することが重要です。他の諸国でも個別領域での同じような実証的な歴史研究がなされ、そのうえでこの国家権力と人々の関係性如何が総体として比較が実践できるのです。その場合どのように比較すればいいのでしょうか。比較の仕方の問題です。社会全体の総体的関連から諸国の比較をするのではなく、個別領域あるいは個別問題での比較から始めることが重要だと思っています。

第2章　社会＝国家を超えて

川越修

社会＝国家のメゾ社会史

私は本書の第Ⅱ部において、ドイツ近現代社会史を社会＝国家を作業仮説概念として四つの時代に分けて概観してきました。社会＝国家生成の動きの起点となった一九世紀前半の初期工業化の時代（第一期）、ドイツにおいて世界に先駆けて社会＝国家が姿を現す一九世紀から二〇世紀への世紀転換期（第二期）、二度にわたる世界大戦により社会＝国家の制度化が進むとともに、ナチズムによってその社会＝国家に内包された構造的な問題が噴出した二〇世紀前半の動乱の時代（第三期）、一九五〇・六〇年代の「経済の奇跡」がもたらした社会＝国家の短い黄金時代と一九七〇年代以降の社会＝国家の動揺・転換の時代（第四期）です。

社会＝国家のこうした動きを概観する過程で、メゾ社会史という観点から社会＝国家を捉え直すことが課題として浮上してきました。メゾというのは「中間的な」という意味を持つ接頭辞ですが、メゾソプラノといった用例以外はあまり聞くことのない言葉だと思います。そこで試しにインターネットでメゾをキーワードの一つとして検索してみると、いくつかの福祉、医療などに関連するサイトがヒットします（二〇一五年七月に検索）。たとえば、「二一世紀の創造教育」を掲げる立教大学の「コミュニティ福祉学研究科」では「主な研究領域」として「マクロ、メゾ、ミクロの三領域」が挙げられており、「社会福祉の政策・計画。福祉サービス原理」が「マクロ領域」に、「臨床場面における福祉援助」が「ミクロ領域」に属するとされているのにたいし、「メゾ領域」には「コミュニティにおける福祉サービスの展開」が割り当てられています（http://www.asahi.com/ad/clients/rikkyo/02.html）。また『日本医事新報』に掲載（No.4427:2009/2/28）された「ミクロ・メゾ・マクロの視点」という記事（http://www.jmedj.co.jp/contents/kyouyougo/104/99.html）のなかでは、「対人支援分野」での分類として「家族や集団といった組織および地域」が「メゾ」に相当するとされています。さらに慶應義塾大学ＳＦＣの「教育・研究プロジェクト」の一つである「少子高齢化社会のメゾ・ガバナンス」では、少子高齢化社会の課題解決のために「政策領域（例えば、医療と交通）と空間スケール（市町村や都道府県といった行政領域にとらわれない広領域や小領域、公共圏）においてメゾ（中間的）なガバナンスや制度設計」について研究をおこなうことが目指されています（http://jsp.sfc.ac.jp/studies/japan-studies/aging-society/）。

こうした用例において含意されているのは、社会科学の扱う理論・政策領域とその対象となるミクロレベルの社会行為との間に理論や政策を実際に実現させる鍵となる領域や組織が存在するということではないでしょうか。それを私の言葉で言い換えてみましょう。私にとってメゾ社会史とは、国家と国民、企業と消費者、政府・行政と市民といった近代社会、ないし私のいう社会＝国家を構成する基本ユニットの間に位置する中間的領域の歴史を指向するものです。ではなぜメゾ社会史なのでしょうか。その理由は、制度としての社会＝国家が安定的に機能するうえでは、民主主義、市場原理、法治主義といった近代社会の基本原理の貫徹だけでは不十分であり、上記の基本ユニットの中間に位置するさまざまな中間組織が制度の安定化を担保する重要な機能を果たしてきたのではないかと考えたことにありました。この意味で私にとって本書で提起したメゾ社会史とは、社会＝国家の歴史を中間組織の歴史として捉え直す試論的なチャレンジを意味しています。

第Ⅱ部における叙述のなかで取り上げた中間組織としては、いまだ伝統社会の身分的な社会構造を引きずった市民軍および職人の相互扶助組織や職人労働者の友愛会（第一期）、職人の相互扶助組織を起源とする社会保険団体、性病撲滅協会や各種の女性団体のような社会＝国家の社会への埋め込みを促した中間組織（第二期）、社会＝国家の個別制度としてその安定的な機能を担保した、行政サイド寄りの保健所や民間サイドよりの各種相談所といった中間組織（第三期）、福祉頂上団体によって担われ社会＝国家の黄金期を支えた中間組織や、転換を模索する社会＝国家の新たな方向性を指し示す市民参加型の中間組織（第四期）などがありますが、このリストは中間組織を網羅したものではなく、私のこれまでの研究で取り上げてきた組織をメゾ社会史の観点から捉え直したものにすぎません。その意味では、矢野氏が展開した警察の有する中間組織機能と私の取り上げたこれらの中間組織の役割の違いをどう整理するか（私は警察機構を上からの統合機能を果たす中間組織として位置づけ、私の取り上げた組織を下からの同調機能を果たすものと位置づけました）という問題を含め、メゾ社会史への道はまだ緒に着いたばかりの状態にあります。しかし本書の結びとなる本章では、中間組織のリストを拡充するよりは、社会＝国家の内包する構造的な問題と中間組織の関わりに絞って、メゾ社会史の課題を検討しておきたいと思います。

　私は二〇世紀型社会としての社会＝国家には、国家の行財政の肥大化（A）、行政の専門職化（B）、固定的なジェンダー秩序（C）、ナショナリズムを梃子とした国家目的への国民の動員（D）という、個別の国家の多様性にもかかわらず共通している四つの構造的な問題があると考えています。これらの構造的問題は、社会＝国家がマスとしての国民にたいしセーフティネット機能を提供しつつ、Aの問題をクリアするために内部化している包摂と排除の線引き機能という一点で相互に結びついています。包摂の対象として社会＝国家の提供するサービスを受ける資格を認められるグループと資格を認められずに排除されるグループとの間の線引きは、主としてDの要請（就労、納税から兵役まで）に応える国民のマジョリティ（多数派）を標準化することによっておこなわれます。つまり、国籍の保有、標準的な家族像（Cが含意するジェンダーバイアスが強くかかった近代家族像）への適合、健康状況、優生学に基づく遺伝病理上ないしエスニック上の基準のクリアなどによる線引きが、Bに属する官僚、医療・社会保険・福祉関連の専門職者などによっておこなわれるほか、何らかの数値によって示される正常と異常、たとえば健康と病気（健康診断を想起してください）といった二分法的な線引きが加わり、社会＝国家は標準化されたマジョリティを正規の構成メンバーとする社会として作動しています。

中間組織はこうした社会＝国家の作動過程で、行政と連携して線引きをおこなったり、排除対象となるマイノリティを特定したり、マイノリティに腑分けされたグループの標準への同化を促したりする機能を果たすことによって、社会＝国家の安定性に寄与しているといえます。こうした理解に立てば、すでに述べたように、ナチズムはこの安定化機能を逆手にとり、中間組織を均制化することによって「健康なドイツ民族」を線引き基準にすることへの疑義を封じこめ、マイノリティの抹殺を手段に社会の強制的な均制化を図ったものとして捉えられることになります。

しかし、中間組織の有するこの安定化機能とその機能の暴走に着目するこうした意味でのメゾ社会史は、重大な空白領域を抱えています。外国人労働者の存在をめぐり矢野氏が問題提起している、包摂されるマジョリティに対置されるマイノリティの存在をめぐる諸問題がそれです。ここでいうマイノリティとは、ドイツにおけるマイノリティ概念の展開を歴史的に検証した木村語郎クリストフ［木村 2007］の説明を借りれば、主として社会学において用いられる「周辺集団（Randgruppen）」（私は本書においては周縁という訳語をあてています）に属する、「外国人労働者やシンティ・ロマ（ジプシー）のほか、精神病者、身体障害者、売春婦、麻薬中毒者、セクト（正統的でないと見なされる教派）構成員、寄宿生［ママ］、前科者、ホームレス、放浪者、高齢者、シングル・マザーなど」［木村 2007: 125］を指しています。さらにこうしたマイノリティ理解は、現代社会の抱える社会的排除の対象となる人々をめぐる問題とも重なりあっています（この点については［岩田 2008］を参照）。では、こうした意味でのマイノリティはここまでの私の記述ではどのような存在として捉えられていたでしょうか。次にこの点を中間組織、およびそれが有した包摂・排除機能との関連で振り返ることにしましょう。

社会＝国家のマイノリティ

まず第一期の中間組織として取り上げた市民軍が三月革命後のベルリン市内の秩序維持のために排除対象とした人々は、市郊外でおこなわれていた整地や運河掘削といった公共の失業対策事業に従事していた「労務者」たちでした［川越 1988: 171 以下］。彼らは最初にそうした土木工事がおこなわれたベルリン郊外の地名をとってしばしば「レーベルガー（Rehberger）」と呼ばれていましたが、真っ昼間からの飲酒やさまざまな騒動の元凶として忌み嫌われていた彼らの出自は、種々の手工業職種からの脱落者や地方や農村から出てきたものの職につけない者など雑多であり、革命前夜のベルリンにおける、伝統社会を踏襲した救貧組織が排除対象とした定住性のない「プロレタリアート」［川越 1988: 81 以下］と重なりあっています。他方、市民軍の構成員である「市民」も、その実働部隊に関していうと、裕福な市民（銀行家や商人、高級官僚など）というよりは小手工業者（親方層）や労働者のなかのエリート層である機械工であり、市民軍の動きはレーベルガーを身分的な色彩を残す市民社会におけるマイノリティとして排除対象に据えることによって、市民社会の内部に踏みとどまることを狙ったものと解釈できます。こうした対立図式の一方で、職人労働者たちが結集した相互扶助組織や労働者友愛会は、組織の起源は伝統社会における職人組織にあるものの、自らの生活の自律性という、そのかぎりでは市民的ともいえる道徳の獲得を梃子に、当時の身分的でもあり同時に市民的でもあった過渡的な社会に適応しようとする、新しいタイプの中間組織であり、それが工業化された社会のなかでマジョリティとしての位置を占めることになるか、あるいはマイノリティによる抵抗組織となっていくかは未だオープンな状況にあったといえるでしょう。

続く第二期から第三期にかけ、ビスマルクの社会保険立法による国家の側からの働きかけもあって、労働者組織は、急進化する一部を除いて、マジョリティへの同化ないし新たなマジョリティの形成を指向するようになり、そうした労働者をターゲットとする新しい中間組織が生まれます。そこで重要な意味を持つのが、世紀転換期の社会変動から生まれ社会に定着し始める近代家族の規範化と標準化の動きです。性病撲滅協会と結婚・性相談所は、売買春に代表される性の乱れや男性と女性の間で異なった性規範（二重道徳）を批判し、愛情によって結ばれた夫婦と子供からなる市民的な近代家族（男性単独稼得者モデルないし主婦婚モデル）を社会におけるマジョリティに仕立て上げる（＝標準化する）うえで、大きな役割を果たしました（こうした支配的な家族モデルから逸脱したマイノリティとされたヴァイマル期の「高齢の独身女性」や二度の世界大戦によって「戦争障害者」となり期待される父親の役割を担えなくなった男性たちをめぐる包摂と排除の動きについては［辻ほか編 2016］所収の原論文、および北村論文を参照）。さらに保健所やそこで働く専門職者たちは、健康であろうとすること、つまり日常生活における逸脱行為の抑止を通じた病気予防を目指すことによって、労働者層を含むこの新たなマジョリティの安定化を指向することになります。こうした動きは同時に、標準から外れたマイノリティを可視化させるとともに、彼らを社会的に包摂するか排除するかという新たな問題を生み出すことになりました。売春婦や性病患者、同性愛者、アルコール中毒患者、労働忌避者たちは、一様にこの新たなマジョリティから排除されるのではなく、上記の中間組織を通じて「正常な」状態への復帰とマジョリティの共有する規範への同化へと誘導され、それにもかかわらず状態の改善のみられない者が逸脱者として排除されるという新しい回路がつくられていきます。ナチズムはその過程で、中間組織の強制的な均制化を通じて、こうした逸脱者を「非社会的分子」として一律にマイノリティ化し、自己の支配する社会の不安定性を覆い隠すべく、マジョリティたる「普通の人々」の積極的参画と黙認を得て彼らを抹殺する道を進み、ホロコーストへと突き進んで行きました。

第四期にあたる第二次世界大戦後の社会＝国家の黄金時代は、同時に近代家族の黄金時代でもありました。中間組織としての社会福祉頂上団体を担い手とした社会保障システムは近代家族を前提に組み立てられ、大衆消費社会をもたらした経済成長はマイノリティの存在を一時的に覆い隠します。しかしその黄金時代は短く、一九六〇年代後半には、ナチスの時代とのつながりを不問に付してきた社会＝国家のマジョリティに異議を唱える若者たちや、近代家族の性別役割規範に異議を唱えた女性たちを担い手とする広範な社会運動［ヘルツォーク 2012］を通じて、社会＝国家やその支柱となった近代家族規範そのものが大きく揺らぎ出すとともに、同性愛者、未婚の母、障碍者、薬物依存者などさまざまなマイノリティたちが声を上げ出しました。その動きは一九七〇年代後半に入って経済成長が足踏みしスタグフレーションと呼ばれる新たな経済問題が顕在化するなかで、あらためてマイノリティとしての外国人労働者の存在を浮かび上がらせます。本書で私はふれることができませんでしたが、この時期以降、こうしたマイノリティたちは自ら中間組織を立ち上げつつ、社会＝国家による包摂の試みと経済状況の悪化によって不安定化したマジョリティたちからの排除要求の間を揺れ動き続けることになります。

ドイツの現代社会、そしていわゆる先進工業化社会はこうした紆余曲折の過程を経て、どこに向かっているのでしょうか？　ここからは歴史の問題ではなく、私たち自身がアクターとしてその行方にかかわることになるのですが、二つの答えが可能なように見えます。一つは、現代社会は社会＝国家の枠組みを維持しつつマイノリティを排除することのない包摂型社会に向けて動いているというものであり、今一つの答えは、一九八九年のベルリンの壁崩壊後の世界は、アメリカ化という意味でのグローバル化が進み、新自由主義の旗の下、二〇世紀とは異なる新たな貧困・格差を生み出すことによって社会的排除が強化されているというものです。この二つの答えはどちらかが正解というものではなく、私自身も現代ドイツの市民参加型中間組織（多世代ハウスの試みなど）に希望の芽を見出しつつも、後者の問題の深刻さに思いをいたさざるをえません。前者だけをみるとそこに潜む新たな排除を見逃し、社会＝国家の未来にたいし過度に楽観的になる危険がありますし、さらにそれだけではなく、マジョリティによるマイノリティの排除の歴史には、まだまだ子細な検討が必要な問題がたくさん潜んでいると感じます。そう感じるきっかけとなったのは、かつての東ドイツ社会で活動していた人民連帯の歴史を追うなかで遭遇した次のような問題です。

この組織は、すでに第Ⅱ部第4章第2節でもふれましたが、東ドイツにおいて社会政策を体制正当化のよりどころとしていた社会主義政権を補完し、年金受給者が多かったボランティア（人民ヘルパーと呼ばれていました）と有給のフルタイム家事援助者を担い手とする高齢者の日常生活のサポートを軸に活動を展開していた中間組織であり、ドイツ再統一後にみられた東ドイツ時代への郷愁の根拠の一つともなった組織です。この家事援助の担い手のうち、有給の家事援助者の存在はあまり史料に出てこないのですが、当初からボランティアだけでは手の回らない家事援助活動の重要な戦力として想定されながら、賃金の低さ（東ドイツにおける最低賃金の水準）から人員確保が難しく、特に一九六〇年代半ば以降に高齢者支援に政策の力点が置かれるようになると、人員不足は深刻な問題となりました。そこでこの問題を解消するために投入されたのは、パートタイムで雇用された「一人で子育てをしている母親、「脱落者」や出国希望者、あるいは労働能力に制約のある者」だったとされています［辻ほか編 2016: 149］。つまりここから垣間見えるのは、中間組織を介して当該社会のマイノリティであった高齢者の生活をより周縁性の強いマイノリティが支え、結果として社会主義体制への批判者が多かった彼らがその意に反して体制の安定化に寄与するという構図です。この問題は現在に置き換えると、ヨーロッパで現実の問題となり、日本でも導入が検討されている外国人労働者（ヨーロッパでは場合によっては不法滞在者）による高齢者介護をめぐる問題と重なりあうことは、いうまでもないでしょう。

このようにマイノリティの側から中間組織の歴史をみてみると、メゾ社会史がまず取り組むべき課題は、中間組織がはらむさまざまな問題を史料に基づいて掘り起こすことだという、当たり前のことがあらためて確認できると思いますし、私自身も残された研究のための時間を特定のマイノリティの歴史を掘り起こすことに使いたいと思っています。とはいえ、メゾ社会史という視点を手がかりに、歴史のなかの中間領域、中間組織という大海に漕ぎ出し難破してしまわないためには、メゾ社会史とは何かを明らかにするとともに、メゾ社会史研究を通じて未来にどんな社会への見通しを持つことができるのかについて、暫定的であれ何らかの希望を持つことが必要だと思います。そこで最後にこの点に関して現在の私の見解を提示して、稿を閉じることにしましょう。私にとっての本書の最終項目のタイトルを当初の「メゾ社会史への道」から「メゾ社会への途」と改めたのは、こうした思いがあったからです。

メゾ社会への途

私たち人間がつくる社会は、そこに暮らす人々の取り結ぶ社会的関係（ソーシャル・キャピタル）の織りなすネットワークであり、人々を生命・生活リスクから守るセーフティネット機能を果たしてきました。こうした意味での社会をメゾ社会と呼ぶとすると、工業化以前の社会は、王や領主の支配領域のなかに点在する互助的な共同社会という意味でメゾ社会そのものだったといえます。初期工業化の時代には、その共同社会が揺らぎながらも新たな社会の形がみえぬまま、人々は在来のソーシャル・キャピタル（セーフティネット）と自助によってかろうじて生活をささえていました。ドイツを含むヨーロッパの工業化社会でそうした状況が大きく変わるのは、高度工業化の時代を迎え、ようやく工業化の果実が人々の生活を潤し始めた世紀転換期です。その頃に、ドイツを嚆矢として、国民国家が、次第に豊になり近代家族化してゆく国民の生活を守るセーフティネット機能を備え始め（＝社会保険の制度化）、国家とメゾ社会が領域的に重なりあう社会＝国家の時代が始まります。ただこの時代は同時に、国民国家が帝国主義化し、激しい植民地獲得競争と戦争に突き進むことによって、「大いなる分岐」の時代から現在の南北問題にまでつながるグローバルな構造的問題を尖鋭化させた時代であり、国民国家の内部では、総動員型の戦争による多くの「障碍者」や「寡婦」、優生学という新しい知を判断基準にした「劣等者」のような新たなマイノリティがつくりだされた時代でもあったことを忘れてはなりません。

この時代以降、現代に至るまで、メゾ社会は国家と国民の間に埋もれみえにくくなりますが、本書における中間組織の歴史をめぐる記述からも明らかなように、メゾ社会、その具体的な形としての中間組織は社会＝国家の制度に組み込まれ、社会＝国家を補完し、安定させる機能を果たし続けてきました。私たちはこの時代の中間組織の動きを、国家の側から国民をソフトに統合するとともに、その統合機能の脆弱さを暴力的なマイノリティ排除によって覆い隠す動きと、国民の側からの社会＝国家のマジョリティへの同化希求（たとえば景気後退期に貧困に陥りマイノリティ化されることへの怖れがそのモティベーションとなります）に対応し、彼らを社会＝国家に同調させる機能を果たす動きという、両面から捉えようとしてきました。私にとっては今後、この二つの動きの交錯点に現れるマイノリティの姿の可視化と、彼らと中間組織のかかわりを分析することを通じて、二〇世紀型社会としての社会＝国家のはらむ根源的な問題構造を明らかにし、同時にそこからの脱却の道筋を探ることが、メゾ社会史の基本課題となります。

現代は一方でグローバル化が進むとともに、ローカルな生活空間の解体と再生があらためて問題化されることによって、次第に国民国家としての社会＝国家の綻びが顕在化するとともにその相対化が進行し、自立した市民を担い手とする新しい中間組織を通じて、グローカルな社会としてのメゾ社会への途が模索されている時代です。こうした時代にソーシャル・キャピタル概念が新たな関心を集めているのは、決して偶然ではありません。二〇世紀型の〈強く〉、〈大きな〉国民国家によってマジョリティとしての国民が守られてきた社会から、貧困と格差をめぐる問題とマイノリティの排除をめぐる問題の克服を目指す多様なアクターが織りなすメゾ社会のネットワークに国家が取り込まれた、グローカルで〈しなやかな〉連帯社会への途。これが私にとって、メゾ社会史研究への道を支える希望です。

こうした理解に立つと、メゾ社会史研究への途は、すぐれて現代的な問題関心から、これまでの個別社会における中間領域としてのメゾ社会の変化とそこにおいてさまざまな中間組織（本書ではそのごく一部を取り上げたにすぎません）が果たした機能を明らかにすることを通じて、工業化以降の近現代社会のあり方の共通性と多様性を比較検討し、工業化社会に共通する構造的な問題を明らかにしつつ、同時にそれを解決しようとする多様な試みを歴史のなかから掬い取ることからひらけてくるといえるのではないでしょうか。現代の日本社会に生きる私たちが、アクターとしてグローバルかつローカルにどのような行動を選択したらよいのか。歴史を通じて現代を考える「対話」にあなたもぜひ参加してください。

【第Ⅲ部をめぐる対話】

いまなぜメゾ社会史か

コメント1

水戸部由枝

第Ⅲ部では、第Ⅱ部の内容とあわせて、本書のキーワードである社会＝国家概念とマジョリティとマイノリティ（排除と包摂）の問題について、さらには「メゾ社会史」が目指す方向性を確認したうえで、自分自身のこれまでの研究と「メゾ社会史」との関連性について考察しながら、コメントさせていただきます。

まず社会＝国家概念についてですが、川越氏は、①工業化の高度化が進み生活水準が上昇した社会の変動（人口転換・都市社会化・近代家族化）に対応し、②国家が国民の生活・生命上のリスクにたいするセーフティネット機能を果たし、③強く大きな国家を目指す国民国家と捉え、世紀転換期のドイツ社会が現代社会の起点でありつつも、二〇世紀の工業化された社会の共通性を示す、ドイツに限定されない概念であると説明しています。他方、矢野氏は、警察機構の巨大化は実態としては脆弱であり、労働者・社会下層の生活世界を把握できなかった実情を鑑みて、一八八〇年代を「遅れた近代化」の流れではなく、「現代化」への「転換点」と考えています。お二人の見解は、この時代を現代化の起点とする点で共通していますが、川越氏も、国家が社会を管理・統制できなかったことを背景にドイツが現代化の道を先取りしたとお考えでしょうか。また矢野氏は以前、「福祉国家概念こそ適切」と主張していましたので、川越氏の社会＝国家概念について異論がありましたら教えてください。

次にマジョリティとマイノリティ、包摂と排除の問題についてです。川越氏は売春婦や性病患者、同性愛者、アルコール中毒患者、労働忌避者たちを例に、マイノリティが社会の逸脱者として排除される、あるいは社会に包摂されるメカニズムを、彼らは一様に新たなマジョリティから排除されるのではなく、中間組織を通じて「正常な」状態への復帰とマジョリティの共有する規範への同化へと誘導され、それにもかかわらず状態の改善のみられない者が逸脱者として排除されると説明しています。そしてさらに、東ドイツの高齢者の生活を例に、中間組織を介して当該社会のマイノリティであった高齢者の生活をより周縁性の強いマイノリティが支え（外国人労働者による高齢者介護）、結果として社会主義体制への批判者が多かった彼らが、その意に反して体制の安定化に寄与するという構図を明らかにしました。

川越氏によると、社会＝国家における中間組織には、国家の側からは、国民をソフトに統合する動きと、その統合機能の脆弱さを暴力的なマイノリティ排除によって覆い隠す動きが（矢野氏は、他者排除への道は、社会的動員ができなかったことの裏返しであると指摘しています）、国民の側からは、社会＝国家のマジョリティへの同化希求に対応し、彼らを社会＝国家に同調させる機能を果たす動きの両側面があります。そして、社会＝国家の枠組みを維持しつつマイノリティを排除することのない包摂型社会を目指す一方、グローバル化と新自由主義の下、二〇世紀とは異なる新たな貧困・格差が生み出される（矢野氏のいう警察国家の強化と福祉国家の弱体化）ことで社会的排除が強化されている現代社会の課題とは、この二つの動きの交錯点に現れるマイノリティの姿の可視化と、彼らと中間組織のかかわりを分析することによる、二〇世紀型社会としての社会＝国家のはらむ根源的な問題構造の明確化、同時にそこからの脱却の道筋を探ることにあると、川越氏は指摘しています。

他方、矢野氏は、歴史的にはマイノリティの問題は「他者」ではなく社会のマジョリティから生じると考えており、たとえば権力と外国人のマイノリティとが対峙する場にはドイツ人マジョリティがからみ、こうした関係のなかで、官僚、企業や地方自治体という「中間的存在」が存在し、政策が策定され実施されていくと分析します。では、現代社会の課題に取り組むうえで、期待される中間組織の働きとは具体的にどのようなものでしょうか。これと関連して、石井氏が指摘していることですが、中間組織のなかにさえ存在する排除の構造についてどのようにお考えでしょうか。

次に「メゾ社会史」についてです。川越氏によると、メゾ社会史とは国家と国民、企業と消費者、政府／行政と市民といった近代社会ないし社会＝国家を構成する基本ユニットの間に位置する中間的領域の歴史を指向するもので、社会史と政治史、マクロな社会構造史とミクロな日常史を架橋するための概念、マクロとミクロな対象領域の間に横たわっている膨大な領域を意味します。他方、矢野氏は、公共の場から構成されるマクロ史と労働の場と生活の場からなる人々の「生活世界」であるミクロ史が遭遇する場、多様な局面で存在する国家権力の担い手と人々との間の関係（「社会の裂け目」）、

「社会的規律化」と「社会的統合」が遭遇する場について考察することがメゾ社会史の構築につながり、そしてミクロの世界に登場する主体（アクター）の制度・組織が、全体のマクロの社会のなかでは中間（メゾ）領域を形成すると考えています。

お二人の見解は、歴史を通じて現在と未来の社会を考えるうえで、このメゾ社会史の視点はすぐれて現代的な意味を持つ、という根本的なところで一致していますが、お二人の間では、川越氏は生活空間としての都市社会とそこに暮らす家族やその生活をいろいろな形でサポートする中間的組織の織りなすネットワークを、矢野氏は労働者組織や中間組織としての警察といった対立する二項を媒介しつつ、現代社会の重要な構成要素となっていく中間的な領域や組織に焦点をあてている点で違いがみられます。では、川越氏が取り上げたこれら中間組織の「役割」と矢野氏が指摘する中間組織の「機能」という分析視角の違いをどう整理したらよいのでしょうか。また川越氏は第Ⅱ部第2章で、二一世紀社会の行方を方向づけるのは、自立した市民によってゆるく組織された新たな中間組織が、国民国家の枠を超えたグローバルかつローカルなネットワークを形成すること、第Ⅲ部第1章では、貧困と格差・マイノリティの排除の問題の克服を目指す多様なアクターが織りなすメゾ社会のネットワークに国家が取り込まれた、グローカルで「しなやかな」連帯社会への途を築くことではないか、と仮説を立てていますが、このような見方について矢野氏はどうお考えですか。

最後に、「メゾ社会史」と私のこれまでの研究との関連性について少し述べさせていただきます。私は、川越氏・矢野氏の研究に触発されながら研究者を目指した世代です。とりわけ『性に病む社会』は、私の修士課程進学の直前に出版され、また恩師である故齋藤哲氏より「この本を読んで今後の研究の方向性を考えるように」と薦められたこともあり、その後の研究生活にさまざまな形で影響を与えてくれました。とりわけ「星雲状態」［川越 1995: 79］と表現された「家族と性をめぐる伝統的な規範と新しい規範のぶつかり合いが生じ、次々とアイディアが提供されるものの規範が定まらない二〇世紀への世紀転換期」という一文は私を魅了し、この内容は結局、博士論文のテーマとなりました。

博士論文の目的は、帝国主義、ナショナリズムの高揚、優生思想の広がり、急激な産業化・都市化がみられた世紀転換期において、政治家、教会関係者、専門家集団、社会改良家、女性運動家など中間組織の担い手たちは、出生率低下、乳児死亡率の上昇、売買春、産児制限の広がり、自由恋愛、事実婚をどのように社会問題化し、その解決を試みたのか。この問題を西南ドイツのバーデン大公国を事例に、①性道徳、②売買春、③産児制限の三つの分析視角から検討することにありました。①では、市民的女性解放運動とヴェーバー・サークルで展開された恋愛と性道徳をめぐる論争を、②ではドイツ帝国とバーデン大公国の比較を交えながら管理売春制度と女給問題をめぐる議論を、③では、市民的女性解放運動の急進派指導者へレーネ・シュテッカーと堕胎論争、一九一三年にドイツ社会民主党で展開された「出産ストライキ」論争を取り上げることで、ドイツ帝政期の市民社会にみる「セクシュアリティと政治の関係」を浮き彫りにする、というのが論文の内容です。

これらの研究から明らかになったことは、第一に、出生率低下は将来の労働力の低下と兵士の減少といった点で、売買春は公衆衛生（とりわけ性病の蔓延）と社会秩序の悪化といった点で、国力の低下を意味すると理解されたこと（ここでは、売春婦が市民的規範に反することを理由に社会から排除されながらも、社会秩序と社会衛生の維持を理由に必要悪として社会に包摂される管理売春制度がもつ排除と包摂のメカニズムを明らかにしました）、ゆえに、可能なかぎり能力・質の優れた子孫を増やすことによる健全な社会づくりが試みられたこと、第二に、公権力側と専門家の多くは、これら社会問題を解決するために法律・制度・政策、風紀警察、啓蒙活動などを通じて私的領域へと介入し、個人のセクシュアリティを厳しく管理しようとしたことです。

そして現在は、これまでの研究を継承した形で、第二次世界大戦後の「セクシュアリティの統制と解放」という研究テーマに、具体的には、家族とライフコースの多様化、産児制限（避妊・妊娠中絶）、同性愛、レイプ、性病、一九六八年運動と「性革命」、性教育、性規範などの問題に取り組んでいます。世紀転換期においては、セクシュアリティに関して議論されるにとどまりますが、一九六〇～七〇年代になると、そうした議論は自己決定、私的領域における権力の問題と強く関連しながら深化・具体化し、結果として実践的な運動や法改正の実現へとつながりました。

これらの研究内容は、今、振り返って考えますと、川越氏の社会国家および中間組織に関する研究と、矢野氏の警察や外国人労働者を題材とした生権力および規律化権力に関する研究に追随するものです。性規範や個人のセクシュアリティは、いかなる政治的枠組みのなかで、また政策・制度のもとで、どのように規定され、逆にアクターとしての個人のセクシュアリティ観（規範への同調と抵抗）は、政策・制度、あるいは政治や社会形成にどのような影響を与えるのか。またこれらのことから全体として何がみえてくるのか。他方で、個人の身体的・心性的なセクシュアリティという世界にどのようにアプローチすることが可能であるのか［矢野・水戸部 2015］。これらの問いの答えは、社会国家性のようなマクロ的な枠組みと、史料分析と言説分析を組み合わせたミクロ的な実証研究を統合する「メゾ社会史」研究を通じて、明らかになるのではないかと考えています。

研究テーマを一つに限定せず、ドイツ社会史研究を次々と発表し、ドイツ史研究そのもののあり方を変えようとしてきた川越氏と矢野氏。そのお二人が、いまや研究方法の相違を「研究上の個性」として認めあい、「ひと休み」することなく、「メゾ社会史」研究の可能性を広げようとしています。その根底にあるのは、「社会を変えようと思っている人だけが社会を変えているわけではない。〝考えること〟が社会を変える」という信念、「社会の裂け目」を失ってはならないという危機感、そして世代とミリューを超えた歴史叙述の構築という研究者としての責任感でしょう。タイトル『明日に架ける歴史学』には、そうしたお二人の熱い思いが込められているのです。

コメント2

石井香江

「メゾ社会史」を掲げる本書ですが、その理解や実践のあり方は、お二人の間でやや異なっています。次にお二人の「メゾ社会史」理解を比較・整理し、評者自身の研究の知見をふまえ、「メゾ社会史」の今後の可能性について考えてみます。

川越氏の定義によると、「メゾ社会史」とは「国家と国民、企業と消費者、政府／行政と市民といった近代社会」ないし「社会＝国家を構成する基本ユニット」の間に位置する「中間的領域の歴史を指向するもの」です。「制度としての社会＝国家が安定的に機能」するうえで重要な機能を果たしてきたのが「中間的領域」であるといいます。特に今日、「自立した市民によってゆるく（そして開放的に）組織された新たな中間組織が国民国家の枠を超えてグローバルかつローカルにつながりあったネットワークを形成」し、これが「二一世紀社会の行方を方向づける役割を担うのではないか」と、中間組織を未来のなかに積極的に位置づけています。氏は中間的領域ないし中間組織を軸にドイツ近現代史を振り返ることで、その可能性や問題点を探る手がかりを得ようとされているのでしょうか。

川越氏は数ある中間組織のなかでも、自ら分類する三つ目のタイプに希望を託します。一つ目は、職人たちの相互扶助組織のように社会保険制度が機能するうえで重要な基盤となった組織や、福祉関連組織のように伝統社会の流れをくみながら、社会＝国家制度を補完する働きを担った組織、二つ目は、氏が取り上げた性病撲滅協会や女性組織のようにシステムとしての社会＝国家が作動するのを促し、「下からの同調機能」を果たした組織、そして三つ目が、社会＝国家とは異なるオルターナティブな社会を志向する中間組織です。氏はこの「自立した市民を担い手とする」「貧困と格差をめぐる問題とマイノリティの排除をめぐる問題の克服を目指す」新しい中間組織の今後に希望をつないでいます。ただしこの願いを実現するには、氏がすでに東ドイツの事例において意識されているように、従来の中間組織に対する批判的検討が不可欠でしょう。氏が「メゾ社会史がまず取り組むべき課題は、中間組織が孕むさまざまな問題を史料に基づいて掘り起こすこと」と記されていることとも関係しますが、従来の史料認識の枠組みを拡大しなければうかがい知れない問題も中間組織の内部には存在するでしょう。中間組織の持つ矛盾についてうかがい知れる事実が、従来から認知されている史料にどのような形で残されているのでしょうか。たとえば組織で活動する人たちの不満が、文書館に残る資料に残されていることは稀なのではないでしょうか。そうであれば、オーラル・エヴィデンスやエゴ・ドキュメントにも手がかりを求め、限定的にでも組み込んでいくことが必要ではないでしょうか。声を持たない、リテラシーのない、あるいは、さまざまな事情で声を出せなかった無数の人が歴史のなかには存在し、たとえ限定的であっても、多様な史料のなかに、人々が辿った多様で複雑な生の痕跡を見つけ出し、彼女・彼らが直面せざるをえなかった問題（市民社会の排除の構造など）を照らし出すことも必要でしょう。これはまた、矢野氏が目を向けられている労働者間や地域内の相互扶助組織においてもいえることです。相互扶助活動は同じ労働者や同郷者であるという共同性が暗黙の前提にされていますが、各人の抱える事情、価値観や利害は異なることもあるでしょう。たとえば特定の女性の労働者や下層民が従来の相互扶助組織から排除されるとか、家族やコミュニティの力関係のなかで特定の人々が半強制的に活動に組み込まれていたという可能性はないのでしょうか。個人化への途上にあった家族［ベック 1998］を、切れ目のない一つの単位として理解するには限界があるでしょう。当たり前ではありますが、理念ではなく現場においてこそ、中間組織の影の部分が浮かび上がるように思います。

他方で、「メゾ社会史」とは矢野氏の定義によると、中間組織の歴史を意味するものではなく、マクロ社会史の対象としての「権力の社会史」とミクロ社会史の対象としての「民衆の生活世界」が「〈遭遇する場〉を考察の対象にすることです。つまり、対象というよりも分析の次元がメゾなのです。そして氏の意図する「メゾ社会史」の課題は、「国家権力の支配の対象としての人々と権力機構に参画する人々、この二重性自体を考察対象とするということ、そしてそれをどのように捉えるのか」ということです。ここで氏が注目する労働者・社会下層は、「社会的に抑圧されつつ、「内なる者」へ向かって社会的統合化の対象」となった「内なる他者」と定義される一方、「外国人労働者やジプシーなど国民に含まれない人々、国民を形成しない者」は「外なる他者」として位置づけられ、「内なる他者」とは異なる形で社会の抑圧と統合の対象となりました。ドイツの労働者・社会下層が持っていたこの被抑圧と抑圧の二重性は、ナチ期にドイツ人住民や労働者が密告社会あるいは監視の担い手になった事実にも現れています。この視点は、現代を一般の人々も参画する監視社会と捉える見方にもつながり、それは厭世的な世界観に通じているようにも思われます。しかし、氏は「社会の裂け目」がどこに存在するか、これを考察することも「メゾ社会史」の重要な課題であると考えています。「社会の裂け目」とは、出口のない世界の一筋の希望として理解できるのでしょう。これは「広義の国家権力の網の目の展開によって、それにたいして人々が連帯を求めて地域を超える動き」を指し、この国家権力と人々との間の関係は「多様な局面で存在」しているといいます。氏はこの「間の関係」を考察することに「メゾ社会史の積極的な意義」を認めていますが、ここでは具体的にどのような動きを想定されているのでしょうか。また、国家権力と人々との関係が多様な局面に存在していたのはドイツにかぎらず、「社会全体の総合的関連から諸国の比較をするのではなく、個別領域あるいは個別問題での比較から始めることが重要」であると比較研究の意義にも言及されていますが、個別領域での比較研究の展望について、マクロな国際比較研究との対比も交え、より具体的に説明していただきたいと思います。

最後に、評者のメゾレベルの分析の理解とその意義についてまとめておきます。川越氏・矢野氏の研究が明らかにされているように、政治・経済システムというマクロレベルの構造は、生活世界というミクロレベルに生きる行為者に直接働きかけるのではなく、メゾレベルを構成する組織、集団、制度の媒介を必要とします。構造の持つ規定力を自明とし、行為者＝アクターの主体的な働きかけ、すなわち歴史形成力（エージェンシー）を過小評価する従来の研究アプローチは、一九九〇年代後半から労働史・産業史研究のなかでも批判され、マクロとミクロをつなぐメカニズムを明らかにするうえで、メゾレベルの分析が重要視されるようになっています［Müller-Jentsch 1997; Geissler 1998; Bednarz-Braun 2000］。例えば評者の研究関心に引きつけると、企業組織（帝国郵便）は雇用主（初代郵便長官シュテファン）の戦略に従う機械なのではなく、労働関係、協働関係、権力関係に形づくられており、ある職務がある特定の性別・社会階層・エスニシティの人々に配分される際も、雇用主・職能組織・被用者という複数のアクターが相互に関与しています。つまり、性別職務分離のメカニズムを理解するうえでも、雇用主・職能組織・被用者の各アクターの動きだけに注目していたのでは、アクター間で織りなされる複雑な動きを捉えることはできません。つまり、マクロレベルとメゾレベルをつなぐ中間組織の活動の諸相に鋭い目を向ける川越氏のアプローチも、マクロレベルとメゾレベルが出会う場所でのアクター間の交渉を厚く記述する矢野氏のアプローチも、従来ブラックボックスにされてきた部分に光を当て、真相を解き明かすうえで大きな可能性を持っています。さらに、歴史研究の意義にもかかわることですが、「明日に架ける歴史学」という表題にも込められているように、グローバル化のなかで多くの困難な課題を抱える現代の若者たちが、諦めてしまうのではなく、どこに「社会の裂け目」を探すべきか、その手がかりと希望を示してくれているように思います。

応答 1

川越修

第Ⅲ部に関するお二人のコメントを読ませていただいて、一番嬉しかったのは、お二人がそれぞれ自分のこれまでの研究に照らし合わせながら、メゾ社会史という耳慣れない言葉を何とか理解し、その可能性を探ろうとして下さったことでした。そこで最後の応答となるこの場を借りて、メゾ社会史について本書を書きながら考え、さらに矢野氏やお二人のコメンテーターと対話を重ねることによって、私が辿り着いたとりあえずの着地点をまとめておきたいと思います。本文のなかで、私は中間組織、中間領域、メゾ領域、メゾ社会史、セーフティネット、ソーシャル・キャピタルといった用語を、その都度きちんと定義しないまま使ってきました。それはメゾ社会史という未知の視点・方法を手探りで模索するという過程ではやむをえなかったといえるのですが、以下ではこれらの用語を、現時点での私の理解に従って整理することにしたいと思います。

私は、社会とは生命・生活上のリスクからその構成員を守るものだという定義から出発しました。それは社会保障制度を重要な柱とする二〇世紀型の社会＝国家を人間社会の長い歴史のなかに位置づけることを目的としたものでした。しかし、現時点では、こうした社会概念はあまりに現代に引きつけすぎた、狭隘なものだと考えるに至りました。

ではそもそも社会とは何か。社会をどう定義するかということになりますが、私は社会を人と人との関係のあり方を示すソーシャル・キャピタル（社会的関係資本）のネットワークと定義づけ、そのネットワークをメゾ社会と呼びたいと思います。このネットワークが構成員を生命・生活リスクから守ることを重要な機能としていることは、あらためていうまでもありません。

ではこうした意味でのメゾ社会概念と、中間領域および中間組織という概念はどういう位置関係に置かれるのでしょうか。私が中間を意味するメゾという言葉を社会史の対象領域としようと考えた際に念頭にあったのは、歴史的な重層構造であれ、空間的な複合構造であれ、そもそも社会総体としての構造を捉えようとする際に、二層構造で捉えるか三層構造で捉えるかという、社会科学や社会科学的な歴史学が永らく議論を重ねてきた経緯でした。マルクスの上部構造と下部構造、本論でもふれた従属理論の中心と周辺という構造概念は前者に属しますし、それらを批判して世界システム論を提唱したウォーラーステインは中枢－半周辺－周辺という三層構造を、そしてブローデル（とりあえず［ブローデル 2009］とそこにおける訳者解説を参照）は、三層の時間（長期に持続する地理的な時間－複合的な状況を表す社会的時間－短期に生起する出来事を表す個人的時間）と三層の空間（物質文明－市場経済－資本主義）を組み合わせることで「全体としての社会史」を描こうとしたといえます。

本文のなかで私は社会を三層構造として捉えるという視点を借りて、三層の真ん中にあたる領域を、特に区別しないまま中間領域とメゾ領域という用語で表記してきましたが、最初のほうでは中間領域、終わりに近づくに従ってメゾ領域の使用頻度が高くなったと思います。その際、いずれにしても両者は、「全体としての社会」のなかで経済と政治、国家と国民、権力と民衆といった対概念の中間に位置し、両者がぶつかり合い、社会が動く現場となる領域を意味しています。

さらに私が重視したいと考えたのは、このメゾ領域でぶつかりあう二つのモメントは単純に下部と上部、統合と合意、支配と服従といった関係にあるだけではなく、メゾ領域において複雑な関係を取り結んでおり、その複雑な関係を媒介し、社会を安定的に機能させたり不安定化させたりする役割を、メゾ領域で活動する広範な中間組織が担っているという視点です。

私が本文で論じた、社会は接合的に変化するという仮説において、変化を規定する要因に、長期に持続する連続的な要因やそれを大きく変えようとする急激な変動要因とならんで、この二つの要因がぶつかりあう歴史的な現場で、その時代のさまざまなアクターたちがおこなう選択的行動を第三の要因として挙げたのも、このメゾ領域・中間領域および中間組織の重要性と無関係ではありません。こ

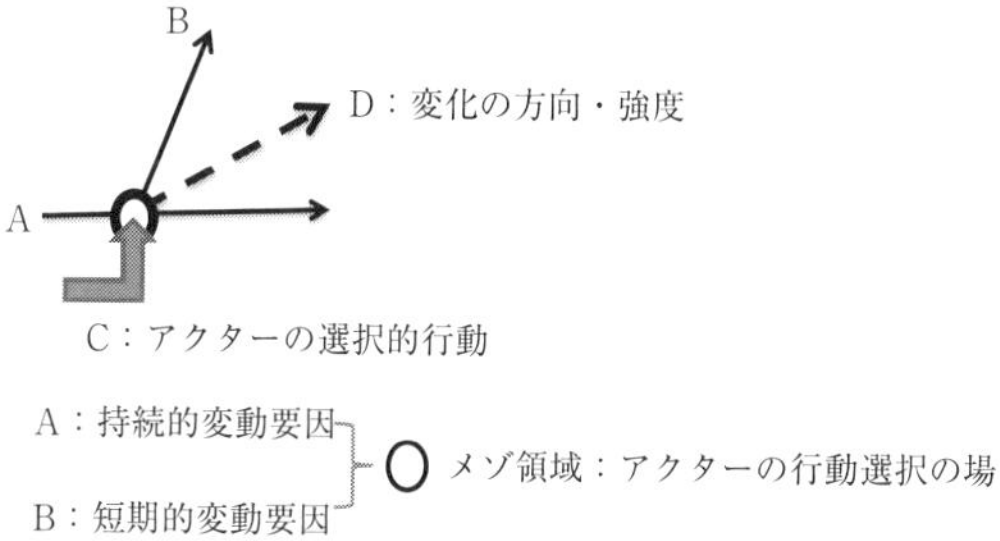

図6

の点を示したのが図6です。

では、ここにいう中間組織とは具体的には何を指しているのでしょうか？　以上のように定義づけするとなると、何もわざわざメゾ社会とか中間組織といわなくても、これまでの社会史研究が研究対象として取り組んできた問題そのものではないかという疑問が湧いてきます。たしかにそうともいえるのですが、それでもあえてこうした中間組織に焦点をあてようとしたのは、一つには中間組織とは、先ほどのブローデルの見方を借りれば、社会的な領域／時間と政治的な領域／時間の接点にいわば「出来事」的な形をとって立ち現れるものであり、繰り返しになりますが、その意味において中間領域をめぐる他の諸問題に比し多くの史料が残されている可能性が高いからです。そして今一つの理由は、これまでの中間組織をめぐる研究が個別の時代、個別の地域、個別の事例をめぐる研究として孤立し、それらを結びつけたり相互比較したりすることを通じて、個々の時代の個々の社会の特性を明らかにしたり、工業化社会、近代社会、「現代社会」とは何かを検討する歴史的な共同作業をおこないにくい、現在の歴史研究の状況にあります。以上のような枠組みを設定することによって、新たな共同研究が芽生えてきてほしいというのが、私たちの願いですし、この応答の冒頭にお二人のコメントが嬉しかったと書いたのは、こうした意味においてです。

コメントの表現を借りれば、矢野氏と私は、「地べたを這う」歴史と「空から俯瞰する」歴史という対称的な歴史を志向しているようにみえるかもしれませんが、個性という言葉で表現したように、この二つの歴史の見方はそれ自体で完結し、その優劣を競うようなものではありません。私たちが本書を通じ提示したかったのは、今から考えると、この対極的とも見える歴史への眼差しがクロスする場がどこにあるかを探りあう私たちの対話のプロセスそのものだった気がします。そしてその帰着点が、両者の中間、単なる物理的な中間ではなく、この二つの視点が交錯する場としての中間領域・メゾ領域だったといえるかもしれません。

私自身は、本文の最後でも書いたように、今後は社会＝国家におけるマイノリティの問題に絞って、私なりに「地を這う」歴史と取り組もうと思っています。その過程で、いろいろな研究対象と取り組んでいる、取り組もうとしている、そしてそれに関心を持ってくださる、さまざまな方々と出会い、新たな対話を交わすことができれば、「明日に架ける」という本書の目的は達せられたといえるでしょう。

応答2

矢野久

私が強調したかったのは、中間領域が重要であり、中間領域を対象にすることによってミクロの視点とマクロの視点の原理的対立を克服する途があるだろうということです。それにはメゾ領域をメゾの視点から考察することが重要です。私はヘゲモニー概念を使って考察しましたが、中間領域はヘゲモニー争いの場であり、この場においては一方で民衆（人々）の「生活世界」、他方で警察権力が重要な役割を果たしています。これらの両者の間の関係として中間領域を考察しようとしました。中間領域として警察機構を分析の対象としたわけではありません。

警察機構は本来権力機構であり、生活世界とは対立します。しかし警察機構は一九世紀から二〇世紀にかけて拡大し、そのことによって警察機構の人員は生活世界に生きる人々からリクルートするようになります。警察機構が部分的に社会の中間組織になっていくということです。しかし権力機構の一環ですから、秩序維持としての社会の「安定化」の手段ですが、社会がこれによって安定化するかどうかというと、警察が生活世界に不安感を持ち、暴力でもってこの生活世界に介入しようとして、社会の不安定化に寄与することもあったのです。

他の中間組織も社会の安定化に資したわけではないと思っています。さまざまな中間組織があり、各中間組織がどのような方向に向かうかによって、社会の安定化に資するかもしれないし、逆かもしれないのです。政治が暴力独占のあり方を規定し、政治のあり方は社会の方向性を規定しますが、社会のあり方は同時に中間領域にあるさまざまな中間組織によっても規定されています。どのような方向に社会が向かうかは、この中間領域でヘゲモニーのあり方に依存していました。

川越氏は、一方でマジョリティの安定化を指向する中間組織（専門職者や社会福祉団体など）の動向を考察して包摂のメカニズム、他方でマイノリティ（社会運動の担い手、同性愛者、未婚の母、障碍者、薬物依存者など）の存在に目を向け、逸脱者として排除する新しい方向性の二重の展開を強調されています。包摂社会と社会的排除。社会＝国家概念は前者の方向性だけを示すものだと思っていましたが、そうではないことがはっきりしました。その意味では私の構想とあまり違わないということになります。

近年、日本で問題となっている貧困と格差にさらされた人々の問題と、歴史的に存在するマイノリティ問題は同じではないので、一括して捉えることは困難だと思います。前者については川越氏はメゾ社会のネットワークに連帯形成をみておられますが、実際には権力側は貧困層を体制側に取り組むシステムを構築していくでしょう。そこでは中間組織も大きな役割を果たします。

他方でマイノリティは自分たちのネットワークを持っており、マジョリティから排除されればされるほど、そのネットワークを強化していきます。独自の文化圏を強化することになり、しかし同時にますます排除の対象になります。国家はその排除の構造を強化こそすれ、包摂へと展開する可能性は、少なくとも日本においては小さいような気がします。にもかかわらず、貧困と格差にさらされた人々の連帯の可能性は中間組織の形成にしかないでしょう。その意味で川越氏と私との間では対立はありません。

私はこの可能性は「社会の裂け目」にあると考えています。社会を中間組織の「実体」を前提にした権力と人々との「関係」として捉え、社会には「社会の裂け目」は遍在しています。歴史的にみるとこの裂け目はますます少なくなっていますが、なくなったわけではありません。私が「社会の裂け目」に将来への展望をみているのにたいし、川越氏は「自立した市民を担い手とする新しい中間組織」に希望を持っておられます。この中間組織は川越氏の構想では社会＝国家のセーフティネットの一環と捉えられているものと考えていましたが、社会的に排除されたマイノリティの側からも出てくるという論理になっているようです。

川越氏が、二〇世紀型の社会から、マイノリティを排除しないメゾ社会に国家が取り込まれた連帯社会への途に希望を見出しておられるのは納得がいきます。私も将来への希望をここにしか見出すことはできません。福島原発に関わる母親たちの運動、安保法制の問題で立ち上がる若者たちは、権力側が中間組織を介して提供するセーフティ・ネットに対する異議申し立てだと思います。「社会の裂け目」は存在しています。

国家権力は生活世界の批判性を潰す戦略を展開してきましたが、強固な生活世界に阻まれてできませんでした。そもそも一九世紀から二〇世紀にかけて「連帯社会」の形成を許さない権力の側の対応、それに対して生活世界はかなりの抵抗を示してきました。しかし国家権力は生活世界よりもはるかに強力であり、中間組織を動員して生活世界に「上から」介入しようとしました。生活世界の抵抗力はナチ時代においてもかろうじて残存しましたが、戦後の経済成長の時代に生活世界自体が変化し、人々は徐々にヘゲモニー争いに負けていきました。人々の連帯形成の可能性がなくなるかのような状況になりつつあるとはいえ、最近のドイツ社会が示しているように、難民排斥の動きと難民を積極的に受け入れる動きが対立しています。国家権力はこの問題に今後どのように対処し、社会のヘゲモニー争いはどのように展開していくのでしょうか。

最後にメゾ社会史について述べておきます。新聞の三面記事、週刊誌の世界にはスキャンダルもあれば、殺人もあれば、なんでもあります。記事で書かれたことは事実を示しているのか必ずしも定かではないことは、みなさんは感じておられるでしょう。事実かどうかはともかく、記事を書いている側はいいたいことあるいはいわざるをえないことを記事にするのでしょう。その世界は社会についての考えを形成する重要な手段であり、場合によっては政治的な意味も持ちます。であるがゆえに権力側はこの世界を権力に有利なように操作するのでしょう。

メゾ社会史はこの辺りに関連しています。生活世界と警察権力とが交錯するのがメゾ領域です。この領域はきわめて広く、私が社会という概念で想定しているのはこれらすべてを含めたものです。川越氏が想定する社会はこの意味での社会ではなく、もっと狭い領域でしょう。狭いことが問題ではなく、狭く限定することで問題がはるかに明瞭になる利点をもっており、国際比較が可能なのだと考えられます。私の社会概念では問題が鮮明にならず、したがって国際比較などできそうにありません。

私たちが本書で試みようとしたのは、それぞれで自分たちの概念から出発して同じ時代をそれぞれの観点から考察し、それを対置させて考えようということです。結局のところ、表現こそ異なれ、かなりのところで同じ途を目指していることが明らかになったと思います。

私は川越氏の社会＝国家概念を使わずに論を進めてきました。私の社会概念、福祉国家概念と異なるからですが、この違いは重要ではなく、むしろそれぞれが説明したい内容こそが重要であり、であるがゆえに対立もしているのですが、話は噛みあっていると思います。

ある社会の特徴を他の社会のそれとどう違うのかについては、私のミクロ社会史からすぐに出てくるのでしょうか。残念ながらそう簡単ではありません。ここに私のミクロ社会史の持つ問題性があり、したがってここからメゾ社会史へ展望することで、今後の研究を進めていきたいと考えています。

引用・参照文献一覧

【川越修】
アレン、ロバート・C.,（2012）『なぜ豊かな国と貧しい国が生まれたのか』（グローバル経済史研究会訳）ＮＴＴ出版
アレン、ウィリアム・シェリダン（1968）、『ヒトラーが町にやってきた』（西義之訳）番町書房
岩田正美（2008）、『社会的排除――参加の欠如・不確かな帰属』有斐閣
上田有里奈（2014）、「ドイツにおける新たな家族政策と多世代ハウスプロジェクト」『経済学論叢』（同志社大学）、66–3
ヴェーラー、ハンス・ウルリヒ（1983）、『ドイツ帝国　１８７１－１９１８年』（大野英二ほか訳）未來社
河合信晴（2015）、『政治がつむぎだす日常――東ドイツの余暇と「ふつうの人びと」』現代書館
川越修（1988）、『ベルリン 王都の近代――初期工業化・１８４８年革命』ミネルヴァ書房
川越修ほか編（1990）、『近代を生きる女たち―19世紀ドイツ社会史を読む』未來社
川越修（1995）、『性に病む社会――ドイツ ある近代の軌跡』山川出版社
川越修（1996）、「１８４８年革命」成瀬治他編著『世界歴史大系 ドイツ史2――１６４８年～１８９０年』山川出版社
川越修（2004）、『社会国家の生成――20世紀社会とナチズム』岩波書店
川越修ほか編（2008a）、『生命というリスク――20世紀社会の再生産戦略』法政大学出版局
川越修ほか編（2008b）、『分別される生命――20世紀社会の医療戦略』法政大学出版局
川越修ほか編（2008c）、『社会国家を生きる――20世紀ドイツにおける国家・共同性・個人』法政大学出版局
川越修ほか（2010）、『ワークショップ社会経済史――現代人のための歴史ナビゲーション』ナカニシヤ出版
川越修（2011）、書評：杉田 2010,『経済學雑誌』（大阪市立大学）111–4

川越修（2012）、書評：高岡　2011,『歴史評論』743
川越修（2014a）、書評：福澤　2012,『社会経済史学』79-4
川越修（2014b）、書評：リッター　2013,『海外社会保障研究』186
川越修（2015）、書評：松原　2013,『歴史学研究』927
川越修ほか編（2016）、『歴史としての社会主義社会――東ドイツの経験』ナカニシヤ出版
木村語郎クリストフ（2007）、「ドイツにおけるマイノリティ概念と政策」岩間暁子ほか編著『マイノリティとは何か』ミネルヴァ書房
コッカ、ユルゲン（2011）、『市民社会と独裁制――ドイツ近現代史の経験』（松葉正文ほか訳）岩波書店
シュレーア、ヨアヒム（2003）、『大都会の夜――パリ、ロンドン、ベルリン　夜の文化史』（平田達治ほか訳）鳥影社ロゴス企画部
杉田菜穂（2010）、『人口・家族・生命と社会政策――日本の経験』法律文化社
スコット、ジョーン・W（1992）、『ジェンダーと歴史学』（荻野美穂訳）平凡社
高岡裕之（2011）、『総力戦体制と「福祉国家」』岩波書店
辻英史ほか編（2016）、『歴史のなかの社会国家――20世紀ドイツの経験』山川出版社
姫岡とし子ほか編（2009）、『ドイツ近現代ジェンダー史入門』青木書店
福澤直樹（2012）、『ドイツ社会保険史――社会国家の形成と展開』名古屋大学出版会
フライ、ノルベルト（1994）、『総統国家――ナチスの支配　1933-1945』（芝健介訳）岩波書店
ブラックボーン、デーヴィッド、ジェフ・イリー（1983）、『現代歴史叙述の神話――ドイツとイギリス』（望田幸男訳）晃洋書房
フランク、A・G（1980）『従属的蓄積と低開発』（吾郷健二訳）岩波書店
ブローデル、フェルナン（2009）『歴史入門』（金塚貞文訳）中公文庫
ヘルツォーク、ダグマー（2012）、『セックスとナチズムの記憶――20世紀ドイツにおける性の政治化』（川越修ほか訳）岩波書店

ポイカート、デートレフ（1994）、『ウェーバー　近代への診断』（雀部幸隆ほか訳）未來社
松原裕之（2013）、『虫喰う近代――1910年代社会衛生運動とアメリカの政治文化』ナカニシヤ出版
見市雅俊ほか編（1990）、『青い恐怖　白い街――コレラ流行と近代ヨーロッパ』平凡社
南利明（1998）、『ナチスドイツの社会と国家――民族共同体の形成と展開』勁草書房
メイヤスー、C（1977）、『家族共同体の理論――経済人類学の課題』（川田順造ほか訳）筑摩書房
本澤巳代子ほか編（2007）、『家族のための総合政策―日独国際比較の視点から』信山社
矢野久ほか編（2001）、『ドイツ社会史』有斐閣
山根徹也（2003）、『パンと民衆――19世紀プロイセンにおけるモラル・エコノミー』山川出版社
リッター、ゲルハルト・A（2013）、『ドイツ社会保障の危機――再統一の代償』（竹中亨監訳）ミネルヴァ書房

Angerhausen, Susanne et al.（1998）, *Überholen ohne einzuholen. Freie Wohlfahrtspflege in Ostdeutschland*, Opladen.
Bahle, Thomas（1995）, *Familienpolitik in Westeuropa. Ursprünge und Wandel im internationalen Vergleich*, Frankfurt am Main et al.
Bergmann, Jürgen（1973）, *Das Berliner Handwerk in der Frühphasen der Industrialisierung*, Berlin.
Büsch, Otto, Hrsg.（1971）, *Untersuchungen zur Geschichte der frühen Industrialisierung vornehmlich im Wirtschaftsraum Berlin/Brandenburg*, Berlin.
Der Potsdamer Platz. Eine Geschichte in Wort und Bild（1991）, Berlin.
Fischer, Wolfram, Hrsg.（1968）, *Wirtschafts- und sozialgeschichtliche Probleme der frühen Industrialisierung*, Berlin.
Hockerts, Hans Günter, Hrsg.（1998）, *Drei Wege deutscher Sozialstaatlichkeit. NS-Diktatur, Bundesrepublik und DDR im Vergleich*, München.
Hoffmann, Dierk und Michael Schwartz, Hrsg.（2005）, *Sozialstaatlichkeit in der DDR*, München.
Kaelble, Hartmut（1972）, *Berliner Unternehmer während der frühen Industrialisierung*, Berlin.
Zwahr, Hartmut（1978）, *Zur Konstituierung des Proletariats als Klasse*, Berlin.

【矢野久】

ブラジウス、ディルク（1992）、『歴史のなかの犯罪――日常からのドイツ社会史』（矢野久ほか訳）同文舘
フーコー、ミシェル（1977）、『監獄の誕生――監視と処罰』（田村俶訳）新潮社
フーコー、ミシェル（2007）、『社会は防衛しなければならない』（石田英敬ほか訳）筑摩書房
ヘルツィヒ、アルノ（1993）、『パンなき民と「血の法廷」――ドイツの社会的抗議　1790－1870年』（矢野久ほか訳）同文舘
ジェラテリー、ロバート（2008）、『ヒトラーを支持したドイツ国民』（根岸隆夫訳）みすず書房
神田順司（2015）、「言語哲学と歴史認識論――現代歴史ニヒリズム批判のために」『三田学会雑誌』108-1
ポイカート、デートレフ（1994）、『ウェーバー――近代への診断』（雀部ほか訳）名古屋大学出版会
山根徹也（2003）、『パンと民衆――19世紀プロイセンにおけるモラル・エコノミー』山川出版社
矢野久（1989a）、「大戦期ナチス・ドイツにおける「近代化」と「統合」問題――労働と社会に関する最近の研究史を中心に」『三田学会雑誌』、82-1
矢野久（1989b）、「〈歴史犯罪学〉の成果と展望――西欧における犯罪の社会史的研究を中心に」（上）（下）『三田学会雑誌』、82-2, 3
矢野久（1995）、「犯罪・刑罰――フーコーと下からの社会史」『社会史への途』有斐閣
矢野久ほか編（2001）、『ドイツ社会史』有斐閣
矢野久（2004a）、『ナチス・ドイツの外国人――強制労働の社会史』現代書館
矢野久（2008a）、「日本の植民地労働者の強制労働――日独の比較社会史の観点から」『三田学会雑誌』、100-4
矢野久（2008b）、「思想史と社会史の狭間で――川越・植村・野村編『思想史と社会史の弁証法』に寄せて」『三田学会雑誌』、101-1
矢野久（2010a）、「ナチス・ドイツにおける住民の警察化――日独比較史の観点から」『三田学会雑誌』、102-4
矢野久（2010b）、『労働移民の社会史――戦後ドイツの経験』現代書館
矢野久（2011a）、「ヴァイマル共和制初期におけるプロイセン『治安秩序警察』の成立過程――王立国家警察から人民

治安秩序警察・治安警察・治安秩序警察へ」『三田学会雑誌』、104–1
矢野久（2011b）、「強制連行・強制労働の日独比較」『季刊戦争責任研究』、33
矢野久（2012）、「ドイツ近代 プロイセン警察からナチ警察へ――〈現代化〉の先取り?」大日方純夫・林田敏子編『近代ヨーロッパの探求 警察』ミネルヴァ書房
矢野久（2013）、「1950・60年代西ドイツ歴史学とフランス・アナール学派」『三田学会雑誌』、105–4
矢野久（2015）、「『歴史的社会科学』の成立――1960年代から70年代半ばのドイツ社会史群像」『三田学会雑誌』、108–1

Brüggemeier, Franz-Josef,（1983）, *Leben vor Ort. Ruhrbergleute und Ruhrbergbau 1889–1919*, München.

Funk, Albrecht,（1986）, *Polizei und Rechtsstaat. Die Entwicklung des staatlichen Gewaltmonopols in Preußen 1848–1914*, Frankfurt a.M./New York.

Goch, Stefan, Hrsg.（2005）, *Städtische Gesellschaft und Polizei. Beiträge zur Sozialgeschichte der Polizei in Gelsenkirchen*, Essen.

Haumann, Heiko, Hrsg.（1982）, *Arbeiteralltag in Stadt und land. Neue Wege der Geschichtsschreibung*, Berlin.

Jessen, Ralph（1991）, *Polizei im Industrierevier. Modernisierung und Herrschaftspraxis im westfälischen Ruhrgebiet 1814–1914*, Göttingen.

Kaelble, Hartmut/Schriewer, Jürgen Hrsg.（2003）, *Vergleich und Transfer. Komparatistik in den Sozial-, Geschichts- und Kulturwissenschaften*, Frankfurt a.M./New York.

Kift, Dagmar, Hrsg.（1992）: *Kirmes – Kneipe – Kino. Arbeiterkultur im Ruhrgebiet zwischen Kommerz und Kontrolle（1850–1914）*, Paderborn.

Mason, Timothy W.（1975）, *Arbeiterklasse und Volksgemeinschaft. Dokumente und Materialien zur deutschen Arbeiterpolitik 1936–1939*, Opladen.

Sieder, Rainhard（1987）, *Sozialgeschichte der Familie*, Frankfurt a.M.

Thompson, E.P.（1991）, *Customs in Common*, London.

Yano, Hisashi（1986）, *Hüttenarbeiter im Dritten Reich*, Stuttgart.

【水戸部由枝】

ポイカート、デートレフ（1993）、『ワイマル共和国――古典的近代の危機』（小野清美・田村栄子・原田一美訳）名古屋大学出版会

ポイカート、デートレフ（1994）、『ウェーバー――近代への診断』（雀部幸隆・小野清美訳）未来社

矢野久（2004b）、「20世紀社会とナチズム――川越修『社会国家の生成』に寄せて」『三田学会雑誌』（慶應義塾経済学会）、97–3

矢野久・水戸部由枝（2015）、「歴史学とセクシュアリティ――ダグマー・ヘルツォーク『セックスとナチズムの記憶』をめぐって」『三田学会雑誌』（慶應義塾経済学会）、108–1

【石井香江】

石井香江（2015）、「「コミュニケーション革命」の現場とジェンダー――世紀転換期のドイツ帝国郵便の動向」『三田学会雑誌』（慶應義塾経済学会）、108–1

ベック、ウルリヒ（1998）、『危険社会――新しい近代への道』（東廉・伊藤美登里訳）法政大学出版局（= Beck, Ulrich（1986）, *Risikogesellschaft. Auf dem Weg in eine andere Moderne*, Frankfurt am Main）

Bednarz-Braun, Iris（2000）, *Gleichstellung im Konflikt mit Personalpolitik: Praxis und Theorie beruflicher Geschlechterkonkurrenz im internationalen Vergleich: USA, Großbritannien, Deutschland*, München.

Geissler, Birgit, Hrsg.（1998）, *FrauenArbeitsMarkt. Der Beitrag der Frauenforschung zur sozio-ökonomischen Theorieentwicklung*, Berlin.

Müller-Jentsch, Walther（1997）, *Soziologie der industriellen Beziehungen. Eine Einführung. 2.*, erweiterte Auflage, New York.

おわりに

私たちの間をコーディネートしてくれた水戸部由枝さんやコメントしてくれた石井香江さんたちの世代は「戦争を知らない子供たち」と大人になってから出会うことはあっても、同時代的な体験としてではないでしょう。作詞家の北山修は一九七一年にこの「戦争を知らない子供たち」を作詞したのです。そこでの彼のメッセージは次のようなものでした。

戦争が終わって僕らは生まれた／戦争を知らずに僕らは育った／おとなになって歩きはじめる／平和の歌をくちずさみながら／僕らの名前を覚えてほしい

青空が好きで花びらが好きで／いつでも笑顔のすてきな人なら／誰でも一緒に歩いてゆこうよ

それから一二年後の一九八三年、北山は「戦争を知らない子供たち'83」を作詞しています。先の曲はそれなりに知られてはいるでしょうが、この八三年のほうはご存じのない方のほうが多いでしょう。彼は次のように書いています。

私たちは被害者の子供で／加害者の子供なんだね／私たちも殺されたけど／私たちも殺したのですね

私の歴史は始まったばかりです／希望に向かって今日も歩き始めよう

当時の十数年の間に歴史認識にはそれなりの変化がありました。被害者のみならず加害者として自国の過去を省察しようという認識が世論においても出てきたのでした。しかし同時に、こうした加害者意識を考慮する歴史認識を否定する言説も出てきました。ちょうどその頃、矢野はドイツに留学中でした。日本では保守政権の攻勢にたいして左翼リベラルが勢いをなくしつつあるような状況にたいして、ドイツでは革新政権に対抗して緑の党が誕生し、経済成長路線にたいして自然環境を重視したオルターナティヴな政治的展望が提示されていました。両国とも保守政党が政権を担っていましたが、ヘゲモニー争いにおいては、日本では保守勢力がヘゲモニーを支配していったのにたいして、ドイツでは革新勢力がヘゲモニーを獲得していくプロセスが進行していたのだと思います。

北山は日本における現状を前にして、日本の過去を批判的にみるようになった歴史認識の変化に対抗して出てきたと思われる保守的な歴史認識に対抗するかのように、「戦争を知らない子供たち'83」を作詞したのではないでしょうか。

それから三〇年以上の年月が経過しました。この間、日本における歴史認識はさらに変化してきました。戦後七〇年という年は、私たちが歴史研究を始めたときに描いていた将来の日本の姿といかに異なっているのか、人によって思いはさまざまでしょうが、北山が込めたメッセージは届いているのだろうかと問わざるをえません。

イギリスの歴史家、E・H・カーは『歴史とは何か』を一九六一年に公刊しています。フランス・アナール派の第二世代の研究は彼の射程には入っていませんでした。それから五五年の歳月が経過し、歴史研究も大きく変化しています。フランスではアナール学派の第三世代の研究、文化・社会史が盛んになり、ドイツでは「社会構造史」が誕生し、それに対抗する「日常史」がイギリスのE・P・トムスンの社会史に触発されて登場していますし、さらに最近ではトランスナショナル、グローバル・ヒストリなどこれこそが新しい歴史学だと声をあげて登場してきています。これらの歴史研究を紹介するだけで、研究時間の大半が費やされてしまうほどです。

時代も変わり、過去をみる歴史学の見方も変わってきているのです。現代という時代において、E・H・カーの『歴史とは何か』に代わる歴史書はたぶんまだ書かれてはいないのでしょう。彼は一九五〇年代の時代状況と歴史学の研究動向をふまえて、問題提起したのだと思います。現代において『歴史とは何か』を書くとすれば、どのようなものになるのでしょうか。歴史研究の問題意識・問題関心、研究の対象、研究のアプローチの仕方、史料についてあらためて根源的なところにまで迫らねばならないでしょう。矢野にはその能力はありそうにありませんが、誰かが書かねばならない状況にあるのではないでしょうか。時代の要請でもあるでしょうし、この現代がどこへ行くのか定かでなくなっているなかでは、歴史研究者はE・H・カーが『歴史とは何か』でおこなったようなことを実践しなければならないのではないでしょうか。

〈現在〉は、過去を対象とする歴史研究者にたいして、歴史を研究する者として現代の世界の状況をどのように把握するのか、問うているのでしょう。その問いにたいして答える必要があると思います。そもそも私たちの世代は一九六〇年代後半ないし末から学生になり、世の中が良くなるだろう、現状が私たちが動くことでより良い方向へと変わっていくだろうと思っていたのではないでしょうか。実際はそうはなりませんでした。現在の社会はなぜ私たちの願ったような姿にはならず、現在あるようにしかならなったのか、老若男女にかかわらず歴史研究者として答えなければならないのではないか、E・H・カーに代わって歴史とは何かについてどのように答えればいいのか、そんなことを考えながら、私たちは若い世代にどのようなメッセージを投げかけるのかを自問してきました。

川越と矢野は偶然にもドイツ史を学び、それを職業として選ぶという形で、自分たちの人生を歩んできました。それから四〇年の歳月が経過しました。この間、私たちは時には激しく議論し、また共著も編纂してきました。この数年間はほとんど対話の機会もなく、川越は京都、矢野は東京でそれぞれ自分の研究に専念してきました。

この私たちを少し離れたところから眺めてきた明治大学の水戸部さんを媒介にして、私たちは一緒に講義をする機会にめぐり会うことができました。毎回、お互いの授業を聴き、質疑の時間には直接コメントをし、それに対する反応、また学生の反応をもとにして、次回の自分の講義では、それにたいする批判的評価を加えながら、準備して講義に臨みました。それを半期、かつ二年間もやることができたおかげで、自分たちの主張をより明確にできましたし、また自分の考えを修正することもできました。文字通りの対話による研究とそれをふまえた講義でした。

講義のあとの山の上ホテルでの数時間にわたる食事とその後の語り合いからは、川越も翻訳を担当したヘルツォーク『セックスとナチズムの記憶』（岩波書店）の書評論文が副産物として誕生しました（矢野・水戸部「歴史学とセクシュアリティ——ダグマー・ヘルツォーク『セックスとナチズムの記憶』をめぐって」『三田学会雑誌』一〇八巻一号、二〇一五年四月）。自分たちの今後の個別研究や共同研究の可能性などについても語り合いました。本書はこうした語り合いの延長線上で生まれました。そしてこの語り合いのなかでもう一人のコメンテーターが生れることになりました。私たちとは異なる世代とジェンダーを意識して、同じ時代を研究しかつ学問の方法論に強い関心を抱く研究者であり、水戸部さんと同じ世代でドイツ史研究者は誰がいるのか、これも語り合いのテーマの一つでした。その結果、川越の若手同僚である石井香江さんにコメンテーターに加わっていただくことになりました。さらに、同志社大学と慶應義塾大学の大学院生どうしの間で、じっくり時間をかけて議論をし、閉そく状態にあると感じられたこれからの若い研究者がお互いの研究を発表する機会を設けることになったのも、あの時の神田駿河台での会話からです。

「メゾ社会史」という概念は川越が提起し、矢野が疑問を呈し噛みついて始まった議論から生じたものです。結局、ここに私たちが共通して目指すべき社会史の方向性があることを確認することになりました。振り返って思うに、川越が新たな提案をし、矢野が批判する形で議論が生成し発展していったように思います。水戸部さんがその狭間で不安気な面持ちで、なんとかしなきゃと心のなかで焦りつつ、ピエロ役を果たしていたような気がします。矢野は若気のいたりかな、と思っていましたが、定年退職を迎える齢になってしまいました。

私たちの世代がやってきたことは若い世代にどのように伝わっていくのでしょうか。私たちは次の仕事に向けて歩み始めていますが、私たちは現代に生きる若い世代が歴史に関心を持ちつつ現代とは何かを冷静に把握し、どこに未来があるのかを考え、希望を持って生きていかれることを願って、ここに『明日に架ける歴史学』を上梓することができました。本書が実際に明日に希望を架けることができているのかどうか、みなさんの評価を待つのみですが、ナカニシヤ出版の酒井敏行さん、水戸部さん、石井さん、それから明治大学の講座の受講者の学生さんや慶應義塾大学の院生・学生のみなさんに心から感謝します。

矢野久

川越　修（かわごえ・おさむ）
1947年生まれ。一橋大学大学院社会学研究科博士課程中退。現在、同志社大学経済学部教授。社会経済史学専攻。『ベルリン　王都の近代』（ミネルヴァ書房、1988年）、『性に病む社会』（山川 出版社、1995年）、『社会国家の生成』（岩波書店、2004年）、ほか。

矢野　久（やの・ひさし）
1950年生まれ。ボーフム・ルール大学社会科学部博士号取得。現在、慶應義塾大学経済学部教授。社会史専攻。*Hüttenarbeiter im Dritten Reich*（Franz Steiner Verlag, Stuttgart 1986）、『ナチス・ドイツの外国人――強制労働の社会史』（現代書館、2004年）、『労働移民の社会史――戦後ドイツの経験』（現代書館、2010年）、ほか。

【コメンテーター】
水戸部由枝（みとべ・よしえ）
1968年生まれ。明治大学大学院政治経済学研究科博士後期課程修了。現在、明治大学政治経済学部准教授。ドイツ近現代史・セクシュアリティ史専攻。『歴史のなかの社会国家――20世紀ドイツの経験』（共著、山川出版社、2016年）、ほか。

石井香江（いしい・かえ）
1972年生まれ。一橋大学大学院社会学研究科博士課程単位取得退学。現在、同志社大学グローバル地域文化学部准教授。社会学・ジェンダー史専攻。「「コミュニケーション革命」の現場とジェンダー――世紀転換期のドイツ帝国郵便の動向」（『三田学会雑誌』108巻1号、2015年）、ほか。

明日に架ける歴史学
メゾ社会史のための対話

2016年3月31日　初版第1刷発行　（定価はカバーに表示してあります）

著　者　川越修・矢野久

発行者　中西健夫

発行所　株式会社ナカニシヤ出版
〒606-8161　京都市左京区一乗寺木ノ本町15番地
TEL 075-723-0111　FAX 075-723-0095
http://www.nakanishiya.co.jp/

装幀＝白沢正
印刷・製本＝亜細亜印刷

＊落丁本・乱丁本はお取替え致します。
Printed in Japan.
ISBN978-4-7795-1031-1　C1022
日本音楽著作権協会(出)許諾第1601772-601号